GÜTERSLOHER
VERLAGSHAUS

Notker Wolf
Leo G. Linder

DAS BÖSE

Wie unsere Kultur aus den Fugen gerät

Gütersloher Verlagshaus

INHALT

1.
Ein unerwünschter, aber hartnäckiger Gast **7**

2.
Der Junge mit der Spinne **14**

3.
Die Macht des Bösen **26**

4.
Vernunft contra Gefühl **39**

5.
Was wäre nicht das Werk der Götter? **51**

6.
Konturen des Bösen **64**

7.
Adam und Eva werden klüger **76**

8.
Den Teufelskreis durchbrechen **91**

9.
Auf der Suche nach der Unschuld **104**

10.
Hatte die Schlange zu viel versprochen? **116**

11.
Die Menschenwürde – unantastbar? **128**

12.
Die Abschaffung der Vergangenheit **136**

13.
All you can eat **149**

14.
Die Todsünden **166**

15.
Aller Laster Anfang – Der Neid **176**

16.
Wer übertrumpft Bill Gates? – Die Gier **189**

17.
Das Leben als Castingshow – Der Narzissmus **203**

18.
Auf, lasst uns einen Turm bauen – Die Hybris **213**

19.
»Der Vorgang kann mehrere Sekunden dauern« – Die Ungeduld **226**

20.
Ein belebendes Gefühl – Der Zorn **235**

21.
Nach allen Seiten offen – Die Treulosigkeit **245**

Quellennachweis **253**

1. EIN UNERWÜNSCHTER, ABER HARTNÄCKIGER GAST

Gott kapituliert. Er verliert die Geduld und weiß sich keinen anderen Rat mehr als: »Ich will die Menschen, die ich geschaffen habe, von der Erde vertilgen.« Auf welche Weise? Durch eine Sintflut – »Alles, was auf Erden ist, soll untergehen.« Und warum? Weil »die Bosheit der Menschen groß und alles Dichten und Trachten ihres Herzens böse ist«, weil »die Erde verderbt und voller Frevel« ist und weil er darum »bereut, die Menschen gemacht zu haben«. Also lässt er es regnen, vierzig Tage lang, und »die Wasser nahmen überhand und wuchsen so sehr auf Erden, dass alle hohen Berge unter dem ganzen Himmel bedeckt wurden. Da ging alles Fleisch unter, das sich auf Erden regte ... Alles, was Odem des Lebens hatte auf dem Trockenen, das starb«. Außer Noah, dem Gerechten. Dem einzigen.

Die Sintflut – was ist sie anderes als die Reaktion eines Ratlosen, eines Fassungslosen? Ratlos, fassungslos und abgrundtief enttäuscht von einer Menschheit, die nicht zur Vernunft kommen will, die stur ihr eigenes Unheil sucht, die sich wie Fäulnis über die Erde ausbreitet. Der Gott der Bibel ist aber nicht der einzige Enttäuschte. Ratlos ist auch der höchste Gott der Griechen.

»Zeus, dem Weltbeherrscher, kam schlimme Botschaft von den Freveln der Menschen zu Ohren. Da beschloss er, selber in Menschengestalt die Erde zu durchstreifen. Doch allenthalben fand er das Gerücht noch milder als die Wahrheit.« Auch er ist fassungslos. Auf den Olymp zurückgekehrt, hält Zeus mit den Göttern Rat und beschließt, das ruchlose

Menschengeschlecht zu vernichten. Wie? Durch »ungeheure Wolkengüsse und Regenfluten ohne Ende«.

Das Ergebnis ist dasselbe wie im ersten Fall. Nur ein einziges Menschenpaar überlebt, Deukalion und Pyrrha, »beide unsträflich, beide Verehrer der Gottheit«. Zwar geht es mit der Menschheit hinterher weiter, da wird nach der großen Flut ein neuer Anfang gemacht, am Grundproblem aber ändert sich nichts – die Menschen sind, wie sie sind, sie bleiben, wie sie waren, und selbst Noah der Gerechte hat nach seiner Rettung nichts Besseres zu tun, als sich einen kräftigen Rausch anzusaufen. Wer hier als Einziger zur Besinnung kommt, ist Gott. Ernüchtert findet er sich mit der Unverbesserlichkeit des Menschen ab – »denn das Dichten und Trachten des menschlichen Herzens ist böse von Jugend auf« – und schließt seinen Frieden mit dem Pack: »Ich will hinfort nicht mehr alles schlagen, was da lebt, so wie ich es getan habe.« Zu welchem Fazit Zeus kommt, das verschweigt der griechische Mythos. Aber auch er stellt alle weiteren Versuche, das Übel bei der Wurzel zu packen, ein.

Aussichtlos. Der Mensch von Grund auf böse, verdorben bis ins Mark, und Gott selbst fassungslos. »Nichts schauerlicheres als der Mensch, weil er zu allem fähig ist«, lässt sich der griechische Tragödiendichter Sophokles aus der Tiefe der Zeit vernehmen, und Spätergeborene werden den Menschen mit einer Bestie vergleichen, für Seinesgleichen gefährlich wie ein Wolf. Wenn sich der Menschheitsgeschichte eine Lehre entnehmen lässt, dann die: Lasst alle Hoffnung fahren …

Ist dieses Urteil zu hart? Wird es uns Menschen nicht gerecht? Eins immerhin müssen wir zugeben: Auch uns ist diese Fassungslosigkeit angesichts des Bösen nicht fremd. Wir brauchen gar keine Gerichtsakten zu studieren; ein Blick in die Geschichtsbücher genügt, ein Ohr für die Unterhaltungen am Nachbartisch in Kantinen und Cafés reicht völlig aus – tausendfach hallen Kriegs-, Rache- und Schmerzensschreie durch die Geschichte der Menschheit, und tausendfach finden sie ihr Echo in den Klagen über alltägliche Gemeinheiten, verübt von treulosen Freunden, rücksichtslosen Nachbarn, missgünstigen Verwandten, unverschämten Kollegen und selbstgefälligen Vorgesetzten. Das Böse scheint aus unerschöpflichen Quellen zu sprudeln, und wo es sich Geltung verschafft, selbst wo es bloß zur Sprache kommt, reichen die Reaktionen vom Kopfschütteln bis zu ungläubigem Entsetzen: Wie kann man bloß? Wie kann man bloß so sein, so etwas tun, sich so verhalten, verstellen, vergreifen, verrennen, vergehen? Da ist es auch ganz gleich, ob uns das Böse in der eher harmlosen Gestalt einer Bürointrige oder der abstoßenden Gestalt eines Kinderschänders begegnet – verstehen können wir es nie. Sprachlos macht es uns immer. Als wäre das Böse ein unheimlicher Eindringling mysteriöser Herkunft, etwas, das nicht zu uns gehört und in dieser Welt grundsätzlich nichts zu suchen hat.

Aber – gehört es denn zu uns, das Böse? Ist es uns nicht tatsächlich fremd? Regelrecht wesensfremd?

Das zu behaupten wäre kühn. Wer könnte bestreiten, dass es das Privileg des Menschen ist, böse zu sein? Alles, was uns sonst Ärger bereiten, bedrohen, in Panik oder Todesangst versetzen könnte – wilde Tiere, Unfälle, Naturkatastrophen –, fällt unter bedauerliche Zufälle, unter Unglück oder Tragödie. Nie würde es uns einfallen, einem Erdbeben, einem bissigen Wachhund Bosheit zu unterstellen, aus dem einfachen

Grund, weil wir Tieren und Naturgewalten keine Absicht beilegen können. Zum Bösen gehört die Vernunft, der freie Wille, die Verantwortlichkeit, gehört gerade das, was den Menschen auszeichnet und vom Rest der Schöpfung unterscheidet. Wie soll ihm das Böse da fremd sein?

Und dennoch ...

Dennoch wollen wir ganz entschieden nichts damit zu tun haben. Dennoch verstehen wir sofort die Entrüstung der alten Dame, die mir sagte, als unser Gespräch auf die Beichte kam: «Ich wüsste wahrhaftig nicht, was ich zu beichten hätte! Ich habe mir nichts zuschulden kommen lassen, soweit ich mich entsinnen kann.« Und in der Tat, beim Blick ins eigene Innere dürfte den meisten von uns nichts auffallen, was auch nur entfernt an Bosheit erinnert, und noch der überführte Serienmörder wird von sich sagen: Ich bin kein schlechter Mensch. Ist das bloßer Selbstbetrug? Bloßes Selbstmitleid? Oder können wir es bestätigen, dieses Gefühl, in etwas verstrickt zu werden, in etwas hineinzurutschen und sich mit einem Mal selbst nicht mehr zu verstehen? Scheint das Böse nicht wirklich aus heiterem oder vielmehr bedrohlich zugezogenem Himmel zu kommen – als würde es außerhalb dieser Ordnung, dieser Weltordnung existieren, in einer anderen Dimension, durch einen Abgrund von uns getrennt, die wir ein selbstverständlicher Teil dieser Ordnung sind – oder uns jedenfalls nichts sehnlicher wünschen als das?

An dieser Stelle kommt mir der Verdacht, Gott könnte im Irrtum gewesen sein, als sein Zorn gegen die Menschen ergrimmte. Hatte er die Sachlage wirklich gründlich geprüft? Mir ist klar, dass wir uns hier in die Gedankengänge desjenigen vertiefen, der die Sintfluterzählung verfasst hat – es überfordert uns, die Gedanken Gottes nachzuvollziehen.

Aber bleiben wir einmal in der Geschichte, folgen wir der Logik dieses Gottes, der die Sintflut schickt. Kommt bei seinem Entschluss nicht Folgendes zu kurz: dass nämlich die Menschen das Böse genauso verfluchen. Dass sie darunter ebenfalls leiden und im Bösen einen unerwünschten, wenngleich hartnäckigen Gast erblicken – einem Parasiten vergleichbar, der sich die Menschen als Wirtstiere ausgesucht hat. Hätte Gott dann nicht in den Menschen Verbündete suchen sollen – und auch gefunden? Geändert hat die Sintflut jedenfalls nichts – sie war ein Fehlschlag, sie taugt allenfalls als Beispiel für die Unausrottbarkeit des Bösen. Denn wie in einem Horrorfilm überlebt es an Bord der Arche, eingenistet in der Seele des gerechten Noah, und bricht, als das Leben auf Erden weitergeht, erneut aus. Alles bleibt beim Alten. Gott hätte bei seinem Kampf gegen das Böse wohl anderswo ansetzen müssen. Aber wo?

Beim System zum Beispiel – um einen Bogen von der Sintflut in unsere Zeit zu schlagen. Beim perfiden politischen System oder den ungerechten gesellschaftlichen Verhältnissen. Armut sei das Grundübel, lautet eine Diagnose, die sich in den letzten Jahrzehnten immer mehr durchgesetzt hat. Erst komme der Magen, dann die Moral, weshalb der Satte stets verträglicher als der Hungrige und der Wohlhabende grundsätzlich friedlicher als der Bedürftige sei. Solche Ansichten sind in linken Kreisen beliebt. Sie laufen auf eine partielle moralische Unzurechnungsfähigkeit des einzelnen Menschen hinaus, und es gibt ja tatsächlich genug Beispiele dafür, wie das Gewissen sich den gegebenen bösen Verhältnissen anpasst oder vor einer Verkettung widriger Umstände gänzlich kapituliert, wie dumme Zufälle und unglückliche Konstellationen unsere besten Absichten zunichtemachen.

Andere werden in der biologischen Grundausstattung des Menschen fündig. Sie sehen alle Ursachen menschlichen Verhaltens in einer Art automatischer chemischer Reaktion, die sich im menschlichen Nervenzentrum abspielt, bevor sie der Mensch in seinem Bewusstsein nachvollzieht. Oder sie entdecken den Egoismus der Gene, der uns leider keine Wahl lässt. Solchen Befunden nach zu urteilen wären wir unserer natürlich-biologischen Verfassung ähnlich willenlos ausgeliefert wie den gesellschaftlichen oder politischen Verhältnissen im ersten Fall – der Gedanke an eine Fernsteuerung drängt sich auf. In welchem System wir die Ursache des Bösen also immer ausfindig machen – im politischen, im gesellschaftlichen, im biologischen –, stets wird das Böse unserer Reichweite entzogen, und wir dürfen uns endlich verstanden fühlen: Ja, das Böse ist ein Resultat der Zwangslagen, in die wir als Menschen hineingeboren oder hineingeraten sind, unvorhersehbar wie ein Betriebsunfall und unserer Kontrolle entzogen.

Hätte Gott also dort ansetzen sollen? Bei der Gesellschaft, der Politik, der Funktionsweise des menschlichen Gehirns?

Da eröffnen sich viele Schauplätze. Halten wir unseren ersten Eindruck fest, bevor wir einen Schauplatz nach dem anderen besichtigen: Das Böse irritiert. Keiner, der noch bei Verstand ist, will es, und doch setzt es sich durch. Es führt ein beunruhigendes Eigenleben, und seine Herrschaft erscheint uns wie ein unnatürlicher, ein – um mit der Bibel zu sprechen – von Gott nicht vorgesehener Zustand. Es überschattet das Dasein des Einzelnen und braut sich wie eine Gewitterfront über dem Dasein der Völker zusammen – aus geringfügigsten Anlässen entstehen Gemetzel, als würde die Entwicklung blind einer teuflischen Logik gehorchen, und wo eine kleine Gruppe zum Gewehr greift, womöglich aus ehrenwerten Motiven, da befindet sich wenig später ein ganzes Land im Krieg mit sich selbst. Ungeheure Energien sind da am Werk, und eines lässt sich jetzt bereits sagen: Was auch immer es ist, woher auch immer es kommt, das Böse ist uns unheimlich. Und, so muss man hinzufügen, wie alles Unheimliche von einer unwiderstehlichen Faszination.

Es beschäftigt uns, es wühlt uns auf. Was wäre alle künstlerische Produktion, was wären Literatur, Malerei, Film und Theater ohne das Böse, die dunkle Seite des Menschen, seine Abgründe? Und natürlich durchzieht der Skandal des Bösen auch die Bibel fast von der ersten bis zur letzten Seite, von der Paradieserzählung bis zur Apokalypse. Aber – was ist es denn überhaupt? Dieses Böse, dem auch durch eine Sintflut nicht beizukommen war ...

2. DER JUNGE MIT DER SPINNE

Mir geht es mit dem Bösen, wie es dem heiligen Augustinus mit dem Phänomen der Zeit ging: Solange ich mir keine Gedanken darüber mache, habe ich eine klare Vorstellung davon. Doch je genauer ich hinschaue, desto unsicherer werde ich. Das Bild, das ich vom Bösen habe, zerfließt, zerspringt buchstäblich in die unendlich vielen Facetten, in die sich das Böse in der Wirklichkeit des Lebens aufsplittert, von der kalten Gleichgültigkeit gegenüber fremdem Unglück über die vergiftende Wirkung der Eifersucht bis zum erschütternden Horror der Schlachtfelder, und ich frage mich: Lässt sich sein Wesen überhaupt bestimmen? Oder müssen wir uns darauf gefasst machen, dass es sich einkreisen, aber nicht fassen lässt?

Und dann fällt mir ein: Die Maler haben es versucht. Immer und immer wieder. Es blieb ihnen nichts anderes übrig. Sie müssen das, womit Dichter, Philosophen und Theologen Bücher füllen, in konzentrierter Form sichtbar und fürs Auge greifbar machen, also eine Unmenge geistvoller Spekulationen in einem einzigen Bild zusammenfließen lassen. Bei dem Versuch, das Wesen des Bösen zu bestimmen, werde ich mich daher zunächst mit den Malern des Mittelalters beraten und mir anschauen, welche Darstellungsform sie für das absolute Gute und welche für das absolute Böse finden. Mit anderen Worten: welche charakteristischen Züge sie in ihren Gemälden Gott verleihen und welche dem Teufel.

Natürlich muss man sich behelfen, wenn man das Unsichtbare sichtbar machen will. Gott ist Geist, der Teufel auch, und über beide trifft die Bibel keine für Maler verwertbaren Aussagen. Dem einen wird in der Heiligen Schrift die Sphäre des Lichts zugewiesen und dem anderen die der Finsternis – das ist alles, mehr erfahren wir nicht. Es ist eine künstlerische Eigenmächtigkeit, Gott und dem Teufel eine menschliche oder menschenähnliche Gestalt zu geben und beide mit Gesichtszügen und Gesten auszustatten, aber für uns sehr hilfreich: Wir können jetzt nämlich die bezeichnenden Eigenschaften des absoluten Guten (wie des absoluten Bösen) von einem Gesichtsausdruck, einer Körperhaltung ablesen und brauchen dafür nicht mehr als etwas Menschenkenntnis mitzubringen.

Erstens also: Gott.

Die mittelalterlichen Gottesdarstellungen sind von bemerkenswerter Einheitlichkeit. Egal, ob man im Gesicht Gottes die Züge des weisen Herrschers, des gütigen Vaters, des abgeklärten Alten oder des durchgeistigten Philosophen erkennen will, in diesem Antlitz spiegelt sich keine Gemütsbewegung. Es ist ganz gefasster Ernst, souveräne Ruhe und Unergründlichkeit. Es ist auch ganz Blick, konzentrierter, auf dem Betrachter ruhender Blick. Selten wird Gott von der Seite gezeigt, fast immer begegnet er uns als Gegenüber in einer frontalen Darstellung – *er* schaut uns an, *wir* schauen zurück, und seine Ruhe überträgt sich auf uns. Damit wäre schon das Wesentliche erfasst. Im Bild des abgeklärten Weisen hätten wir also das vollkommene Gute zu erkennen. So sähe uns ein Mensch an, mit dem alles stimmt.

Und jetzt der Teufel.

Was zunächst auffällt: Kein Teufel ist wie der andere. Der künstlerischen Fantasie sind hier keine Grenzen gesetzt, die Maler ergehen sich in den bizarrsten Details. In jedem Fall aber trägt der Teufel die Züge eines entstellten Menschen, eines Mischwesens aus Mensch und Tier, mit einer verzerrten, fratzenhaften Physiognomie, in der sich deutlich Gefühlsregungen wie Häme, Spott, Verschlagenheit oder Lust spiegeln, und den böse funkelnden Augen des dämonischen Triumphs. Dazu kommt – der Teufel ist in Aktion. Irgendetwas treibt er fast immer, stochert, zerrt, wühlt auf, fängt ein – alles in allem das genaue Gegenteil eines in sich ruhenden, Vertrauen erweckenden Gegenübers. Keiner, der einem in die Augen zu blicken vermöchte. Und noch etwas: Der Teufel scheint sich bei seinem Treiben wohl zu fühlen. Er strahlt eine höhnische Genugtuung aus, ist bisweilen mit infantilem Spaß an der Sache zugange. Im Bild des vernunftlosen Unruhestifters also sollen wir das vollkommene Böse erkennen. So würde ein Mensch auf uns wirken, mit dem nichts stimmt.

Es ist klar, dass diese Bilder nicht beliebigen künstlerischen Launen entspringen. Sie spiegeln eine lange Denktradition wider, eine Auseinandersetzung mit Gut und Böse, die bis in die Antike zurückreicht. Sie sind repräsentativ und gut begründet und daher umso aufschlussreicher. Welche Botschaft enthalten sie? Ohne irgendwelche moralische Qualitäten in diese Bilder hineinlesen zu wollen, würde ich sagen: Das im Gottesbild verkörperte Gute ist das Gefestigte, In-sich-Ruhende, Unbeeindruckbare, Unerschütterliche und daher Vertraueneinflößende einer von allen Leidenschaften gereinigten Menschlichkeit. Das im Teufelsbild verkörperte Böse hingegen ist das Unstete, Ruhelose, Tierisch-Vernunftlose, Nervöse, Getriebene, dabei Selbstgefällige und deshalb Furchteinflößende einer von Leidenschaften aufgewühlten Unmenschlichkeit. Kurz und knapp also vielleicht: Das Gute stellt sich als unangreifbare, souveräne Selbstbeherrschung dar, das Böse als triebhafte Haltlosigkeit.

Das ist schon mal etwas, und auf Anhieb spricht einiges dafür. Ja, es ist wahr: Das Gute tun wir mit Bedacht, das Böse eher nicht (es sei denn, wir sind professionelle Gangster oder totalitäre Herrscher). Wenn wir als Kinder auf dem Schulhof unsere Apfelsine mit einem Klassenkameraden teilten, wenn wir später für Katastrophenopfer irgendwo auf der Welt spendeten, dann geschah das jedenfalls wohlüberlegt, aus bestimmten Erwägungen oder einem begründeten Mitgefühl heraus. Das Gehässige und Verletzende aber wandelt uns meist unversehens an, das juckt uns in den Fingern, das reizt uns unwiderstehlich, und oft merken wir erst, was wir angerichtet haben, wenn wir wieder zur Besinnung kommen. Eine kleine Geschichte fällt mir dazu ein – harmlos, auf den ersten Blick.

Ein zehnjähriger Junge gestand mir, seine kleine Schwester mit einer Spinne die Treppe hochgejagt zu haben. Ich musste damals schmunzeln. »Du, das ist nicht weiter tragisch«, redete ich dem reumütigen Sünder zu, »das war doch nur ein Dummerjungenstreich ...« Der Bub aber schüttelte energisch den Kopf. »Nein«, sagte er, »ich weiß ja, welche Angst meine Schwester vor Spinnen hat. Und es hat mir Spaß gemacht, sie zu ärgern.« Da verstand ich. Er hatte das Vergnügen am Bösen in sich entdeckt und war über sich selbst erschrocken.

Sie ist ja auch erschreckend, diese unheimliche Lust am Quälen, am Fertigmachen eines anderen. »Es hat mir Spaß gemacht, meine Schwester zu ärgern ...« – als würde sich plötzlich eine bislang verborgene Kellertür öffnen und einen aus dem Dunkel ein unbekannter, seltsam verführerischer Hauch anwehen. Erschreckend, ja, aber gleichzeitig ...

Nun, angenommen, der Junge hätte die Spinne behutsam genommen und brav vor die Tür gesetzt – er hätte nichts zu erzählen gehabt, und seine Schwester auch nicht. Nur weil er der Versuchung erlegen war und seiner entsetzten Schwester mit dem ekligen Tier vor dem Gesicht herumgefuchtelt hatte, ist aus der Begegnung mit der Spinne für beide eine kleine, aufregende – und für den Jungen sogar lehrreiche – Geschichte abgefallen. Worauf ich hinauswill? Auf etwas, das leicht übersehen wird. Das Böse hat nämlich nicht nur eine moralische Dimension. Es hat auch eine dramatische.

Beide Aspekte sind untrennbar miteinander verwoben, und beide schlagen sich auf die Bewertung einer bösen Tat nieder – den einen stößt sie bloß ab, der andere findet darin den Stoff für eine Erzählung. Doch nicht nur das. Die dramatische Dimension des Bösen kann nicht nur auf den Betrachter, sie kann auch auf den Täter selbst stimulierend wirken. Als Beispiel dafür will ich einen der spektakulärsten Kriminalfälle des letzten Jahrhunderts anführen, die Taten des Serienmörders Peter Kürten, bekannt geworden seinerzeit als der »Vampir von Düsseldorf«.

1929 wird in Düsseldorf ein achtjähriges Mädchen ermordet aufgefunden, und sechzehn Monate lang folgen nun immer neue Morde und Mordversuche im Abstand weniger Wochen. Die Opfer sind mit einer Ausnahme junge Frauen und Mädchen, mal mit einem Beil getötet, mal mit einem Hammer erschlagen, mal mit einer Schere erstochen. Als Peter Kürten 1931 nach neun Morden und 32 Mordversuchen festgenommen wird, hat der Fall weltweites Aufsehen erregt.

Die Umstände der einzelnen Morde sind grauenerregend, sie sollen uns hier aber nicht beschäftigen. »Ich hatte die starke Neigung, einen Menschen zu töten«, sagt Kürten im Verhör und spielt damit auf die sexuelle Befriedigung an, die ihm der Anblick strömenden Bluts verschaffte. Worauf es mir ankommt: Kürten legte größten Wert auf die dramatische Wirkung seiner Taten. Am Morgen nach einem Mord mischte er sich unter die gaffende Menschenmenge am Tatort, um die Reaktion seines Publikums – nun, nicht bloß auszukosten, vor allem zu überprüfen: Ist das Entsetzen so groß wie von ihm erhofft? Hat er das gewünschte Grauen auch tatsächlich verbreitet? Nach jeder Tat, gestand er im Verhör, »stellte ich mir die Wirkung vor, die diese Mordtat auf die Düsseldorfer Bevölkerung haben würde«, – wobei ihm kaum entgangen sein konnte, dass er weit darüber hinaus auch die Weltöffentlichkeit nach und nach in seinen Bann schlug.

Mit anderen Worten: Das Abscheuliche war für Kürten gewissermaßen dramaturgisches Programm; er setzte seinen Ehrgeiz darein, den denkbar größten Schock auszulösen. Dieses Motiv tritt nach seiner Verhaftung sogar in den Vordergrund: Die vernehmenden Polizisten sehen sich einem nie versiegenden Erzählstrom des Mörders ausgesetzt. Mit einem messerscharfen Erinnerungsvermögen ausgestattet, gesteht er pausenlos, unter Berücksichtigung aller grausigen Details, selbst Taten, die er nie begangen hatte. »Ich glaubte, man habe es gern, wenn ich möglichst viele Taten angab«, entschuldigt er sich für seine Falschaussagen. Was heißt das anderes als: Kürten fühlte sich in der Rolle des Monsters wohl. Hier schöpfte jemand das dramatische Kapital eines Verbrecherlebens absichtsvoll aus. Mit dem Erfolg, dass am Ende Neugierige aus aller Welt in Massen zur Gerichtsverhandlung strömten – nach Vergeltung lechzend, aber eben auch begierig auf weitere sensationelle Enthüllungen. Nach der Urteilsverkündung mündete sein Erzählstrom in zahlreiche Briefe, die er seinen überlebenden Opfern schrieb, bevor er 1931 auf der Guillotine hingerichtet wurde.

Übrigens nahm der Regisseur Fritz Lang den Fall wenig später als Vorlage für seinen berühmten Film »M – eine Stadt sucht einen Mörder«, was mir ganz in der Logik dieser Mordserie zu liegen scheint. Kürten hätte die Verfilmung mit Sicherheit als Krönung seines »Lebenswerks« verstanden.

Vermutlich ist es nicht ungewöhnlich, dass ein Serientäter keine moralischen Erwägungen anstellt – Kürten jedenfalls fühlte sich zu seinen Taten nach eigener Auskunft berechtigt. Ungewöhnlich aber dürfte sein, dass ein Mörder im vollen Bewusstsein der dramatischen Dimension des Bösen handelt und sein Leben – soweit es den Zeitraum seiner Taten umfasst – wie eine schaurige Erzählung anlegt, oder als hätte er eine schockierende Theaterinszenierung abliefern wollen. Neben der sexuellen Befriedigung im Augenblick des Tötens scheint ihm dieser Aspekt die größte Genugtuung bereitet zu haben.

Was besagt dieser Fall für unsere Frage nach dem Wesen des Bösen? Kehren wir noch einmal zu den mittelalterlichen Gottes- und Teufelsdarstellungen zurück. Wenn wir hier jetzt ebenfalls den Maßstab des Dramatischen anlegen, kommen wir zu einem weiteren, ziemlich beunruhigenden Ergebnis.

Der Gott der Maler nämlich – man kann es nicht anders sagen – ist langweilig. Er hält keinerlei Überraschungen parat. Er ist der ewig gleiche, ungerührte, hoch über dem Geschehen schwebende alte Herr – weit davon entfernt, unsere Neugier zu erregen. Wir streifen ihn mit einem Blick und wissen Bescheid. Der Grund, weshalb unsere Augen die Wandgemälde und Buntglasfenster einer Kirche absuchen, ist viel eher der Teufel. Und da schauen wir hin. Der ist hässlich, abstoßend, schauerlich. Der lauert böse grinsend in einem Fenster, die gespenstische Wirkung durch das bläuliche Licht gesteigert, das von außen durch seinen hockenden Körper fällt, oder er springt einen aus einer Wandnische als geschupptes Ungeheuer an. Mit dem Teufel kann man, kurz gesagt, etwas erleben. Der fasziniert und erregt, wie eben nur das Böse fasziniert und erregt – gar kein Vergleich mit dem lauen Wohlgefallen, das wir fürs Gute übrig haben. Die Malerei bestätigt mithin, was wir nach der Geschichte vom Jungen mit der Spinne bereits geahnt, was wir nach dem Fall Peter Kürten bereits vermutet haben: Für unser Nervensystem ist das Böse ein gefundenes Fressen – und unter dramatischen Gesichtspunkten dem Guten weit überlegen.

Und mit einem Mal ist es, als würden wir auf einer abschüssigen Geröllhalde nach festem Stand suchen. Das Böse ist nicht eindeutig. Es ist durchaus nicht nur böse. Es changiert, wie manche Stoffe je nach Beleuchtung die Farbe wechseln. Denn so abstoßend wir es aus moralischer Sicht finden mögen, so außerordentlich attraktiv erscheint es uns, wenn wir seine dramatische Seite in Betracht ziehen. Hinzu kommt: Egal welche Haltung wir einnehmen, ob wir mit Widerwillen reagieren oder seiner Anziehungskraft erliegen, es versetzt uns in einen Zustand der Erregung – was dem Guten in den seltensten Fällen gelingt. Als Fernsehzuschauer, Kinobesucher oder Krimileser weiß man das natürlich. Wie weit unsere Gespür für die Schockwellen des Bösen aber tatsächlich reicht, ist wohl wenigen bewusst. Erstaunlicherweise nämlich werden die Erschütterungen, die das Böse auslöst, von uns auch über weite Entfernungen hinweg registriert, als gäbe es für sie weder räumliche noch zeitliche Grenzen.

Es braucht uns gar nicht selbst zu betreffen, wir brauchen nicht einmal Zeugen zu sein – unser moralisches Urteil umfasst die ganze Welt, und das Böse verliert nicht einmal dann von seiner verstörenden Kraft, wenn es uns bloß als Nachricht aus einem entfernten Winkel der Erde erreicht. Ja, selbst die früheste Vergangenheit wird von unserem moralischen Radar erfasst. Selbst längt vergangene Gräueltaten wie die Menschenjagden der Sklavenhändler in Afrika oder die Massaker des Dreißigjährigen Kriegs vermögen uns noch zu empören, als würden sie niemals verblassen, als wären die Energien einer jeden bösen Tat irgendwo gespeichert, als würden diese Taten nur darauf warten, von uns auch nach Jahrtausenden noch mit Schrecken, Empörung oder Abscheu quittiert zu werden. Die guten Taten der Vergangenheit – sie finden allenfalls unsere freundliche Zustimmung. Das Gute, das anderswo auf der Welt geschieht – es scheucht uns nicht aus unserer Ruhe auf. Aber das Böse trifft uns, egal wie lang vergangen, egal wie weit entfernt. Es verhakt sich in unserer Seele und findet dort einen ungemein stärkeren Widerhall als alles Gute, das auf diesem Planeten unablässig ebenfalls geschieht und je geschehen ist.

Man muss diese Macht, die das Böse so leicht über unser Denken und Fühlen gewinnt, wohl Faszination nennen. Unwillkürlich versetzt es uns in einen Zustand konzentrierter Anspannung, dem eine ordentliche Portion Lust beigemischt ist. Deshalb irrt Sigmund Freud, wenn er feststellt, der Mensch fürchte nichts mehr als einen Zustand der Spannung. Wahr ist vielmehr: Er fürchtet in aller Regel nichts mehr als die Abwesenheit von Spannung. Das Böse bedient dieses Erregungsbedürfnis ganz vorzüglich, es schlägt uns in seinen Bann, und als letztes Beispiel möchte ich die Geschichte einer dramatischen Kapitulation vor der Faszination des Bösen erzählen. Sie findet sich in den autobiografischen *Bekenntnissen* des heiligen Augustinus (354–430).

Sein Jugendfreund Alipius, so erzählt Augustinus, war nach seiner Bekehrung zum Christentum zu einem entschiedenen Gegner der Gladiatorenkämpfe geworden. Eines Tages jedoch wurde er von Bekannten mit sanfter Gewalt ins Amphitheater geschleppt – man kennt das ja: Stell dich nicht an, komm halt mit, heißt es bei solchen Gelegenheiten, und wer will da Spielverderber sein. Gut, Alipius verabscheute das Blutvergießen zwar, vermochte sich jetzt aber nicht herauszuwinden und schwor, das grausige Spektakel mit geschlossenen Augen über sich ergehen zu lassen. »Ach, dass er sich doch auch die Ohren verschlossen hätte!«, fährt Augustinus fort. »Denn zu einem gewissen Augenblick des Kampfs schlug ein ungeheurer Schrei des Volkes an sein Ohr, er ward von Neugier überwältigt und so, als wäre er bereit, was er auch sehe, zu verachten und zu überwinden, öffnete er die Augen. Und da ward er an der Seele mit ärgerer Wunde geschlagen als am Leib der Gladiator ... Denn da er nun das Blut sah, trank er die wilde Gier in sich hinein und wandte ferner sich nicht ab und heftete den Blick auf das Geschaute und schlürfte Blut und Wollust ... und ward betrunken von der Wollust blutiger Grausamkeit. Schon war er nicht mehr, der er gekommen war, sondern einer wie jeder aus der Menge ...«

Seither, erfahren wir, war Alipius den Gladiatorenspielen verfallen.

Man spürt in dieser Erzählung die Wucht, mit der die Versuchung auf den armen Alipius eindringt, fast körperlich. Sie brandet an, sie reißt ihn um, sie reißt ihn mit. Als er die Augen öffnet, ist er verloren. Die Verwandlung vom Gegner in einen glühenden Anhänger der grausamen Spiele geschieht in einem Augenblick, als hätte ihn ein Zauberstab berührt. Das Gute hat sehr viel mehr Mühe mit uns. Gewaltige Kräfte müssen am Werk sein, wenn strikte Ablehnung von einer Sekunde auf die andere in fiebrige Begeisterung umschlagen kann. Welche Kräfte sind das? Augustinus gibt zumindest Hinweise. Er spricht von Lust, von Wollust, von Trunkenheit. Er diagnostiziert totalen Kontrollverlust. Und nichts anderes, wenn auch in sehr viel geringerer Dosis, hatte der Junge mit der Spinne an sich entdeckt. Nichts anderes empfand Peter Kürten beim Anblick strömenden Bluts. Und Ähnliches scheinen uns auch die Teufel der mittelalterlichen Maler vorzuführen. Versagen der rationalen Instanzen. Triebhafte Haltlosigkeit. Kontrollverlust.

Wäre damit schon das Wichtigste gesagt? Erklärt sich das Böse durch den Einbruch des Irrationalen in die geordnete Welt der Vernunft? Überwältigt es uns durch die unwiderstehliche Macht von Wollust und Begierde? Aber – lässt sich dasselbe nicht auch von der Liebe sagen? Trifft Ähnliches nicht auch auf alle Formen der Begeisterung zu? Und ist das Gute andererseits wirklich nur eine Frucht der Selbstbeherrschung, das Resultat vernünftiger Überlegungen und rationalen Abwägens? Muss man Moralphilosoph oder Asket sein, um dem Bösen mit einigem Erfolg Widerstand leisten zu können? In diesem Fall hätte der Gott, der die Sintflut schickte, recht gehabt: In dem irdischen Getümmel, das sich seinem Blick bot, dürften Asketen und Moralphilosophen eine Seltenheit gewesen sein, die absolute Ausnahme. Und schließlich: Selbst wenn wir den Unterhaltungswert des Bösen deutlich höher einschätzen müssen als den des Guten – wünschen wir uns nicht bei aller Faszination des Schauerlichen am Ende doch immer den Sieg des Guten?

3. DIE MACHT DES BÖSEN

Ich vermute: Die meisten von uns würden sich über einen Film ärgern, der mit dem Sieg des Bösen endet. Kaum jemand dürfte sich leichten Herzens damit abfinden, dass der Verräter, der Geizkragen, der eifersüchtige Neurotiker, der eiskalte Killer triumphiert statt seine Quittung zu bekommen. Es gibt solche Theaterstücke, es gibt solche Filme, ich weiß, aber sie gehen uns, wenn wir ehrlich sind, gegen den Strich. Wir wollen nicht mit dem Bild des hämisch grinsenden Mafioso im Kopf nach Hause gehen. Schon wenn sich der Sieg des Bösen abzeichnet, steigt Unmut in uns auf, reagiert unser moralisches Nervensystem mit wachsender Übelkeit. Sollte das Böse tatsächlich triumphieren, fühlen wir uns regelrecht brüskiert. Nein, wir bestehen auf dem Sieg des Guten.

Gewiss, vorher darf es krachen. Vorher muss es sogar ordentlich krachen im Gebälk unserer heilen Welt. Da darf sich das Böse austoben, da müssen schon ein paar Widerlinge her, da dürfen es schon ein paar Leichen sein – aber im letzten Moment hat der Entführer von einer Kugel getroffen zu Boden zu stürzen, hat sein Opfer fassungslos vor Glück zu weinen. Unser Ideal ist die Katastrophe mit glücklichem Ausgang, keine Frage.

Mir fällt dazu der bemerkenswerte Umstand ein, dass es im Zoo die Raubtiere sind, die von der größten Menschenmenge umlagert werden. Pflanzenfresser stoßen in der Regel auf geringeres Interesse, die sind harmlos, die sind friedlich, ihnen ergeht es wie dem Gott der Maler: ein Blick, und man weiß Bescheid. Die Attraktion ist das Raubtiergehege – aber wehe, eine Hyäne würde vor aller Augen ihrer Lieblingsbeschäftigung nachgehen und ein Beutetier bei lebendigem Leib zerreißen! *Den* Anblick wollen wir uns ersparen, so robust ist unser Nervenkostüm dann doch nicht. Erträglich – nein, durchaus willkommen ist uns das Schreckliche und Gefährliche nur in entschärfter Form, gebändigt und eingehegt, als halbwegs sittsamer Zoolöwe oder als *Tatort*-Folge im Fernsehen.

Wieder stoßen wir auf das Phänomen der Faszination. Offenbar wollen wir Menschen beides, als Nicht-Betroffene, als Publikum zumindest: die Nähe des Bösen spüren und den Sieg des Guten erleben. Lässt sich die Flut von Kriminal-, Kriegs- und Katastrophenfilmen, die uns das Fernsehen und Hollywood bescheren, vielleicht damit erklären, das wir als Zuschauer auch beides in uns selbst entdecken: den Schurken wie den Unschuldigen? Dass wir uns in Täter und Opfer gleichermaßen wiedererkennen? Dann würden wir uns, solange der Film läuft, im Zustand einer gestörten Identität befinden, hin- und hergerissen zwischen diesen beiden Möglichkeiten, aufgerieben zwischen den Fronten und jederzeit versucht, von der einen auf die andere Seite zu wechseln. Unsere Identität würde sich gleichsam in der Schwebe befinden, wie ein Seiltänzer über einer Schlucht.

Ist das der tiefere Grund für die Spannung, die dieses Genre bietet? Durchaus möglich. Böse zu sein ist verführerisch. Schon deshalb, weil es auf Dauer recht anstrengend ist, sich den zahllosen Regeln, Vorschriften und Verboten eines sittsamen Lebens zu unterwerfen. Fasziniert uns das Böse auch deshalb, weil der Verbrecher etwas tut, was wir uns – mehr oder weniger widerstrebend – verbieten: auf alle Regeln pfeifen und sich kalt lächelnd über das Gesetz stellen?

Wobei uns – auch das ist wahr – längst nicht alle Erscheinungsformen des Bösen gleichermaßen ansprechen. Steuerhinterziehern zum Beispiel möchten wir kaum längere Zeit bei ihrer durchaus gemeinschaftsschädigenden Tätigkeit zuschauen, und auf betrunkene Ehemänner, die ihre Frauen prügeln, können wir ebenfalls verzichten. Nein, es muss schon um sehr viel gehen. Um riesige Summen etwa. Am besten um Leben und Tod.

Womöglich gibt es aber noch einen zweiten Grund für die Beliebtheit des Kriminalfilms: Er weckt unsere – etwas schläfrige, etwas ermattete – Liebe zum Guten, wie es ja auch im wahren Leben oftmals geschieht, dass wir unsere Liebe zu einem Menschen erst dann wiederentdecken, wenn sie gefährdet ist, wenn sie auf dem Spiel steht, wenn uns der Blick in den Abgrund zur Besinnung gebracht hat. Würde das aber nicht heißen, dass wir zumindest von Zeit zu Zeit den Stimulus des Bösen, des Schaurigen und Schrecklichen brauchen, um uns moralisch neu aus- und aufzurichten? Sind wir mithin auf eine regelmäßige Zufuhr von Visionen des Bösen angewiesen, um weiterhin gut sein zu können? Und wenn dem so ist – lässt das nicht auf eine heikle moralische Konstitution des Menschen, auf eine regelrechte Abhängigkeit vom Bösen schließen?

Immerhin – zumindest was unseren bewussten Willen angeht, können wir sicher sein: Der sehnt sich nach Wiederherstellung der Ordnung, der möchte am Ende aller Kämpfe und Querelen Anstand, Liebe und Gerechtigkeit siegen sehen. Bei unserer Schwäche für das Böse ist wohl auch Koketterie im Spiel, wirklich ernst ist es uns damit wahrscheinlich nicht – der schlussendliche Triumph des Guten bedeutet doch jedesmal eine Erlösung. Unser Glaube an die gute Ordnung dieser Welt darf erschüttert werden – untergraben werden aber darf er nicht. In Anbetracht der Bedrohung, die in der realen Welt vom Bösen ausgeht, wäre das nämlich fatal. Zum einen darum, weil uns das Böse liegt. Zum anderen darum, weil es uns irreparabel beschädigt.

Das Böse liegt uns?

Das ist zu befürchten, das sagt zumindest die Erfahrung. Wir mögen den Sieg des Guten wünschen, sind aber schlecht zu seiner Verteidigung gerüstet. Denn während sich die Laster von selbst einschleifen, müssen die Tugenden durch langwieriges Üben eingeschliffen und durch überzeugende Vorbilder andauernd vorgeführt werden. Das Böse erfordert keine Anstrengung, es kommt unserer existenziellen Faulheit, unserer Vorliebe für mühelose Lösungen entgegen; das Gute aber kostet Mühe, und es ist stets gefährdet.

Erinnern wir uns an Alipius, den Jugendfreund des heiligen Augustinus: Es hatte ihn, als er Christ wurde, enorme Anstrengung gekostet, seine Begeisterung für Gladiatorenkämpfe zu unterdrücken, doch es bedurfte buchstäblich nur eines Augenblicks, diesen Erfolg zunichtezumachen. Wie schnell man sich zu etwas hinreißen lässt, das man sich vernünftigerweise versagen sollte, wissen wir ja selbst, das erleben wir tagtäglich und nicht nur vor der Schaufensterauslage von Konditoreien. Permanente Wachsamkeit ist geboten – man lässt sich sonst zu viel durchgehen, wie der Psychologe Alexander Mitscherlich eines Tages bei sich selbst feststellen musste: In einer Lebenskrise kam er zu der Erkenntnis, dass jeder neue Tag eine neue Ich-Anstrengung (wie er es nannte) koste, also ein bewusstes Aufbäumen gegen die Bequemlichkeit, die Nachlässigkeit, die Geist- und Gefühllosigkeit der

Lebensroutine verlange. Beinahe verzweifelt klingt dieselbe Erfahrung bei dem Apostel Paulus, wenn er im Brief an die Römer schreibt: »Das Wollen ist bei mir vorhanden, aber ich vermag das Gute nicht zu verwirklichen. Denn ich tue nicht das Gute, das ich will, sondern das Böse, das ich nicht will.«

Dass das Gute mit uns leichtes Spiel hätte, kann man jedenfalls kaum behaupten, und in Versuchung führt es uns auch nicht. Wer ein unehrenhaftes Angebot ablehnt, der dürfte weniger das Gefühl haben, einer Verführung erlegen zu sein, als sich vielmehr zu diesem Schritt entschieden, womöglich erst nach inneren Kämpfen durchgerungen zu haben.

Warum aber nehmen wir dann, dem Reiz des Bösen zum Trotz, die Anstrengung eines redlichen Lebens doch meistens auf uns? Lediglich aus Angst vor Strafe?

Weil wir aus gutem Grund vor dem Bösen zurückschrecken, wäre eine Antwort. Weil wir unsere Erfahrungen mit ihm gemacht haben und womöglich sogar die erschütternde Urgewalt erlebt haben, mit der das Böse ins Leben einbrechen kann. Im selben Augenblick nämlich, in dem wir selbst zu Opfern werden, ist es mit der Ambivalenz des Bösen und aller Faszination vorbei. Da reißt es sich die verführerisch lächelnde Maske der abenteuerlichen Verlockung blitzartig herunter, und zum Vorschein kommt die gehörnte Fratze, die wir aus den Teufelsdarstellungen der Maler kennen – oder das hämische Grinsen des Sadisten, wie es uns aus Stanley Kubricks Kultfilm *Clockwork Orange* im Gedächtnis ist.

Es ist, zum wiederholten Male, unheimlich: Böse Erfahrungen steckt man nicht einfach weg. Sie zeichnen einen Menschen, sie prägen ihn womöglich für den Rest seiner

Tage – und nichts kann diese Brandzeichen wieder aus seiner Seele löschen, selbst die gegenteiligen guten Erfahrungen eines ganzen Lebens vermögen das nicht. Ein Erlebnis reicht – und dabei braucht es sich nicht einmal um eine massive Verletzung der körperlichen Unversehrtheit oder der Privatsphäre zu handeln. Der Verrat eines Freundes, der Betrug eines Geschäftspartners, die Gleichgültigkeit einer Mutter können genügen, um uns für immer zu einem misstrauischen, argwöhnischen oder verzagten Menschen zu machen, und bisweilen reicht ein achtlos hingeworfenes gehässiges Wort. Die Begegnung mit dem Bösen kann traumatisieren; und selbst wenn es bei einer einzigen Erfahrung bliebe – alles Gute der Welt scheint machtlos gegen dieses eine erlittene Unrecht zu sein.

Gewiss, es muss nicht so kommen. Kleinere Enttäuschungen verbuchen wir im Normalfall unter der Rubrik »Aus Erfahrung klug werden«, und wer das nicht schafft, wer von unangreifbarer Vertrauensseligkeit ist, den nennen wir naiv. Aber wer sich einmal als Zielscheibe kalter, berechnender – oder selbst unbeabsichtigter, gedankenloser – Böswilligkeit gefühlt hat, für den tut sich ein Riss auf, ein Riss in dem Boden, auf dem er steht. Dessen Dasein entzieht eine solche Erfahrung die Grundlage des Vertrauens, das uns durchs Leben trägt. Und dieser Riss ist kaum noch zu schließen. Ist das Urvertrauen einmal beschädigt, lässt sich der alte Zustand allenfalls notdürftig wiederherstellen. Ein Rest von Argwohn oder Unsicherheit wird bleiben.

Wie kommt das?

In diesem Zusammenhang fällt mir die Geschichte einer Familienfehde ein, eines Dauerstreits unter Geschwistern

– nichts furchtbar Dramatisches und doch genug, um allen Beteiligten das Leben zu vergällen. Sie spielt in Italien und ist schnell erzählt.

Drei Geschwister hatten von ihren Eltern ein Landhaus in der Toskana geerbt, alle drei verheiratet, alle drei zwischen Ende vierzig und Anfang fünfzig. Zwei von ihnen, die beiden Brüder, waren untereinander zerstritten, gingen sich auch sonst aus dem Weg und wollten sich nun keinesfalls in ihrem Landhaus begegnen. Dafür allerdings hätten sie miteinander reden und sich abstimmen müssen, was sie nicht über sich brachten; stattdessen schalteten sie die dritte im Bunde, ihre Schwester, als Vermittlerin ein. Sie übernahm diese Aufgabe auch, in der besten Absicht, zum Familienfrieden beizutragen. Allerdings stellte sie bald fest, dass sie missbraucht wurde, zur Übermittlung von Beleidigungen, Vorwürfen oder auch Vorschriften, die einer dem anderen machen wollte. Mal erteilten die Brüder einander Hausverbot, für einzelne Familienmitglieder oder gleich alle zusammen, mal belegte die eine Familie das Haus kurz vor dem Eintreffen der anderen, sodass diese sich gezwungen sah umzukehren – und zwischen den Fronten nun die Schwester, beständig dem Vorwurf ausgesetzt, es mit der einen beziehungsweise der anderen Seite zu halten, also als Verräterin gebrandmarkt.

Was Gemeinheiten betrifft, war der Einfallsreichtum unerschöpflich. Bald ging es nur noch am Rande um die Benutzung des ererbten Landhauses, die Fehde hatte sich verselbständigt. Die einen machten den anderen das Leben schwer und beide zusammen der Schwester, die nach wie vor bemüht war, es allen recht zu machen, und stets von beiden Seiten nur neue Vorwürfe erntete. Das Erstaunlichste aber: Nicht nur, dass niemand einen erkennbaren Vorteil aus diesem Verfahren zog – die Schwester verzweifelte mit der Zeit, und die Erwachsenen der verfeindeten Familien verfielen in Depression, nachgeben aber wollte keiner. »Was mache ich bloß falsch?«, fragte mich eines Tages die Schwester, als sie das Scheitern ihrer Vermittlungsbemühungen einsehen musste. »Nichts«, antwortete ich. »Nur dass man unter diesen Umständen auch nichts richtig machen kann. Denn diese Art von Bosheit ist völlig unberechenbar. Sie gehorcht keinem anderen Gesetz als dem des größtmöglichen Schadens.«

Verrückt, sollte man meinen. Irrsinnig. Aber genau das ist der springende Punkt. Hier müsste die Erklärung für die erschreckend nachhaltige Wirkung des Bösen liegen: Es trifft uns unerwartet. Jeder Schachzug, jedes Manöver ist unvorhersehbar. Es folgt keiner Logik, und wo es einer zu folgen scheint, ist es die Logik der Heimtücke. Das einzig Verlässliche am Bösen ist die Willkür. Deshalb lässt es uns ratlos zurück. Deshalb erschüttert es das Vertrauen ins Dasein als Ganzes. Deshalb versteht man plötzlich die Welt nicht mehr.

Der Hamburger Soziologe Jan-Philipp Reemtsma nennt es die »Logik des Terrors«. Auf die nationalsozialistischen Konzentrationslager bezogen sagt er: Jeder Versuch der Häftlinge, sich ein Bild von den Geschehnissen zu machen, ist zum Scheitern verurteilt. Das KZ-Personal tut nie, was man von ihm erwartet. Es nützt auch nichts, sich das Schlimmste vorzustellen – es kann jederzeit anders kommen. Es ist daher unmöglich, sich auf die mörderischen Umstände einzustellen. Die Logik des Terrors ist unberechenbar. Sie zerrüttet, sie zermürbt, sie raubt einem den Verstand ... Mir scheint diese Beschreibung auf das Böse im weitesten Sinne zuzutreffen. Es ist widersinnig. Es lässt sich dem Menschen, von dem es ausgeht, daher auch oft gar nicht zuordnen, das heißt: Man hätte es von ihm schlechterdings nicht erwartet. So wie die Schwester der verfeindeten Brüder in meinem Beispielfall nie geglaubt hätte, die beiden könnten mit ihrem Zermürbungsfeldzug bis zur letzten Konsequenz gehen, bis zum Ruin des eigenen Seelenfriedens.

Lieber alle Lebensfreude einbüßen als auf den Gegenschlag verzichten ... Wenn ich einen Sinn darin erkennen kann, dann höchstens den: Man will ein klägliches Überlegenheitsgefühl über die Zeit, über die Lebenszeit retten, indem man eine vermeintliche Niederlage abwendet. Vielleicht spielt auch die Genugtuung eine Rolle, seinen Rachegelüsten Geltung verschafft oder einen verstümmelten Gerechtigkeitssinn befriedigt zu haben. Der Preis für solche minimalen Vorzüge ist exorbitant, und er muss in unserem Beispiel von drei Familien entrichtet werden, aber die Frage stellt sich immer wieder: Was hat der Böse von seiner Bosheit? Inwiefern lohnt es sich für ihn?

Was wir in diesem Kapitel bisher untersucht haben, ist die objektive Seite des Bösen. Die Seite, die von allen wahrgenommen wird – die hässliche, zerstörerische. Von allen, muss man einschränkend sagen, die das Böse als Opfer oder Beobachter erleben. Aber was ist mit denjenigen, von denen das Böse ausgeht? Ich will sie hier Täter nennen, ohne das Wort im kriminalistischen Sinn zu verwenden. Wie stellt sich das Böse aus ihrer Sicht dar? Welches Ziel verfolgen sie? Handeln sie in der Absicht, Schaden anzurichten, Entsetzen zu verbreiten, weh zu tun?

Spontan möchte man antworten: Selbstverständlich. Was den Täter auszeichnet, ist doch offensichtlich seine Böswilligkeit. Also der Drang zu verletzen, zu schaden, zu erniedrigen, irgendein kleineres oder größeres Unheil anzurichten. Der Mörder – will morden, der Betrüger – will betrügen, der Beleidiger – will beleidigen, und allen zusammen geht es um den Schaden oder die Schmerzen eines anderen. Aber – stimmt das?

Nehmen wir uns noch einmal das Beispiel vom Jungen mit der Spinne vor. »Es hat mir Spaß gemacht«, hatte er gesagt. Nun gut, dass seine Schwester panisch reagiert hatte ... nett war die Sache von ihm wirklich nicht gewesen, das muss ihm bewusst gewesen sein, und hätte ein anderer sie derartig in Angst und Schrecken versetzt, er wäre vermutlich dazwischengegangen. Gleichwohl, die kleine Bosheit hatte ihn gereizt. Wieso? Doch wohl deshalb, weil er als Täter auf eine Erfahrung ganz eigener Art spekulieren durfte: den kurzen Glücksrausch der Genugtuung, mit Hilfe der Spinne Macht über seine Schwester zu gewinnen. Es hatte ja auch funktioniert. Im Augenblick seines Streichs war er der Hilf- und Wehrlosen haushoch überlegen gewesen. Es hatte völlig in seinem Belieben gestanden, das böse Spiel abzukürzen oder die Schwester noch weiter zur Verzweiflung zu treiben. Sie war ihm ausgeliefert gewesen, und was ihr größte Pein bereitete, verschafft ihm ein kurzes, aber höchst angenehmes Allmachtsgefühl. Die hässliche Aktion hatte sich für ihn also gelohnt. Sie hatte – Spaß gemacht.

Man sieht: Dem Begriff der Böswilligkeit ist nicht unbedingt zu trauen. Zumindest scheint das Böse nicht in der Hauptabsicht des Täters zu liegen. Gewollt und angestrebt wird vielmehr etwas, das dem Täter durchaus schön und gut und richtig erscheint – in unserem Fall die Erfahrung uneingeschränkter Überlegenheit. Wir müssen also davon ausgehen, dass ein Täter mit jeder Beleidigung, jeder Intrige, jedem Verrat seine Lage gegenüber einem anderen verbessern will. Selbst auf den absurden Streit um das Landhaus dürfte das zutreffen. Selbst hier muss etwas auf dem Spiel gestanden haben, das den verfeindeten Parteien als ihr kostbarstes und deshalb schützenswertes Gut erschien, ihr Stolz vielleicht oder einfach nur ihre einzig richtige Sicht der Dinge – irgendetwas, wofür es sich gelohnt hatte, einander das Leben zur Hölle zu machen. So absurd es klingt, aber es lässt sich nicht anders sagen: Im Grunde will jeder Böse etwas Gutes. Letztlich will er immer das Beste. Sein Bestes nämlich. Aus dieser Einsicht heraus haben die scholastischen Theologen des Mittelalters den Satz aufgestellt: Das Böse kann kein Endzweck sein. Man kann es gar nicht wollen. Das Böse ist immer nur das Mittel zu einem Zweck, von dem sich der Täter einen Vorteil, einen Gewinn, einen Genuss oder eine Befreiung verspricht. Mit anderen Worten: Für den Bösen ist das Böse in aller Regel eine Lust.

Womöglich hat ein Täter also recht, wenn er jede böse Absicht von sich weist. Nur – was weiß er überhaupt über sich selbst, über die eigenen Motive, die eigenen Gründe? Wie zurechnungsfähig ist denn einer, dem das Böse ein völlig anderes Gesicht als seinem Opfer zeigt? Der sein Vorgehen vor sich selbst rechtfertigen kann, indem er es für einen Beweis von Eigeninitiative, von Einfallsreichtum, von Überlegenheit nimmt, oder es vor sich selbst als einen Akt der Notwehr, der ausgleichenden Gerechtigkeit oder einfach als eine Gaudi verteidigt? Dem, kurz gesagt, das Böse durchaus gut, nämlich vorteilhaft erscheint?

Meine Befürchtung, das Böse könnte nicht zu fassen sein, scheint sich an diesem Punkt zu bewahrheiten. Nun erleben wir einen wahrhaft unheimlichen Moment. Denn was kann fassungsloser machen als zwei Menschen, die sich im Augenblick der Begegnung nicht im selben Universum zu befinden scheinen? Hier das Opfer, das dem Bösen nichts als Schrecken abgewinnen kann, weil das, was es erlebt, in seine Welt nicht einzuordnen ist. Und dort der Täter, der aus der Sphäre einer verbindlichen Weltordnung heraustritt, indem er das Böse schamlos, nämlich im Bewusstsein des unschuldigen Glückssuchers tut. Kann sich ein Mensch zum anderen in einen größeren Widerspruch setzen?

Ein unüberwindbarer Abgrund tut sich zwischen Opfer und Täter auf. Jede Verbindung ist unterbrochen. Dieser Abgrund wird im Normalfall der alltäglichen Gemeinheiten nicht so furchteinflößend sein, aber er ist da, er tut sich immer auf, für kurze Augenblicke oder ein ganzes Leben, wenn sich das Böse Geltung verschafft. Was für den einen ärgerlich oder furchtbar ist, ist dem anderen recht, eine Lust, eine belebende Droge womöglich. Kein Schuldbewusstsein, das ihn aufhalten würde. Die Absichten sind gut, die Begleitumstände werden in Kauf genommen. Die beiden Gesichter des Bösen eben: Bedrohung und Verlockung in einem.

Auf das Gute hingegen trifft nichts von alledem zu.

Denn das Gute bleibt sich gleich, egal aus welcher Perspektive. Es bleibt sich so gleich, wie die Gottesdarstellungen der Maler sich gleichbleiben. Es ist für keinen Beteiligten je etwas anderes als Beruhigung, Trost oder Freude. Also unspektakulär. Daher seine geringe Faszination, sein minimales Erregungspotenzial. Es taugt nicht zur belebenden Droge wie das Böse – zumindest wirkt es nicht so schnell. Es bringt unser Blut nicht so unverzüglich in Wallung. Es ist undramatisch. Es ist, nach unserem Verständnis der Welt, schlicht und einfach das Normale, das Klügste, das Vernünftigste. Bleibt es also dabei, dass das Böse ein Resultat triebhafter Haltlosigkeit ist? Und das Gute stets als das Ergebnis vernünftiger Selbstbeherrschung verstanden werden muss?

Die Frage wäre als nächste zu untersuchen.

4. VERNUNFT CONTRA GEFÜHL

Wer oder was ist schuld am Bösen? Seit jeher sucht die Menschheit nach einer Antwort auf diese Frage, und so unterschiedlich die Diagnosen, so unterschiedlich und zahlreich die Kuren und Heilmittel, die sie sich im Laufe der Zeit gegen das Böse verordnet hat. In den nächsten Kapiteln werde ich Antworten aus 3000 Jahren zusammentragen; vorab aber möchte ich für mich selbst zu klären versuchen, welche Rolle die Vernunft und welche die Gefühle in diesem Zusammenhang spielen. Sind Triebe und Emotionen tatsächlich das Einfallstor für das Böse? Ist unser moralisches Kontrollzentrum tatsächlich eine Dependance der Vernunft? Oder ist die Sache verwickelter?

Vielleicht hilft uns für den Anfang ein kleines moralisches Experiment weiter. Stellen Sie sich vor ... Es ist Sonntagmorgen, und Sie sind auf dem Weg zur Kirche. Sie halten schon etwas Geld bereit, denn vor dem Portal wird wieder der Obdachlose stehen und die Hand aufhalten. Sie kennen ihn, er steht jeden Sonntag da, es ist gewissermaßen sein Stammplatz, und immer stecken Sie ihm ein paar Münzen zu. Als Sie herankommen, halten Sie irritiert im Gehen inne: Heute stehen zwei da. Rechts vom Eingang der Ihnen bekannte Obdachlose, links vom Eingang ein Fremder mit einem weißen Plastikbecher in der Hand, offenbar südosteuropäischer Herkunft. Und schlagartig ist Ihnen klar: Ich habe ein Problem.

Ein moralisches Problem. Denn wie sollen Sie sich jetzt verhalten? Dem Obdachlosen etwas geben und dem Bettler nichts? Ober beiden etwas geben? Oder keinem von beiden?

Es ist ja so: Die Obdachlosen Ihrer Stadt haben die Standorte unter sich aufgeteilt, und es ist ein ungeschriebenes Gesetz, dass einer dem anderen seinen lukrativen Stammplatz vor der jeweiligen Kirche nicht streitig macht. Was der fremde Bettler da tut, ist aus Sicht des Obdachlosen ein Verstoß gegen die guten Sitten und im Grunde eine Unverschämtheit: Er bricht in dessen Revier ein und schmälert sein Geschäft. Das darf man nicht unterstützen, das wollen auch Sie nicht unterstützen. Also nur dem Obdachlosen etwas zustecken und den Bettler ignorieren?

Eigentlich müsste man den Bettler sogar verscheuchen, fährt es Ihnen durch den Kopf. Nein, das geht nicht, widersprechen Sie sich sogleich selbst – dafür gäbe es keine Rechtsgrundlage, und womöglich müsste man Gewalt anwenden; das wäre nicht nur unangemessen, das würde auch zu einer unschönen Szene führen: Sieh an, würde es heißen, ausgerechnet vor der Kirche werden keine Mühseligen und Beladenen geduldet ... An der Situation lässt sich mithin nichts ändern. Also salomonisch vorgehen und beiden etwas geben?

Auf gar keinen Fall! – revoltiert es in Ihnen: Damit würde die Dreistigkeit des fremden Bettlers auch noch belohnt. Und wie würde der Obdachlose mein Verhalten aufnehmen? Müsste er nicht den Eindruck haben, dass ich ihm seinen Anspruch auf diesen Standort bestreite? Da kann die Lösung eben nur lauten: Der Obdachlose bekommt wie üblich etwas, der fremde Bettler geht leer aus.

Andererseits ...

Wäre das nicht schäbig? Auch dieser Bettler ist ein Mensch. Auch er hat Gefühle – und wird die Bettelei im Übrigen wohl nicht zum Spaß betreiben. Womöglich ist er ärmer als der Obdachlose dran. Eine demonstrative Zurückweisung würde ihn auf jeden Fall persönlich treffen, er müsste sich wie ein Ausgestoßener vorkommen. Verdient der eine nicht das gleiche Mitleid wie der andere? Wäre es da nicht menschlicher, beide gleich zu behandeln? Das hieße also, beiden etwas zuzustecken. Wenn Sie dem Eindringling zur Strafe aber weiterhin nichts geben wollen, bleibt nur eins: Dann bekommen eben beide nichts.

Das allerdings wäre noch schäbiger, sagen Sie sich. Damit würde ich den Obdachlosen bestrafen, der durch die ungebetene Konkurrenz ja schon gestraft genug ist. Erst macht der Fremde ihm das Leben schwer, und jetzt auch ich? So weit darf es nicht kommen. Kurzum, alles sträubt sich in Ihnen, den Rechtmäßigen genauso wie den Unrechtmäßigen zu behandeln. Also doch dem Obdachlosen etwas geben und den Bettler übergehen?

Inzwischen haben Sie das Kirchenportal erreicht. Die Zeit für den inneren Disput ist abgelaufen, jetzt müssen Sie handeln. Und, was wiegt nun schwerer für Sie? Die Forderung strikter Gleichbehandlung? Die Verpflichtung zu einem allgemeinen Mitgefühl, ohne Ansehen der Person? Oder das Gebot des Anstands, der Fairness und der Rechtmäßigkeit? Also keinem etwas geben? Beiden etwas geben? Oder allein den Obdachlosen mit dem gewohnten Obulus bedenken?

Ich befürchte, eine wirklich befriedigende Lösung lässt sich hier nicht finden. Allerdings geht es mir auch nicht um das Ergebnis. Was ich beweisen möchte ist: Für moralische Probleme gibt es keine Standardlösungen. Sie lassen sich auch nicht aus dem Bauch heraus lösen. Jedes will durchdacht werden, und es ist ganz erstaunlich, was selbst in einem so geringfügigen Fall wie diesem alles zu berücksichtigen ist. Es gibt Argumente, es gibt Gegenargumente, sie wollen gegeneinander abgewogen werden, der Verstand arbeitet – ja, muss man sagen, wenn wir moralische Probleme ernst nehmen, sind wir als Vernunftwesen gefordert. Da entscheiden nicht die Gefühle.

Allerdings – die Ebene, auf der unser moralisches Dilemma verhandelt wird, ist nicht die der praktischen Nützlichkeit oder der theoretischen Richtigkeit. Hier geht es um die Werte, die den Bezugsrahmen für mein Verhalten bilden, und die Kernfrage lautet: Wie muss meine Entscheidung ausfallen, wenn ich so viel Freude wie möglich bereiten oder, wenn sich das nicht machen lässt, die unumgängliche Enttäuschung so klein wie möglich halten möchte? Und jetzt wird es kompliziert. In politischen Fragen führen politische Argumente weiter, in wirtschaftlichen Fragen wirtschaftliche, aber im Bereich der moralischen Urteilsfindung werden die Argumente, wie man gesehen hat, ganz unterschiedlichen Bereichen entnommen: Recht und Rechtsempfinden spielen eine Rolle, religiöse und philosophische Erwägungen müssen einbezogen werden, die soziale Wirklichkeit will berücksichtigt sein, selbst der Sport trägt eine entscheidende Norm bei, die der Fairness. Und da es in moralischen Dingen nicht allein um den anderen sondern auch um mich geht, müssen wir zusätzlich die ökonomische Sphäre einbeziehen. Denn ganz am Rande stellt sich ja die Frage: Wie hoch ist der Betrag, den ich zu geben bereit bin? Wie viel ist mir die Freude des anderen wert?

Man sieht: Moralische Grundsätze anzuwenden erfordert einiges Nachdenken. Man muss sich über seinen moralischen Entscheidungsspielraum klar werden, man muss unterschiedliche Interessen sauber trennen und gegeneinander abwägen können, man muss die zahlreichen Aspekte eines Falls berücksichtigen, und all dies vollzieht sich dort, wo der Verstand sitzt. Mit Emotionen ist hier wenig auszurichten. Sein Geld etwa dem sympathischeren von beiden zuzustecken oder der Einfachheit halber beiden etwas beziehungsweise beiden nichts zu geben, das kann man machen, wäre aber kein moralisch begründetes Verhalten und in gravierenderen Fällen unverantwortlich.

Um sehr viel mehr geht es im folgenden Fall. Es ist das berühmteste Beispiel für einen Konflikt zwischen Vernunft und Trieben, nämlich die Versuchung Jesu in der Wüste. Sie wird im Matthäusevangelium etwa folgendermaßen erzählt:

Nach seiner Taufe zog sich Jesus in die felsige Einöde der judäischen Wüste zurück und verbrachte dort vierzig Tage in völliger Abgeschiedenheit, fastend und ins Gebet vertieft. Als sein Hunger übermächtig wurde, trat der Versucher an ihn heran. »Wenn du Gottes Sohn bist«, sagte er, »warum verwandelst du diese Steine nicht in Brot? Ein Wort von dir würde genügen.« Jesus antwortete ihm: »Weil in den Schriften steht: Der Mensch lebt nicht vom Brot allein, sondern von jedem Wort, das aus dem Mund Gottes kommt.« Da entführte ihn der Versucher nach Jerusalem, stellte ihn auf die Umfassungsmauer des Tempels und sagte: »Wenn du der Sohn Gottes bist, dann spring – was soll dir schon passieren? Steht in den Schriften nicht: Seinen Engeln wird er gebieten, dich auf Händen zu tragen, damit du nicht stolperst und stürzt?« Aber Jesus hielt ihm entgegen: »Es steht dort auch: Du sollst den Herrn, deinen Gott, nicht versuchen.« Und abermals entführte ihn der Versucher, diesmal auf einen sehr hohen Berg, und ließ ihn alle Reiche dieser Erde und alle Pracht ihrer Städte und Paläste sehen. Dann sagte er: »Dies alles gebe ich dir, wenn du vor mir niederfällst.« Aber Jesus fuhr ihn an: »Fort mit dir, Satan! Denn es steht geschrieben: Du sollst dem Herrn, deinem Gott, huldigen und ihm allein dienen.« Da ließ der Versucher von ihm ab ...

Eine verblüffende Geschichte: Satan argumentiert. Er hätte dem Hungernden auch einfach ein Stück Brot hinhalten können, verbunden mit der Aufforderung, ihm wie ein Hund aus der Hand zu fressen. Aber so plump geht das Böse nicht vor. Satan argumentiert. Er versucht es mit Logik. Wir werden Zeugen eines gelehrten Disputs, Argumente werden ausgetauscht, am Ende gibt sich der Versucher geschlagen. Warum geht Jesus hier als Sieger hervor? Weil er die Scheinrationalität der satanischen Argumente entlarvt. Was vernünftig und plausibel klingt, ist in Wirklichkeit abwegig. Es soll Jesus auf Abwege führen. Darin besteht die Versuchung.

Das Ganze ist ein vertracktes Spiel. Satan scheint Jesus seine Reverenz als Gottessohn zu erweisen, setzt aber bei allgemein menschlichen Schwächen an, den klassischen menschlichen Schwachstellen sozusagen wie Überlebensinstinkt und Geltungsdrang. Du hast Hunger? Worauf wartest du – missbrauche deine göttliche Macht zur Befriedigung deiner Bedürfnisse! Du vertraust den Zusagen Gottes? Worauf wartest du – stell ihn gleich hier auf die Probe, missbrauche seine Zusagen für ein frivoles Experiment! Du strebst die größte denkbare Machtfülle an? Worauf wartest du – bete mich an, nichts ist unmöglich. Wir kennen das. Persönliche Bedürfnisse befriedigen, Macht an sich reißen und sich nebenbei über Gott lustig machen, damit kann man den Leuten jederzeit kommen, damit kann man's auch mal bei einem

Gottessohn versuchen. Nur dass er hinterher kein Gottessohn mehr wäre. Nicht einmal mehr ein Mensch. Jedenfalls nicht der, der er sein will.

Und Jesus hält dagegen. Mit Argumenten, die den wahren Charakter der satanischen Argumente entlarven: Sie sind selbstzerstörerische Angebote im Gewand der Vernunft. Was nach Befreiung und Wunscherfüllung klingt, würde ihn in Abhängigkeit bringen. Jesus hingegen demonstriert, was wahrhaft vernünftig ist, nämlich Schaden von sich und seiner Seele abzuwenden. Man sieht, dass diese Versuchungsgeschichte das Problem der Identität berührt – wer will ich sein, was lässt sich mit meinem eigenen Bild von mir vereinbaren und was nicht? Das altbekannte Motiv des Menschen, der seine Seele dem Teufel verkauft, klingt an. Bei diesem Hinweis will ich es belassen, denn das Thema wird uns noch beschäftigen.

Zusammenfassend kann man sagen: Es gibt eine Logik des Bösen, die darauf abzielt, das Zerstörerische oder Selbstzerstörerische plausibel erscheinen zu lassen. Und es gibt eine Vernunft des Guten, welche die Logik des Bösen als Scheinrationalität entlarvt. Eine wichtige, im praktischen Leben aber oft schwer zu treffende Unterscheidung, denn das Böse tritt mit Vorliebe als das Naheliegende und Zweckmäßige, eben das Vernünftige auf. Dass etwas einleuchtend klingt, will demnach noch nichts heißen. Wie oft hat die Vernunft die entsetzlichsten Gräuel gerechtfertigt, und bis heute werden unglaubliche Verbrechen von rational denkenden, kühl kalkulierenden Menschen verübt. Dazu ein Bericht der *Frankfurter Allgemeine Zeitung* vom März 2014 über Vorgänge auf der Halbinsel Sinai. Unfassbares war dort zu lesen:

Der öffentlichen Aufmerksamkeit entzogen, werden im Sinai seit Jahren Flüchtlinge aus Eriträa gefoltert und ermordet. Es ist ein Geschäft. Menschenhändler entführen die Flüchtlinge gewaltsam aus ihren Lagern im Sudan, schaffen sie in Lkw über die ägyptische Grenze und verkaufen sie an Beduinen im Sinai. Die wiederum foltern sie, bis die Gequälten die Adressen ihrer Angehörigen im Herkunftsland preisgeben. Damit endet ihre Leidensgeschichte aber noch nicht, denn anschließend werden sie weitergefoltert, um der Zahlungsbereitschaft ihrer Familien nachzuhelfen. Trifft das Lösegeld schließlich ein, sind die Gefolterten oft am Ende, nur noch dazu gut, aufgeschnitten zu werden, um ihre Organe zu entnehmen. Lösegelderpressung und Organhandel heißt das Geschäftsmodell, und alle Beteiligten verdienen daran, die Menschenhändler, die Grenzbeamten, die Beduinenclans.

Auch das ist irgendwie vernünftig – aus Menschen Geld zu machen, indem man sie verwertet. Ähnlich rational betreibt ja auch die Mafia ihre Geschäfte, ähnlich rational wurden KZs geplant und geleitet, und schließlich – auch wir argumentieren vor uns selbst gerne mit Vernunft und Zweckmäßigkeit, wenn wir uns eine kleine Schweinerei schönreden wollen. Gute Gründe gibt es immer; man muss sich das Böse nur halbwegs einleuchtend zurechtlegen, schon gelangt es ungehindert durch alle rationalen Kontrollen. Ein Mangel an nüchterner Überlegung und durchdachtem Handeln ist in unserem Beispielfall jedenfalls nicht festzustellen, dennoch triumphiert das Böse. Und wenn man jetzt einen Blick in unser Strafgesetzbuch wirft, wird man feststellen, dass Kalkül und rationales Vorgehen sogar ausschlaggebend für die besondere Schwere einer Schuld sein können.

Für Gerichtspsychologen, die die Schuldfähigkeit eines Täters einschätzen sollen, entscheidet unter anderem der »Planungsgrad« der Tat. Die Psychologin Claudia Brockmann erklärt, warum sich die Schuld auch daran bemisst. Sie schreibt: »Je intensiver eine Tat vorbereitet wurde, desto stärker ist das Verhaltensmuster, das ihr zugrunde liegt, in der Persönlichkeit des Täters verwurzelt. Es kam anscheinend nicht plötzlich über ihn, sondern er hat lange zuvor Risiken und die Dinge, die ihn faszinieren, im Geiste durchgespielt. Er hatte damit auch länger Gelegenheit, sich mit dem Unrecht seiner Tat auseinanderzusetzen, sich das Leiden seines Opfers vorzustellen, sich die Frage zu stellen: Will ich das wirklich?« Mit anderen Worten: Je überlegter ein Täter vorgeht, desto verwerflicher ist sein Verbrechen. Ganz offenbar kann man sich bei klarem Verstand ebenso verrennen wie im aufgewühlten Zustand des Affekts.

Offenbar dürfen wir uns bei der Entscheidung für oder gegen das Böse also nicht allein auf einen sauber arbeitenden Verstand verlassen. Er bietet keine Garantie. Irgendetwas muss hinzukommen.

Was ist denn das Erschreckende im Fall der gefolterten Eriträer? Dass wir hier einen Totalausfall des Mitgefühls feststellen müssen, würde ich sagen. Offenbar ist die Fähigkeit zum Mitleiden bei den Tätern nur rudimentär ausgebildet, oder sie kommt sehr selektiv zum Zug. Der bereits erwähnte Abgrund, der sich zwischen Täter und Opfer auftut, könnte jedenfalls nicht tiefer sein – die Schmerzensschreie der einen dringen nicht bis an die Ohren der anderen. Nun mag das Gewissen je nach Kultur eine andere Sprache sprechen – für unsere Vorstellung von Menschlichkeit ist das Mitgefühl aber eine unerlässliche Voraussetzung des Guten; ich werde deshalb bei meinen christlichen Maßstäben bleiben: Wer für fremdes Leid nicht ansprechbar ist, leistet dem Bösen zumindest Vorschub, und umgekehrt geschieht kein Gutes auf dieser Welt, das nicht aus der Quelle eines umfassenden Mitgefühls fließt. Auch die innere Debatte angesichts der beiden bettelnden Männer an der Kirchentür wäre ohne Mitgefühl gegenstandslos; sie käme erst gar nicht in Gang, weil wir uns die Sache dann leicht machen könnten und die zwei gar nicht zur Kenntnis nehmen müssten. Aber dürfen wir nicht noch weiter gehen? Kommen nicht alle großartigen Gesten der Menschlichkeit unmittelbar aus dem Herzen?

Ich denke da besonders an die Gestalt des Vaters in dem bekannten Gleichnis vom verlorenen Sohn, wie sie im Lukas-Evangelium erzählt wird: Der zweite Sohn, das schwarze Schaf der Familie, kehrt nach Jahren eines ausschweifenden Lebens geknickt und reumütig nach Hause zurück, hat sein Erbe verprasst, fürchtet den Zorn des Vaters und will sich ihm schon als Sklave andienen – da sieht ihn der Vater kommen, läuft ihm entgegen und schließt ihn mit einem Freudenschrei in die Arme. Nicht genug damit, lässt er ein Kalb für ihn schlachten und veranstaltet ein rauschendes Wiedersehensfest. Was für ein Ausbruch väterlicher Liebe! Da wird nicht lange das Pro und Contra erwogen, da folgt der Vater bedenkenlos der Stimme seines Herzens und lässt sich von seinen Gefühlen überwältigen. Sicher, hier stehen nicht Gut und Böse zur Debatte, nicht einmal richtig und falsch, nur Strenge oder Milde, nur Strafe oder Verzeihen. Dennoch – wie dieser Vater den Ärger vieler Jahre in einem Augenblick herunterschluckt und sich von seinen tiefsten Gefühlen mitreißen lässt, das ist wunderbar, befreiend, erlösend. Der

Verstand hätte ihm geraten, mit seinem Sohn erst einmal abzurechnen.

Und wenn wir uns den Gott der Bibel selbst anschauen ... Eigentlich hat er wenig Ähnlichkeit mit dem abgeklärten Greis, der uns von den Kirchenwänden und alten Gemälden herab anschaut. Von wegen unerschütterlich! Dieser Gott leidet, er zürnt, er eifert, er liebt, er gerät in Wallung, er schickt auch mal eine Sintflut und sagt von sich selbst: Ich werde die Lauen ausspucken. Also die, die weder warm noch kalt sind. Die Zögerlichen, die Halbherzigen, die Raisonnierer. Offenbar gehört dieser Gott selbst zu den Leidenschaftlichen – und anders kann man sich Gott auch kaum vorstellen, denn Leidenschaft ist Energie und der Motor aller Veränderung, aller Entwicklung, aller Erneuerung.

Gottlob gibt es sie, diese enorme emotionale Schubkraft. Und – muss der Mensch nicht gerade in Anbetracht der verführerischen Macht des Bösen über sich hinauswachsen? Der leidenschaftslose Mensch aber fällt in sich zusammen. Hegel sagt deshalb sinngemäß: Ohne die Leidenschaften ist nie etwas Bedeutendes bewirkt worden. Eine Moral, die die Leidenschaft in Bausch und Bogen verurteilt, ist eine tote und heuchlerische Moral ... Und was ist überhaupt mit der Liebe? Der brennenden Liebe der Verliebten? Die Vernunft hat da jedenfalls wenig zu vermelden, und selbst die Nächstenliebe hätte ohne eine gewisse leidenschaftliche Hinwendung zu seinen Mitmenschen den faden Beigeschmack der Pflichterfüllung. Müssen wir dann aber nicht von einer Erklärung Abschied nehmen, die das Böse allein auf unsere irrationalen Anwandlungen zurückführt? Sollte man dem Verstand nicht wenigstens genauso misstrauen?

Allerdings … jetzt kommen mir doch Bedenken. Ähnelt der Liebesrausch nicht allzu sehr dem Machtrausch? Bedeutet nicht beides, die Kontrolle über sich selbst zu verlieren und gleichzeitig Macht über einen anderen – oder viele andere zu gewinnen? Haben wir es nicht in jedem Fall mit einer Seelenverfassung zu tun, die gar nicht mehr zwischen Gut und Böse unterscheidet? Schwebt der Banker, der verantwortungslos mit Milliardenbeträgen jongliert, seine Kundschaft abzockt oder für desaströse Geschäfte mit einem Millionenbonus belohnt wird – schwebt dieser Banker nicht auf derselben Wolke wie der Verliebte? Ja, ist überhaupt auf irgendein Gefühl Verlass, wenn das Böse nicht nur Abscheu – sondern eben auch Lust erzeugt?

Bei Licht betrachtet ist unsere Anfälligkeit für das Irrationale womöglich doch nicht weniger unheimlich als das Böse, und am Ende könnte man sehr wohl zu dem Ergebnis kommen, dass hier äußerste Vorsicht geraten ist. Dass man dem Menschen am besten die Flügel seiner Leidenschaft stutzt, um das Schlimmste zu verhüten …

5. WAS WÄRE NICHT DAS WERK DER GÖTTER?

Wer oder was ist also am Bösen schuld?

Vielleicht ist es das Klügste, sich einmal durch die Jahrhunderte zu fragen, angefangen mit den antiken Griechen und Israeliten. Der griechische Mythos, die Bibel, Philosophie und Theologie sind Fundgruben für Antworten auf unsere Frage. Immerhin 28 Jahrhunderte stehen hier zur Debatte, und wenn man die Odyssee aufschlägt – das frühste Dokument, das ich heranziehen will –, stößt man gleich zu Beginn auf eine unüberbrückbare Meinungsverschiedenheit zwischen Göttern und Menschen über die Frage: Wer oder was ist schuld?

Es ist eine großartige Szene. Homer lässt die Götter im Wohnsitz des Zeus auf dem Olymp zusammenkommen. Athene kann es kaum erwarten, das Wort zugunsten ihres Lieblings Odysseus zu ergreifen, doch zunächst einmal muss Zeus eine Grundsatzrede halten und seiner Enttäuschung über die Menschheit Luft machen. »Welche Klagen erheben die Sterblichen wider die Götter!«, ruft er aus. »Nur von uns, wie sie schreien, kommt alles Übel; und dennoch schaffen die Toren, dem Schicksal entgegen, ihr Elend.« Dann führt er als Beispiel für die Kurzsichtigkeit des Menschen die Bluttat des Ägisthos an, der allen Warnungen der Götter zum Trotz Agamemnon erschlagen hatte. Damit habe er sich sein eigenes Grab geschaufelt, sagt Zeus, denn Agamemnons Sohn Orestes werde seinen Vater blutig rächen. Aber, so liest man zwischen den Zeilen: Das ist typisch. So sind sie eben, die

Menschen, trotzig und begriffsstutzig wie Kinder und – salopp gesprochen – intellektuell etwas unterbelichtet. Anstatt im Voraus die Folgen zu bedenken, ergehen sie sich lieber anschließend in Selbstmitleid und jammern: Ich konnte nicht anders, die Götter sind schuld, sie haben dies furchtbare Schicksal über mich verhängt ...

Damit trifft Zeus ins Schwarze. Genauso sprechen die Menschen. Kein Gedanke daran, die unablässigen Fehden, Streitereien und Gemetzel sich selbst zuzuschreiben – sich und ihrer, wie die Götter finden, maßlosen Borniertheit. Stattdessen halten sich die Griechen der Frühantike für die Prügelknaben der Götter. Sie glauben an ihre Unschuld, auch wenn aus unserer Sicht alles dagegen spricht. Dabei erkennen sie objektive Schuld durchaus an. Es gibt das Böse ja, es kommt ständig vor, nur dass die Ursache dafür bei den Göttern zu suchen ist. Nach ihrem Verständnis kann man nämlich beides, schuldig werden und dabei unschuldig bleiben und als Täter auch gleichzeitig Opfer sein, nämlich Opfer eines rücksichtslos verhängten Geschicks, Opfer der Götter eben. Im antiken Drama erschrickt Klytemnästra nicht über sich selbst, nachdem sie soeben ihren Gatten ermordet hat, sie bezichtigt vielmehr jenen speziellen Dämon, der den Blutrausch im Menschen überhaupt erst weckt. Und der Chor auf der Bühne kommentiert die furchtbare Tat mit dem Entsetzensschrei: »Was auf Erden wäre nicht das Werk der Götter?!«

Alles, natürlich. Insbesondere aber das Böse. Weil es irrational ist, gegen alle Vernunft, weil es über einen kommt wie die Raserei über den Krieger in der Schlacht und daher seinen Ursprung unmöglich in einem vernunftbegabten Wesen haben kann. Es muss einer geheimnisvollen Welt entspringen, es kann nur auf die unerfindlichen Launen der Götter zurückzuführen sein. Schuldig? Ja, mag sein. Aber nicht verantwortlich.

Eine bequeme Haltung, könnte man sagen. Aber sie ist alles andere als bequem. Sie ist so unheimlich wie das Böse selbst. Sie ist das ehrlichen Eingeständnis der Kapitulation vor dem Unbegreiflichen und Ausdruck eines zerknirschten, ratlosen Realismus – Leben heißt ausgeliefert sein, Leben heißt schuldig werden, und im Grunde stellen die griechischen Mythen eine einzige Preisliste dar: So und so viel kostet das Leben, das und das ist der Preis, den ihr dafür zu entrichten habt, und gefragt werdet ihr nicht, die Summe wird automatisch von eurem Leben abgebucht. Vom ersten Schrei des Neugeborenen an seid ihr mit einer Hypothek belastet, die ihr zurückzahlen müsst, indem ihr das über euch verhängte Leiden auskostet und willentlich-unwillentlich Fehler macht, die auf euch zurückschlagen werden ... Beruhigen kann einen das nicht, trösten schon gar nicht.

Die Kraft nun, durch die sich das Böse des Menschen bemächtigt, ist für die alten Griechen die Leidenschaft. Und die kommt von außen. Die ist etwas Unpersönliches. Auch uns Heutigen geht es ja noch so, dass unser inneres Labor Schauerlichkeiten produziert, mit denen wir nichts zu tun haben wollen, aber für den antiken Menschen ist die Leidenschaft eine Art Wahnsinn, der aus dem Nichts auftaucht und sich sein Opfer sucht. Davon befallen, steigert man sich in einen Zustand hinein, der einem unerklärlich erscheint, sobald die Leidenschaft wieder abflaut. Was die Sache, wie gesagt, nicht besser macht, denn gegen diese Anfälligkeit fürs Irrationale hilft kein Psychologe, kein Priester, nichts. Das Böse lässt sich in der antiken Welt nicht zum behebbaren seelischen Defekt verharmlosen, es bleibt eine objektive, eine erschütternde, aber letztlich eben rätselhafte Tatsache.

Wenn wir jetzt unseren Blick nach Israel wenden, bietet sich uns zunächst ein ähnliches Bild. Um die unbeirrbare Sündhaftigkeit seiner Landsleute zu beschreiben, greift der Prophet Jeremia um 600 v. Chr. zu einem drastischen Vergleich: Er sieht bei ihnen dieselbe animalische Triebhaftigkeit am Werk wie bei brünstigen Kamelstuten oder läufigen Wildeselinnen. Und Verantwortungslosigkeit ist ihm genauso vertraut. Er schreibt, wobei er das Volk als Ganzes anspricht: »Auch findet man an deinen Kleidern das Blut von Armen und Unschuldigen, die du nicht beim Einbruch ertappt hast, sondern die alledem widerstanden, und doch sprichst du: Ich bin unschuldig ...« Und was das Verhältnis von Leidenschaft und Vernunft angeht, findet sich im Alten Testament ebenfalls ein aufschlussreicher Text, und zwar in der Genesis, dem ersten Buch der Bibel. Aus der Frühzeit des Volkes Israel wird dort folgender hochinteressante Vorfall berichtet:

Dina, die Tochter des Erzvaters Jakob, wird vom Stammesfürsten der Stadt Sichem verführt, und offenbar ist zumindest sanfte Gewalt dabei im Spiel. Immerhin findet der Herr von Sichem bei dieser Gelegenheit so viel Gefallen an ihr, dass er sie heiraten möchte. Er wendet sich an Jakobs Söhne Simon und Levi, bittet um die Hand ihrer Schwester, führt ihnen auch die wirtschaftlichen Vorzüge dieser Verbindung vor Augen, und die Söhne gehen unter der Bedingung darauf ein, dass sich alle männlichen Einwohner von Sichem beschneiden lassen. Gesagt, getan. Am dritten Tag aber, als die Wundstellen der Beschnittenen besonders heftig schmerzen, fallen Simon, Levi und ihr Gefolge mit dem Schwert über Sichem her, steigern sich in einen Blutrausch hinein und machen die Männer – kampfunfähig, wie sie sind – samt und sonders nieder. Ein Massaker.

Von der Heimtücke einmal abgesehen, würden wir in diesem Fall schon wegen des hohen »Planungsgrads« von einer besonderen Schwere der Schuld sprechen. Und wie reagiert Vater Jakob, als er von diesem Gemetzel erfährt? Ausgesprochen verhalten. Kein Wort des Vorwurfs jedenfalls. Moralisch war dieses Blutbad offenbar einwandfrei. Wenn er das Vorgehen seiner Söhne trotzdem nicht billigen kann, dann weil er die Rache der Nachbarstädte fürchtet – was, wenn sich die anderen jetzt gegen ihn und seine Familie zusammenrotten? Damit muss man doch rechnen! Seine Söhne tun diesen Einwand mit einer Handbewegung ab. »Durfte er (der Herr von Sichem) denn an unserer Schwester wie an einer Hure handeln?«, geben sie knapp zurück. Nein, die Sache war rechtens, und damit ist der Fall für alle erledigt.

Der interessante Punkt für mich ist, dass der jüdische Verfasser die Geschichte aus dem gleichen Grundgefühl heraus behandelt, wie es ein Grieche seiner Zeit tun würde. Von persönlicher Schuld ist keine Rede, Rache reicht als Motiv völlig aus, und dass sie, einmal begonnen, in einen Blutrausch ausartet – wen wundert's? Wo die Leidenschaften herrschen, ist es mit der Mäßigung vorbei. Und dann: Jakob findet an seinen Söhnen im Grunde genau dasselbe auszusetzen wie Zeus an der gesamten Menschheit, nämlich dass sie unbedacht gehandelt haben. Dass sie nicht Hirn genug hatten, sich die Folgen ihrer Unternehmung auszumalen.

Denn in einer Hinsicht ist das Böse eben doch berechenbar. Einmal losgelassen, lässt es sich nicht wieder einfangen. Es zieht stets weiteres Unheil nach sich, es löst eine Kettenreaktion von Gegenschlägen aus. Das eben ist der Fluch der bösen Tat: Böses gebiert fortwährend Böses.

Wir begegnen in dieser alten Welt einer erstaunlichen, uns befremdenden Tatsache: Der enorme gefühlsmäßige Widerstand, die Empörung, die Abscheu, alles, was wir heute gegen das Bösen aufbieten, ist vor allem in der griechischen Welt kaum zu finden. Man unterhält zum Bösen vielmehr eine praktische, pragmatische Beziehung – es zahlt sich nicht aus, es fällt auf den Verursacher zurück – und rügt deshalb an dem, der Böses tut, eher seine Unüberlegtheit als seine Schlechtigkeit. Der Täter seinerseits aber kann auf einen Umstand verweisen, der ihn gegen den Vorwurf der intellektuellen Unbedarftheit schützt, und so sein Gesicht retten. Denn noch lässt man die Leidenschaft als Ursache oder Auslöser einer Untat gelten, und als äußere Kraft rätselhafter Herkunft verträgt sich die Leidenschaft durchaus mit dem Selbstbild eines vernunftbegabten Wesens.

Damit wäre also allen gedient – die Götter können auf die Menschen zeigen (und äußerstenfalls eine Sintflut schicken) und die Menschen auf die Götter. Die Sache hat nur einen Haken: Wo nach diesem Muster verfahren wird, ändert sich nichts. Wenn der Schwarze Peter ständig zwischen den Parteien hin- und hergeschoben wird, dreht sich die Diskussion im Kreis, und die Antwort auf unsere Ausgangsfrage »Wer oder was ist schuld am Bösen?« muss strenggenommen lauten: Niemand ist schuld.

Das aber ist kein befriedigendes Ergebnis. Schon gar nicht in einer Welt, in der immer mehr Menschen in den wachsenden Städten immer näher zusammenrücken und einigermaßen friedlich miteinander auskommen müssen. Ein Minimum an Verantwortungsbewusstsein ist unter diesen Umständen unverzichtbar. Um die Mitte des ersten Jahrtausends bahnt sich daher in Griechenland wie auch in Israel etwas Neues an: Der Mensch wird allmählich zur mündigen Person und damit erstmals zurechnungsfähig. Nur dass beide Völker eigene Wege einschlagen, um dieses Ziel zu erreichen. Wenn der Mensch aus eigener Kraft gegen das Böse nichts ausrichten kann, muss die Zivilisation nachhelfen, sagen die Griechen. Wenn es der Mensch aus eigener Kraft nicht schafft, kann nur noch Gott helfen, sagen die Juden.

Der vernunftbegabte Mensch soll zum moralischen Wesen aufgerüstet werden. Er soll sich in einen zuverlässigeren, vertrauenswürdigeren Gesellen verwandeln. Zu diesem Zweck muss man ihn zähmen, muss man, wie der römische Dichter Lukrez es ausdrückt, seine Wildheit brechen. Wie? Indem man ihn zunächst einmal unter Aufsicht stellt, denn vor der Selbstkontrolle kommt die Kontrolle durch andere.

In Griechenland übernimmt diese Aufgabe die Polis, die Gesellschaft des städtischen Gemeinwesens. Damit sich die Lage für alle entspannt, muss auf den einzelnen Druck ausgeübt werden, gesellschaftlicher Druck, und mit der Zeit erlangt der Mensch als Bürger die Fähigkeit, sich selbst unter Druck zu setzen. In der Enge der Städte rückt das Wohl des anderen eben immer mehr in den Blick, und da heißt es, Rücksicht zu nehmen, sich zu beherrschen, Verantwortung für sein Verhalten zu übernehmen und die Konsequenzen zu tragen. Allmählich gewöhnt sich der Mensch dabei an den Gedanken, das Böse bei sich selbst zu suchen, in der eigenen Unvollkommenheit. Es hat mit ihm zu tun, stellt er fest, auf eine genauer und immer genauer zu erforschende Weise, und am Ende, im Zustand der Vortrefflichkeit, müsste es sogar gelingen, mit dem Bösen aus eigener Kraft fertig zu werden.

Genau darüber wird heftig diskutiert. Im Athen des 5. Jahrhunderts fragt man sich ernsthaft, welche konkrete Handhabe es gegen das Böse gibt. Sokrates zum Beispiel dreht und wendet die akut gewordenen ethischen Fragen in ausführlichen Dialogen hin und her: Wie wird man ein besserer Mensch? Kann man sich einzelne Tugenden nach Belieben aneignen (durch Coaching, gewissermaßen), oder muss man seinen Charakter als Ganzes schulen? Wie lässt sich das Irrationale so weit wie möglich zurückdrängen? Auch das Dunkle, Unheimliche soll jetzt der Vernunft zugänglich gemacht werden, indem man es zur Sprache bringt, durchleuchtet und auf diese Art entschärft. Wie harmlos-vernünftig plötzlich die Rede über das Böse klingt, dazu ein kurzes Beispiel aus dem *Protagoras*, einem der von Platon verfassten Sokratischen Dialoge. Dort heißt es:

»Denn freiwillig ist niemand schlecht, sondern der Schlechte wird es durch eine gewisse schlimme Beschaffenheit seines Körpers und ein Aufziehen ohne Unterweisung ... Davon ist die Schuld mehr den Erzeugern als den Erzeugten, mehr den Erziehern als den Erzogenen beizumessen, und gewiss muss man sich bemühen, durch Erziehung, Beschäftigung und Kenntnisse der Schlechtigkeit zu entrinnen und ihres Gegenteils habhaft zu werden.«

Da haben wir sie, die Methode der Zivilisation: einander beobachten, aufeinander Einfluss nehmen und in einer gemeinsamen Anstrengung die Abwehrkräfte gegen das Böse stärken. Was wild und unkontrolliert vor sich hin wuchert, ist von Übel, aber unter dem strengen Blick kluger Lehrer sollte die Bändigung der irrationalen Impulse gelingen. Gerade einmal angedeutet wird in diesem Zitat, dass die Natur auch noch ein Wörtchen mitzureden hat und der Körper als Sitz eigenmächtiger Triebe einen Strich durch die schöne Rechnung machen könnte.

Alles in allem klingt, was wir aus Griechenland hören, plötzlich sehr beruhigend. Als hätte man das Böse schon halbwegs im Griff. Die Philosophie ist der große Hoffnungsträger dieser Zeit, und ihre Botschaft lautet: Nicht die Götter sind schuld, nicht das Schicksal und auch nicht diese fatale Disposition des Menschen, den Kopf zu verlieren. Schuld ist der rohe Naturzustand, in dem sich der Mensch in der Vergangenheit befand. Doch der kann überwunden werden. Mit dem Fortschreiten der Zivilisation wird auch der Mensch sich zu seinem Vorteil ändern. Denn im Grund ist er mit seinen fulminanten Geistesgaben für das Gute wie geschaffen – er muss nur noch etwas an sich arbeiten.

Nebenbei gesagt: Zweitausend Jahre später wird man den rohen Naturzustand als selbstverschuldete Unmündigkeit bezeichnen und seine Überwindung Aufklärung nennen. Und dieselben Hoffnungen damit verbinden ...

Ein derartiger Optimismus herrscht in Israel nicht. Gut und Böse spielen sich hier in einer anderen Dimension ab. Was die Griechen Schlechtigkeit nennen, heißt bei den Juden Sünde, ist ein viel bedeutungsschwererer Begriff, und überhaupt – »das Trachten und Dichten des menschlichen Herzens ist böse von Jugend auf«, wie das göttliche Diktum nach der Sintflut lautet. Das gilt grundsätzlich, und im Prinzip ist daran nichts zu ändern. Immerhin gibt es Möglichkeiten der Läuterung.

Allerdings liegt die Messlatte für die Juden enorm hoch. Der Gott der Juden ist erheblich anspruchsvoller als die griechischen Götter. Der belässt es nicht dabei, wie Zeus seinem Unmut über die Menschen in einer kurzen Rede Luft zu machen und im Übrigen eigenen Interessen nachzugehen. Der erwartet von seinem Volk: »Ich bin heilig, und ihr sollt auch heilig sein« – also Gott ähnlich werden. Das ist aus eigener Kraft nicht zu schaffen, hier stößt auch die Vernunft an ihre Grenzen. Dieser Anspruch ist so hoch, dass er eine tiefgreifende spirituelle Erneuerung der Person voraussetzt, eine regelrechte innere Verwandlung, die wiederum nur mit Gottes Hilfe möglich ist. Der Dichter des 51. Psalms wendet sich daher mit der Bitte an Gott: »Schaffe in mir, Gott, ein reines Herz, und gib mir einen neuen, gewissen Geist.«

Allerdings – die angestrebte Reinheit des Herzens verlangt auch dem einzelnen Menschen äußerste Anstrengung ab. Sie betrifft ja alles, sein Denken, sein Verhalten, seine ganze Lebensführung, und das Ziel des reinen Herzens ist erst erreicht, wenn einer in allem den Willen Gottes tut, den er aus den schriftlich niedergelegten Geboten und dem Mund der Propheten kennt. Wer es bis dahin bringen will, muss sich einer unaufhörlichen Selbstprüfung unterziehen. Der müsste seine Motive und Beweggründe eigentlich so genau kennen, wie nur Gott sie kennen kann, der müsste sich selbst im Grunde durch die Augen Gottes sehen. Denn Gott entgeht nichts. Der sieht genau hin. »Ich sitze oder stehe auf, so weißt du es; du verstehst meine Gedanken von ferne. Ich gehe oder liege, so bist du um mich und siehst alle meine

Wege«, heißt es im 139. Psalm. Für den Psalmdichter folgt daraus die Bitte: »Erforsche mich, Gott, und erkenne mein Herz, prüfe mich und erkenne, wie ich's meine.«

Kommt uns das nicht vertraut vor? Wird Gott hier nicht die Rolle des Psychoanalytikers zugewiesen? So gelesen, unter diesem Aspekt, glaubt man der Geburtsstunde der Psychoanalyse beizuwohnen, mehr als zweieinhalb Jahrtausende vor Sigmund Freud. Und wie die Psychoanalyse eine ganze Gesellschaft auf die Idee gebracht hat, sich intensiv mit dem eigenen Seelenleben zu beschäftigen, so leitet dieser allwissende, allgegenwärtige Gott die Menschen jener Zeit an, alle Winkel des eigenen Inneren auszuleuchten. Mit dem Ziel, Gott ähnlich zu werden. Also rein. Also letztendlich heilig.

Gott ähnlich, heilig werden? Ist das nicht völlig unrealistisch? Müssen wir hier nicht von grandioser Selbstüberschätzung sprechen? Uns Menschen des 21. Jahrhunderts wird dieser utopische Überschwang umso mehr befremden, als wir aus Erfahrung sehr bescheiden geworden sind, was unsere moralische Selbstverwirklichung angeht. Die Menschheit war aber nicht immer so bescheiden, und das jüdische Projekt eines reinen Herzens erscheint mir nicht gewagter als der Versuch der Griechen, die Vortrefflichkeit anzustreben. Von einem kühnen Optimismus getragen sind jedenfalls beide Visionen der Vollkommenheit, nur dass man sich ihnen auf unterschiedlichen Wegen zu nähern versucht. Um die unheimliche Macht des Bösen zu brechen, begeben sich die Griechen unter die Herrschaft der Vernunft, in der Hoffnung, zu völliger Selbstbeherrschung zu gelangen. Zu demselben Zweck vertrauen sich die Juden ihrem Gott an, eifern ihm nach und ahmen ihn nach in der Hoffnung, das

Böse bereits im Ansatz entdecken und ausmerzen zu können. In Griechenland soll die Tugend des aufgeklärten Bürgers das Böse nach und nach aus der Gemeinschaft verdrängen; in Israel wird der Angriff auf das Böse gezielt geführt, da soll es in der eigenen Brust aufgestöbert und noch im Keim erstickt werden, bevor es sich ausbreiten und den ganzen Menschen erfassen kann. Oder, um beide Strategien auf den kürzesten Nenner zu bringen: Die Griechen versuchen es mit Selbstbeherrschung, die Juden mit Selbstkontrolle.

Eins aber hat sich im antiken Israel bisher noch nicht durchgesetzt: die Vorstellung der persönlichen Haftung für seine Taten, die individuelle Verantwortung. Dass ein Einzelner Schuld auf sich laden kann, ist zwar weitverbreitete Einsicht, aber – Schuld ist übertragbar. Auf die Nachkommen zum Beispiel. Ezechiel, ein Prophet des 6. Jahrhunderts, zitiert ein gängiges jüdisches Sprichwort, das darauf anspielt: »Die Väter haben saure Trauben gegessen, und den Kindern sind die Zähne davon stumpf geworden.« Schuld kann sich also von den Eltern auf die Kinder vererben. Folglich müssen die Kinder damit rechnen, für die Verfehlungen ihrer Väter (oder Mütter) büßen zu müssen, und diese dürfen darauf hoffen, verschont zu bleiben. Im Klartext heißt das: Mit etwas Glück werden die Folgen einer bösen Tat erst in der nächste Generation zu spüren sein.

Und jetzt tritt Ezechiel auf und sagt: Nein. Jeder muss nur das ausbaden, was er selbst verbrochen hat, denn jeder ist nur für sich selbst verantwortlich: »Der Sohn soll nicht die Schuld des Vaters tragen, und der Vater soll nicht die Schuld des Sohns tragen.« Das ist unerhört, aber so lautet die Botschaft. So spricht Gott aus dem Mund des Propheten. Seinen

Zuhörern fällt es schwer, das zu glauben. Sie trennen sich ungern von der Vorstellung, Schuld würde sich zur Not doch umverteilen oder abschieben lassen. Lieber glauben sie, Gott könnte sich in diesem Punkt irren; zu verführerisch ist die Vorstellung, vielleicht doch ungeschoren davonzukommen. Letztlich aber stoßen Männer wie Ezechiel in Israel den gleichen Prozess an, der in den Städten Griechenlands durch die erblühende Zivilisation in Gang gesetzt wird: Der Mensch lernt allmählich, sich als zurechnungsfähige, selbstverantwortliche Person zu verstehen.

Die Zeit, in der man sich auf die Götter, das Schicksal oder die Vorfahren herausreden konnte, geht damit zu Ende. Von nun an wird dem Individuum zugemutet, das Böse in sich selbst zu entdecken – und zugetraut, die Verantwortung tragen zu können.

6. KONTUREN DES BÖSEN

Im letzten Kapitel haben wir uns einen Überblick über das erste vorchristliche Jahrtausend verschafft. Ich könnte meinen Streifzug durch die Geschichte fortsetzen und werde das auch tun, denn noch fehlen uns zwei Jahrtausende. Für den Augenblick aber möchte ich eine Pause einlegen. Mir fällt nämlich auf, dass sich die Griechen und Juden der Antike nicht nur in ihrer Strategie zur Bekämpfung des Bösen unterscheiden; auch das Wesen des Bösen scheinen sie jeweils anders einzuschätzen. Und da auch wir über diesen Punkt immer noch keine rechte Klarheit haben, möchte ich vorläufig dieser Frage nachgehen.

Für die Griechen, so mein Eindruck, ist das Böse gleichsam ein Aussetzer. Als wäre der Mensch, modern gesprochen, einer technischen Anlage vergleichbar, die normalerweise wie geplant funktioniert, aber aufgrund ihrer Komplexität störanfällig ist – Pannen bis hin zum Zusammenbruch aller Systeme können nicht mit letzter Sicherheit ausgeschlossen werden. Das Böse wäre in diesem Fall eine Art Betriebsunfall, der mit geeigneten Mitteln behoben, eines Tages vielleicht sogar weitgehend ausgeschlossen werden kann. Das Interessante daran ist: Eine ganz ähnliche Auffassung hat sich bei uns in den letzten Jahrzehnten durchgesetzt. Auch die moderne westliche Gesellschaft ist überzeugt, dass das Böse auf einer Reihe von Faktoren beruht, die nur korrigiert werden müssten – jedenfalls sitzt es nicht so tief, als dass ihm mit gezielten Erziehungs-, Bildungs- oder Therapiemaßnahmen nicht beizukommen wäre. Für die Juden hingegen ist das Böse gewissermaßen von allem Anfang an im Bauplan des Menschen enthalten und verankert, die Welt ohne das Böse deshalb gar nicht denkbar. Diese Auffassung ist pessimistischer, aber wahrscheinlich realistischer – die Tatsache, dass kein Kraut dagegen gewachsen ist, dass das Böse die Menschheit hartnäckig durch alle Jahrhunderte begleitet und sich gegen alle gesellschaftlichen, politischen und kulturellen Entwicklungen resistent gezeigt hat, scheint mir jedenfalls für diese zweite Auffassung zu sprechen.

Aber schauen wir noch einmal genauer hin. Vielleicht lassen sich folgende Fragen anhand von Beispielen und Beobachtungen klären: Wo fängt das Böse an? Wann also ist der Punkt erreicht, an dem unser Verhalten aufhört, harmlos zu sein? Wie weit darf man gehen, von welchem Augenblick an ist man zu weit gegangen, und wieso kann man (zumindest hinterher) mit Bestimmtheit sagen, dass die rote Linie zwischen Gut und Böse überschritten wurde?

Es scheint mir das Klügste, die eindeutigen Fälle diesmal beiseitezulassen und sich dem Bösen von den Randbezirken her zu nähern. Also jene Fälle zu betrachten, bei denen einen das Gefühl beschleicht, da könnte Böses geschehen sein, ohne dass es sich genau bestimmen ließe. Ich will meine Beispiele deshalb aus einer moralischen Grauzone wählen, in dem sich das Böse gewissermaßen in einem frühen Entwicklungsstadium befindet oder aber nur als schwer beweisbarer Verdacht aufdrängt. In welchem Moment also schlägt verantwortliches Verhalten in unverantwortliches um? Wo genau verläuft die rote Line?

Beispiel 1: In Manhattan wird ein Mann von der U-Bahn erfasst und zerquetscht. Er ist im Gedränge auf die Gleise gestoßen worden, versucht nun, sich auf den Bahnsteig zu retten, schafft es aber nicht, die Bahnsteigkante ist zu hoch. Wenige Sekunden, bevor der Zug ihn erfasst, nimmt jemand ein Foto von ihm auf. Darauf ist der Mann zu erkennen, wie er sich hochzuziehen versucht, und ein Bahnsteig voller Menschen. Keiner von ihnen rührt sich. Keiner kommt ihm zu Hilfe ...

Ein Bild zum Verzweifeln. Es müsste etwas geschehen, ein Menschenleben steht für jeden erkennbar auf dem Spiel, aber es geschieht nichts. Sagt da jeder zu sich: Nicht meine Schuld? Suchen die Umstehenden überhaupt nach einer Entschuldigung für sich? Das würde bedeuten, dass sie sich zumindest angesprochen fühlen. Wer weiß, vielleicht haben sie sogar Mitleid mit ihm. Aber nichts folgt daraus. Einer macht ein Foto, statt zuzupacken und dem Mann aus der tödlichen Falle zu helfen.

Was ist nun dort geschehen? Kein gewöhnlicher Unfall, sagt uns unser Gefühl. Etwas Himmelschreiendes, finden wir auch nach längerem Nachdenken. Aber es gibt keinen Täter. Keinen Verantwortlichen. Keinen Schuldigen. Die Schuld verliert sich im Menschengewimmel dieses U-Bahnhofs, und damit löst sich auch die Untat auf. Dennoch – ist das Böse hier nicht zu riechen, zu schmecken, zu fühlen? Legt es sich nicht wie eine Giftwolke über diese apathische, unbeteiligte Menschenmenge? Bei aller Ratlosigkeit bleibt der Eindruck der Verantwortungslosigkeit.

Beispiel 2: Schulalltag. In der Pause lässt ein Junge das Papier seines Schokoriegels auf den Schulhof fallen. Eine junge Lehrerin, die gleich danebensteht, bittet ihn, das Papier aufzuheben. Er grinst sie an: »War ich nicht.« »Ich hab's aber gesehen«, sagt sie. »Na und?«, gibt er zurück, »haben Sie Beweise?« Damit lässt er die Lehrerin stehen und geht weg ...

Halb so wild, könnte man sagen. Der angerichtete Schaden ist doch nicht der Rede wert: Papier auf dem Boden und eine verärgerte Lehrerin. Muss man hier das Böse bemühen? Ist die Angelegenheit nicht viel zu harmlos?

Trotzdem, man zuckt zusammen. Da liegt noch ganz anderes in der Luft, nicht bloß Kaltschnäuzigkeit. Diesmal ist die Verantwortungslosigkeit mit Händen zu greifen.

Da ist einer immun gegen Zurechtweisungen, da spielt ein Gewissenloser ein raffiniertes Machtspiel, und für Augenblicke werden wir Zeugen einer Demütigung. Dazu kommt: Die Lehrerin wird voraussichtlich kapitulieren, wird auf dem Schulhof früher oder später wegschauen, wie ihre Kollegen es jetzt bereits machen. Der angerichtete Schaden ist also keineswegs minimal, hier manifestiert sich Böses, aber – wo hat es angefangen? Schwer zu sagen. Das Schuldbewusstsein des Jungen muss jedenfalls schon vorher Schaden genommen haben.

Was zeigen uns die zwei ersten Beispiele? Wie es aussieht, gibt es sehr wohl eine Beziehung zwischen Verantwortungslosigkeit und Bösem, aber sie kann ausgesprochen vage sein. Das eine lässt sich mit dem anderen jedenfalls nicht völlig zur Deckung bringen, und auf Verantwortungslosigkeit reduzieren lässt sich das Böse schon gar nicht. Bei aller Familienähnlichkeit scheinen beide Begriffe doch in verschiedene, wenn auch eng benachbarte Schubladen zu gehören.

Wo das Böse anfängt, ist ebenfalls kaum zu bestimmen. Mal scheint es sich, wie im zweiten Beispiel, als Gewohnheit längst eingenistet zu haben, mal ist es, wie im ersten, nur verschwommen erkennbar; folglich ist auch keine rote Linie auszumachen. Vielleicht kommen wir in diesem Punkt weiter, wenn wir Verantwortungslosigkeit durch Mangel an Mitgefühl ersetzen. Hier zwei weitere Beispiele:

Beispiel 3: Während der Französischen Revolution ist Sanson der Henker von Paris. Ein zuverlässiger Mann. Er holt die Verurteilten mit seinem Karren beim Gefängnis ab, begleitet sie zur Guillotine und verrichtet dort seine Arbeit mit größter Geschicklichkeit: Das Köpfen geht so schnell und glatt, dass den Todeskandidaten alles unnötige Leiden erspart bleibt. Sanson beteiligt sich auch nicht an den Schmähungen der Opfer, die aus dem Publikum kommen; unterwegs zum Schafott hat er für besonders Verzweifelte oft sogar ein Wort des Trostes. Also nicht bloß ein zuverlässiger Mann – ein Mann mit Herz …

Ist hier überhaupt das Böse im Spiel? Aus heutiger Sicht unbedingt. Man stelle sich vor: Zehntausende werden während der Revolution im Schnellverfahren abgeurteilt, viele aufgrund einer abfälligen Bemerkung oder mangelnder revolutionärer Einsatzfreude, Unschuldige nach unserem Empfinden. Und dieser Mann schnallt tagtäglich Dutzende von ihnen auf die Bank seiner Guillotine, legt ihnen das Halseisen um und löst das Fallbeil aus – allein bei dem Gedanken daran schaudert es einen. Was damals in Paris geschah, war nackter Terror, so ziemlich die furchtbarste Erscheinungsform des Bösen, und Sanson spielte in diesem blutigen Drama eine Hauptrolle. Aber an Mitgefühl fehlte es ihm nicht. Die Schmährufe gegen die Verurteilten kamen von den Zuschauern. Trug er für ihren Tod überhaupt die Verantwortung oder nicht vielmehr ihre Richter? Tatsache ist: Im Zentrum des Schreckens agierte ein Mann, dem niemand einen Mangel an Mitgefühl nachsagen konnte.

Beispiel 4: In den 60er-Jahren des letzten Jahrhunderts führt der amerikanische Psychologe Stanley Milgram ein Experiment durch. Es ist eine Art Quiz. Er weist Versuchspersonen an, einer unsichtbar in einem anderen Raum untergebrachten Person für jede falsche Antwort einen Elektroschock zu verpassen – zunächst schwache, dann, mit jeder weiteren falschen Antwort, immer stärkere, maximal 450 Volt. Das Experiment läuft, die Versuchspersonen steigern die Stromstärke. Wenn ihnen Bedenken kommen, fordert sie der Versuchsleiter zum Weitermachen auf. Und sie machen weiter. Die meisten gehen bis 450 Volt. Für den Betroffenen würde es, wenn alles nicht bloß fingiert wäre, dann lebensgefährlich.

Milgram ändert den Versuch ab. Beim nächsten Test lässt er als Reaktion auf die Stromstöße Stöhnen und immer lauter werdende Schmerzensschreie von einem Band abspielen. Noch immer geht ein Drittel der Kandidaten, vom Versuchsleiter ermutigt, bis zur höchsten Stromstärke. Als Milgram die Ergebnisse seiner Testreihe veröffentlicht, ist alle Welt erschüttert ...

Diese Ergebnisse erschüttern bis heute. Denn die Teilnehmer handelten zwar mitleidlos, waren aber keineswegs gefühllos. Vor dem Experiment nach ihrer Einschätzung befragt, konnten sie sich nicht vorstellen, über 150 Volt zu gehen. Kaum aber saßen sie vor der Tafel mit den Knöpfen, kaum war das Verfahren angelaufen, fühlten sich die meisten sogar zum Erteilen der »Höchststrafe« berechtigt. Es lief ja alles unter wissenschaftlicher Kontrolle ab, und der Versuchsleiter würde das Experiment schon rechtzeitig abbrechen.

Mangel an Mitgefühl? Davon kann keine Rede sein. Nur dass unser Mitgefühl großen Schwankungen zu unterliegen scheint. Da, wo wir an die Rechtmäßigkeit von Leiden glauben dürfen, sind wir versucht, eine Ausnahme zu machen – als würde »verdientes« Leiden kein Mitleiden verdienen. Wir brauchen gar keine abgestumpften Monster zu sein, aber – sobald eine staatliche oder wissenschaftliche Autorität mit ihren Erwartungen an uns herantritt, droht unser moralischer Apparat zu zerfallen. Als würde es als Entschuldigung schon reichen, dass das Böse durch irgendeine höhere Instanz legitimiert wird. Ein mitfühlender Mensch zu sein ist also noch lange keine Garantie.

Denn offenbar schlüpft unser Gewissen leicht in jede Form, die eine beliebige Autorität ihm wie einen Mantel hinhält. In diesem Mantel fühlt sich der Mensch geborgen – und wohl auch erleichtert, mit seinem Mitgefühl gleichzeitig seine Verantwortung losgeworden zu sein. Was dabei übersehen wird: Legitimität ist für sich genommen noch kein moralisches Gütesiegel. Nein, hätte der mitfühlende Henker von Paris sagen können, Tausende unrechtmäßiger Urteile vollstrecke ich nicht. Und genauso wäre es an den Teilnehmern am Milgram-Experiment gewesen, ihr Gewissen über den Versuchsleiter zu stellen. Oder wäre das zu viel verlangt?

Von einer roten Linie kann im Übrigen auch hier keine Rede sein. Eine Grenze zwischen Gut und Böse scheint sich in der Realität tatsächlich kaum ziehen zu lassen. Die angeführten Beispiele beweisen lediglich, dass wir gern auf jede offizielle Linie einschwenken. Mitgefühl ist offenbar keine Konstante, es fällt sporadisch aus und lässt sich, wie beide Fälle zeigen, sogar mit einem objektiven Bösen vereinbaren.

Als Formel für das Böse scheidet der Mangel an Mitgefühl folglich aus. Doch wie ist es mit Feindseligkeit?

Beispiel 5: Das Ehepaar aus dem vierten Stock hat bisher im Treppenhaus stets freundlich gegrüßt. Dann kommt es zu einem Streit um die Mülltonnen zwischen ihnen und den restlichen Mietern, und seither verweigern sie den Gruß im Treppenhaus. Laufen stur gesenkten Hauptes an allen übrigen Hausbewohnern vorbei und reagieren nicht einmal, wenn andere versuchsweise »Guten Tag« wünschen. Alle Seiten, vermutlich auch die Störrischen selbst, empfinden den Zustand als unangenehm, aber es bleibt dabei ...

Das Tischtuch ist zerschnitten. Wegen einer Lappalie, wohl wahr, aber die Folgen sind ärgerlich, und alle leiden unter der Feindseligkeit, die sich ins Haus eingeschlichen hat. Hier ist gekränkter Stolz, gekränkte Eitelkeit im Spiel, und endlich lässt sich die rote Linie sauber bestimmen: Es ist der Moment, in dem die Verlierer im Mülltonnenstreit sich einzukapseln beschließen ... Oder stimmt das gar nicht? Bemisst sich das Böse nicht auch an der Reaktion der Betroffenen? Was bliebe von der Feindseligkeit übrig, wenn alle anderen die Sache auf die leichte Schulter nähmen und sich sagen würden: Nicht so tragisch, sollen sie halt in ihrem eigenen Fett schmoren, wir lassen uns die Laune nicht verderben!

Harmlosigkeit ist ganz offenbar keine feste Größe. Was der eine locker wegsteckt, geht dem anderen unter die Haut. Könnte nicht auch oft eine gehörige Portion Egoismus, Eitelkeit oder gar Feindseligkeit aufseiten des Gekränkten liegen? Denken wir nur an Scherze, die nicht böse gemeint waren, aber schlecht ankommen. Denken wir an die verbreitete Unsitte, anderen böse Absichten zu unterstellen, die sie nie hatten. Oder an die verärgerten Reaktionen auf ein offenes Wort ... Pater Paulus, mein ehemaliger Prior, fällt mir hier ein. Dem waren Zorn und Empörung fremd. Der besaß die unschätzbare Gabe, sich über nichts und niemanden zu ärgern, der ließ das Böse an sich abprallen. Nie wäre er auf die Idee gekommen, nach einem heftigen Wortwechsel den Kontakt abzubrechen, sich als Opfer zu fühlen und beleidigt zurückzuziehen, wie es nicht selten passiert – aus dem einfachen Grund, weil Prior Paulus das Leben aus der höheren Warte desjenigen betrachtete, der keinen Menschen übertrieben ernst nimmt, am allerwenigsten sich selbst. Also, es gibt auch überzogene Reaktionen. Aus der Sicht eines selbstsicheren, innerlich stabilen Menschen wird vieles harmlos erscheinen, was andere als aggressiv und bösartig empfinden.

Nicht alles zu verübeln, auch das wäre eine wirksame Maßnahme gegen das Böse. So gesehen fällt es allerdings erst recht schwer, die rote Linie zu bestimmen. Müssen wir uns damit abfinden, dass der Übergang zwischen Gut und Böse fließend ist und der Entstehungsmoment des Bösen im Dunkeln liegt? Schauen wir uns die letzten beiden Beispiele an.

Beispiel 6: Peter Kürten, der später als »Vampir von Düsseldorf« bekannt gewordene Serienmörder, ging als Jugendlicher bei einem erwachsenen Tierquäler in die Lehre. Gemeinsam tötete man des Nachts Schafe. Im Zuge seines Geständnisses berichtete Kürten, wie wohl ihm damals schon beim Anblick des ausströmenden Bluts wurde ...

Das also ist das Vorspiel zu einer grauenerregenden Mordserie. Mit dem Quälen und Töten von Tieren fängt es an, und man spürt: Dort draußen auf den nächtlichen Weiden geht eine Veränderung mit ihm vor. Da braut sich etwas zusammen. Dass es dabei nur um Tiere geht, macht die Sache nicht weniger unheimlich. Denn der junge Peter Kürten erlebt beim Töten der Schafe einen nie geahnten Genuss, und in Zukunft wird diese Erfahrung seinen Lebenssinn ausmachen. Seine Opfer werden für seinen Genuss mit ihrem Leben bezahlen, er aber wird dafür mit seiner Menschlichkeit, mit seiner Seele bezahlen. Doch der Preis erscheint ihm nicht zu hoch. Kürten ist bereit, sich selbst aufzugeben.

Beispiel 7: Ein Lehrer zeigt seiner Klasse einen Film über die Widerstandskämpferin Sophie Scholl, ihre Arbeit als Mitglied einer kleinen Verschwörergruppe gegen Hitler, ihre Verhaftung und ihre Hinrichtung. Anschließend blickt der Lehrer in grinsende Gesichter. Einige Mädchen sind betroffen, aber etliche der Jungen räckeln sich mit dem hämischen Grinsen des abgebrühten Besserwissers in ihren Stühlen. Auf seine Frage erhält der Lehrer zur Antwort. »Diese dumme Kuh. Man weiß doch, wie sowas ausgeht. Warum hat sie sich nicht angepasst wie alle anderen?« Der Lehrer ist fassungslos ...

Braut sich hier auch etwas zusammen? Nein, nicht unbedingt regelrechte Verbrecherkarrieren, aber – hören wir aus dieser Antwort nicht eine Abgestumpftheit heraus, die uns einen Vorgeschmack des Bösen gibt? Was ist mit diesen Jungen los, fragt man sich. Sind sie moralisch überhaupt noch ansprechbar, oder reicht es ihnen völlig zu wissen, wie der Hase läuft? Wie man möglichst ungeschoren über die Runden kommt? Gut, in diesem Augenblick gibt es bloß einen konsternierten Lehrer, kein ernsthafter Schaden ist zu beklagen, aber man fragt sich: Wenn Menschen bereits in jungen Jahren den Weg des geringsten Widerstands eingeschlagen haben und dabei zu abgefeimten Materialisten geworden sind, was bedeutet das für ihre Persönlichkeit? Für ihre Menschlichkeit? Mit anderen Worten – ist der Schaden nicht längst eingetreten?

In diesen beiden letzten Fällen schiebt sich etwas in den Vordergrund, das in den anderen Beispielen noch verdeckt im Hintergrund lauerte. Ich meine die Tatsache, dass man sich selbst beschädigt, wenn man ausschließlich die eigene Befriedigung, den eigenen Vorteil im Auge hat. Schon die Geschichte der Versuchung Jesu hatte gezeigt: Das Böse richtet sich in jedem Fall gegen die eigene Person, selbst wenn niemand sonst in Mitleidenschaft gezogen wird. Jedes Mal, wenn der Versucher uns sein verführerisches Lächeln schenkt, stehen wir vor der Frage: Wer will ich eigentlich sein? Was erwarte ich von mir selbst? Was ist mir meine Selbstachtung wert? Bin ich bereit, mein Ich zu opfern – oder würde ich niemals so weit gehen, meine Identität um eines Vorteils willen auf Spiel zu setzen? Denn darum geht es beim Bösen auch: dass man an der eigenen Seele Schaden nimmt, falls man sich darauf einlässt. Und damit können wir jetzt auch die Frage nach der roten Linie beantworten: Sie verläuft im Inneren des Menschen, in seiner Lebensgeschichte, dort, wo sich im Lauf der Zeit eine Haltung, eine Lebenseinstellung herausbildet. Sie verläuft in der eigenen Brust, zwischen der Selbstachtung und dem Verrat an sich selbst.

Seine Seele dem Teufel verkaufen ... Im Grunde tut das jeder, der sich fürs Böse entscheidet. Denn es ist stets das gleiche Tauschgeschäft, das der Versucher uns anbietet: Du könntest viel gewinnen, wenn du nur über deinen moralischen Schatten springen würdest. Was im Klartext heißt:

Du müsstest dafür etwas verraten, das für dich, dein Selbstwertgefühl, deine Identität von großer Bedeutung ist. Du müsstest eine Grenze überschreiten, hinter der du ein anderer sein wirst, jemand, der dir fremd ist und mit dem du möglicherweise nichts zu tun haben willst. Unser Zögern im Augenblick der Versuchung hat also einen guten Grund: Wir spüren in diesem Moment, dass unser Ich auf dem Spiel steht, und fragen uns, ob unsere Identität verhandelbar ist (sofern unser Gewissen noch intakt ist). Und damit hätten wir doch noch eine neue Gewissheit über das Böse gewonnen: Nicht nur dem Opfer zeigt es seine abstoßende Fratze. Dieselbe Fratze zeigt es auch dem Täter – allerdings erst auf den zweiten Blick.

7. ADAM UND EVA WERDEN KLÜGER

Wenn das Böse selbstzerstörerisch ist – wie kann es überhaupt noch eine Versuchung darstellen? Solche Masochisten sind wir doch auch nicht. Kein vernünftige Mensch, sollte man meinen, würde sich das antun, würde sich freiwillig in einen dieser abstoßend hässlichen Teufel der alten Malerei verwandeln wollen. Oder gibt es etwas, das uns gegen die Bedrohung unserer Identität gleichgültig macht? Einen Urimpuls vielleicht, der stärker ist als alle Vernunft? Oder ein Ziel, für das wir jeden Preis zu zahlen bereit wären? Dieser Frage möchte ich noch nachgehen, bevor wir noch einmal in die Geschichte abtauchen.

Ein Urimpuls ... Mir fällt dazu als Erstes der Selbsterhaltungstrieb ein. Bei Tieren wäre wahrscheinlich so gut wie jedes Verhalten davon abzuleiten, aber Menschen besitzen ja eine besondere Form des Selbst. Ein selbstbewusstes Selbst, das nach allem möglichen lechzt, das im strengen Sinne nicht unter Selbsterhaltung fällt. Wenn wir deshalb unsere Beispiele nicht der Tierwelt entnehmen wollen – wie wäre es dann mit Kindern im frühsten Alter? Wenn es einen Urimpuls gibt, müsste er an Kleinkindern am klarsten hervortreten. Ein Urimpuls wohlgemerkt, der uns alle Nachteile des Bösen verschmerzbar erscheinen lässt.

Kinder, auch Kleinkinder, können sehr hässlich zu anderen sein, so viel steht fest. Aber – haben sie einen Begriff vom Bösen? Oder, vorsichtiger gefragt: Können sie in dem Sinne böse sein, wie wir das Wort bisher verstehen? Sie unterscheiden in den ersten Jahren ja noch nicht zwischen Absicht und

Umständen, zwischen Willen und Zufall, sie haben keine Vorstellung von Freiheit und Verantwortung, sie trennen zunächst nicht einmal zwischen Ich und Welt, von objektiven Normen oder Maßstäben ganz zu schweigen. Und doch scheinen sich einfachste moralische Kategorien sehr schnell herauszubilden – als Allererstes wohl eine Art Gerechtigkeitssinn, hervorgegangen vermutlich aus der Angst, übergangen zu werden.

In jedem Fall beanspruchen Kinder Aufmerksamkeit, und zwar von Anfang an. Am liebsten die ungeteilte, und am zweitliebsten auf keinen Fall weniger als derjenige, der ihnen die ungeteilte Aufmerksamkeit streitig macht. Wahrgenommen und berücksichtigt werden wollen, damit fängt es an. Auf keinen Fall darf der Eindruck des Benachteiligtwerdens entstehen, und wer in seiner Kindheit tatsächlich zu kurz gekommen ist, der wird den Neid auch als Erwachsener kaum loswerden. Dieser mit auf die Welt gegebene »Gerechtigkeitssinn« von Kindern ist so stark, dass sie sich monatelang merken, welches Geschwister ein halbes Schokoladenei mehr bekommen hat als sie. Da könnte sich die Frage aufdrängen: Kommen wir eigentlich als Benachteiligte zur Welt? Wurmt uns von Anfang an das Gefühl, im Hintertreffen zu sein? Saugen wir den Neid mit der Muttermilch ein? Dieser eifersüchtig verteidigte Anspruch auf den eigenen Anteil scheint jedenfalls ein reines Erbe unserer Natur – und die Wurzel unseres Selbstbewusstseins zu sein. Haben wollen, erkämpfen, besitzen und verteidigen, so scheint das Programm zu lauten, mit dem wir antreten. Ich gebe dieses Stofftier nicht her, also bin ich.

Erkämpft und verteidigt wird übrigens schon ab dem zweiten Lebensjahr. Alles Greifbare kann von nun an zum

Anlass für Auseinandersetzungen werden. »Das Bestreben, ein begehrtes Objekt zu rauben, ist ein universelles und wohl sehr ursprüngliches«, stellt der Verhaltensforscher Irenäus von Eibl-Eibelsfeld lakonisch fest. Und genauso früh verteidigen Kinder auch den Platz, an dem sie gerade spielen. Was sie im ursprünglichen Wortsinn, nämlich mit ihrem Po besitzen, ist der von ihnen eroberte Anteil an der Welt und damit für jeden anderen tabu. Wobei sich schon in diesem Alter so etwas wie ein Gewissen rührt, ein leiser Zweifel an der unbedingten Rechtmäßigkeit ihres Tuns. In dem Beispiel, auf das ich näher eingehen möchte, beobachtete Eibelsfeld einen Anderthalbjährigen, wie er auf einen älteren Spielgefährten losging, der sich an seinem Spielzeug vergriffen hatte. Diese kurze, von Eibelsfeld in allen Einzelheiten registrierte Begebenheit spielte sich so ab: Nach dem ersten Versuch, den Konkurrenten umzustoßen, hielt der Kleine inne und warf seiner in der Nähe sitzenden Mutter einen forschenden Blick zu. Erst als diese nicht reagierte, ging er zum zweiten Angriff über und stieß seinen Widersacher tatsächlich zu Boden, wandte sich aber erneut mit einem prüfenden Blick seiner Mutter zu, als der Unterlegene zu weinen anfing. Ganz geheuer war ihm bei seiner Aktion offenbar nicht.

Es lohnt sich, diesen beiläufigen Vorfall unter die Lupe zu nehmen und zu fragen, was wir da eigentlich erlebt haben. Die beste Antwort, die ich darauf geben kann, lautet: ein Experiment. Ein Experiment, bei dem es um ganz existenzielle Dinge wie die eigene Stellung in der Welt geht und die Fähigkeit, diese Welt nach eigenem Gutdünken zu verändern. Schauen wir uns den Versuchsablauf einmal an.

Zu Beginn stellt der Held dieser kleinen Geschichte fest, dass seine Welt nicht in Ordnung ist. Es ist nur ein Detail, das ihn stört, aber dieses Detail stört ihn gewaltig – jedes andere Detail würde ihn übrigens genauso stören, denn in der Welt des Anderthalbjährigen herrscht ein einfaches Entweder-oder-Prinzip: Entweder befindet sich alles im Gleichgewicht oder alles in Unordnung. Zu seiner Freude stellt er nun fest, dass es in seiner Macht zu liegen scheint, die Störung zu beseitigen, also sein Spielzeug wieder an sich zu bringen, und – Gipfel des Glücks – dem anderen gleichzeitig eine Lektion zu erteilen, denn der ist kaum größer als er selbst. Damit wäre seinem Gerechtigkeitssinn sogar doppelt Genüge getan, nämlich sein Besitz verteidigt und der Frevler obendrein bestraft. Einen Versuch ist es also allemal wert.

Allerdings, so einfach ist die Sache nicht. Da ist die Mutter. Sie kompliziert den Test, weil sie erfahrungsgemäß dazu neigt, solche mit einem Quentchen Gewalt verbundenen Aktionen zu unterbinden – unser Held erinnert sich dunkel an einschlägige Verbote. Hier stellt sich also die Machtfrage, weshalb sein Vorhaben auf eine Kraftprobe hinauslaufen könnte – nicht nur mit dem Jungen, sondern, wesentlich bedenklicher, auch mit der Mutter. Aufhalten lässt er sich durch solche Erwägungen aber keineswegs, und siehe da, der andere Junge wehrt seinen ersten Angriff nicht ab, das Experiment läuft also erfolgreich an. Jetzt der prüfende Blick zur Mutter. Die aber schaut weg, die Bahn ist frei, und der zweite Angriff erfolgt. Auch der ist erfolgreich, der Konkurrent geht tatsächlich zu Boden, doch bevor er ihm das Spielzeug entwinden kann, beginnt der Verlierer zu weinen. Das war nicht vorgesehen, das ist ungünstig, denn spätestens jetzt ist mit dem Eingreifen der Mutter zu rechnen – irgendwann muss sie ja aufmerksam werden, was unweigerlich den Abbruch des Experiments zur Folge hätte. Es ist dann zwar die

Schwester des weinenden Knaben, die dazwischengeht und ihren Bruder tröstet. Unser Held dürfte trotzdem mit dem Verlauf seines Experiment zufrieden sein. Er hat sich getraut, er hat die Grenzen des Möglichen getestet, er hat sich in seinem Machtbereich behauptet, er hat die gestörte Ordnung wiederhergestellt, er hat ganz nebenbei auch noch der Mutter eins ausgewischt, und was von deren Verboten zu halten ist ... Man hat ja gesehen. Den Versuch war es auf jeden Fall wert.

Ein Experiment. Ein Versuch. Doch würde in diesem Zusammenhang jemand auf die Idee kommen, von einem Versucher zu sprechen? Würde hier jemand ernsthaft das Böse am Werk sehen? Würde jemand dem Verteidiger seiner Rechte auch nur mangelndes Mitgefühl vorwerfen – oder behaupten wollen, seine Seele hätte dabei Schaden genommen? Wohl kaum. Moralische Kategorien greifen in diesem Alter noch nicht. Bislang ist alles noch Experiment, Ausprobieren, Erfahrung-Sammeln – also notwendig und damit unschuldig.

Oder?

Für die Mutter nicht. Sie spürt bei ihrem Sohn etwas, das sie nicht hinnehmen kann. Etwas Rebellisches. Nichts Böses, aber eine unerwünschte Eigenmächtigkeit, der bislang ein nur kümmerlich entwickeltes Verantwortungsbewusstsein gegenübersteht. Da muss noch dran gearbeitet werden, da muss sich noch manches einschleifen. Die Zeit der unschuldigen Experimente wird folglich irgendwann ablaufen, aus Spiel wird Wirklichkeit und aus Experimenten Ernst werden. Und dieser Urimpuls? Dieses aus frühester Kindheit vertraute Ich-erkämpfe, Ich-halte-fest, Ich-verteidige, also bin ich – wird sich das ebenfalls verlieren, wenn aus dem Spiel Wirklichkeit und aus den Experimenten Ernst geworden ist? Oder steckt uns das ein für alle Mal in den Knochen? Und wenn ja, ist es dann immer noch notwendig, immer noch unschuldig?

Haben wollen. Experimentieren. Es ist kein Zufall, dass uns beide Impulse auch gleich am Anfang der Bibel begegnen, in der Geschichte von Adam und Eva und dem sogenannten Sündenfall. Dort, wo es um die Frage geht, wie das Böse in die Welt kam, und wo wir tatsächlich eine Antwort erhalten – die schlüssigste und befriedigendste Antwort, die ich kenne.

Natürlich handelt es sich dabei nicht um einen Tatsachenbericht aus der Frühzeit der Menschheit, der Sündenfall ist folglich nicht im Sinne einer historischen Begebenheit wahr. Wahr ist diese Erzählung dennoch, und zwar deshalb, weil sie den problematischen Kern der menschlichen Existenz trifft und bloßlegt. Denn Adam und Eva, das sind wir. Was sie erfahren, was ihnen widerfährt, ist allgemeines Menschheitsschicksal, es wiederholt sich im Leben jedes einzelnen. Wir haben es bei dieser Geschichte also mit einem dramatisch aufbereiteten, psychoanalytischen Text zu tun. Das vorausgeschickt, will ich die Geschichte zunächst in meinen Worten wiedergeben.

Gott erschafft die beiden ersten Menschen aus Erde, haucht ihnen seinen Atem ein und setzt sie in den Garten Eden. Allem Anschein nach handelt es sich bei diesem Garten um eine Plantage aus Obstbäumen, die es zu hegen und zu wässern gilt, was in den Aufgabenbereich dieser ersten Menschen namens Adam und Eva fällt und offenbar keine Mühe bereitet.

Mitten in dieser Plantage wachsen zwei Bäume besonderer Art; der eine wird als Baum des Lebens, der andere als Baum der Erkenntnis bezeichnet, genauer: der Erkenntnis des Guten und des Bösen. Während nun für den Baum des Lebens keinerlei Anweisungen vorliegen, Adam und Eva sich von seinen Früchten mithin genauso bedienen könnten wie von allen übrigen, ist der Baum der Erkenntnis tabu, der Genuss seiner Früchte verboten und unter Strafe gestellt. »Am selben Tag, an dem du von ihm isst, musst du sterben«, hatte Gott Adam eingeschärft, und der hält sich an das Verbot. Eva auch. Das Verhältnis der beiden zu ihrem Schöpfer ist ungetrübt, ihr Dasein eine Selbstverständlichkeit.

Bis zum Vorfall mit der Schlange. Listig wird sie genannt, die Schlange, und listig fädelt sie es ein. »Sollte Gott etwa gesagt haben …« so eröffnet sie ihre Unterhaltung mit Eva, und gleich meinen wir, eine vertraute Stimme zu vernehmen, gleich klingt uns das »warum nicht?« aus der Versuchung Jesu im Ohr – »Warum nicht aus Steinen Brot machen …?«. Und jetzt also die Frage: »Sollte Gott etwa gesagt haben, dass ihr nicht von allen Bäumen dieses Gartens essen dürft?« Ich kann's mir eigentlich nicht vorstellen, wäre hier zu ergänzen – ein zarter Zweifel an der Weisheit Gottes, ein deutlicherer Zweifel an der Freundlichkeit seiner Absichten, und eine unüberhörbare Anspielung darauf, dass sie, die Schlange, es besser weiß und auch besser mit den Menschen meint. Eva, leicht verwundert ob der sonderbaren Frage, antwortet wahrheitsgemäß, wiederholt die göttliche Warnung vor dem Baum der Erkenntnis, vergisst auch nicht, die Todesandrohung zu erwähnen, und sofort greift die Schlange das Stichwort auf: »Sterben? Ihr werdet keineswegs sterben«, klärt sie Eva auf. »Vielmehr werden euch die Augen geöffnet, sobald ihr davon esst, und ihr werdet wie Gott sein und den Unterschied zwischen Gut und Böse kennen.« Und – wäre an dieser Stelle zu ergänzen – eben das würde Gott nicht ertragen, denn Gott besteht auf seinen Privilegien.

Eva betrachtet den Baum. Den Baum der Erkenntnis. Fürwahr ein schöner Baum. Der schönste im ganzen Garten, mit den verlockendsten Früchten. Vielleicht hat die Schlange recht. Wahrscheinlich hat sie recht. Es käme – auf einen Versuch an. Und Eva pflückt eine Frucht, beißt hinein und reicht sie an Adam weiter, der nun auch nicht widerstehen kann.

Die Wirkung setzt sofort ein, aber anders als gedacht. Beide bemerken, dass sie die ganze Zeit nackt waren, und schämen sich mit einem Mal dafür. Wenn man sie in diesem Zustand sähe ... Darum verstecken sie sich, als Gott nach seiner Gewohnheit in der Abendkühle im Garten spazieren geht, und erst, als er nach Adam ruft, kommt der hervor und entschuldigt sich: Er habe nicht gewollt, dass Gott ihn nackt sehe. Da weiß Gott Bescheid. Ausflüchte folgen; Adam schiebt die Schuld auf Eva, Eva schiebt sie auf die Schlange, aber es nützte nichts, ihre Zeit im Garten Eden ist abgelaufen, unwiderruflich vorbei. »Sie sind wie ich geworden«, sagt Gott zu sich. »Damit sie nicht auch noch vom Baum des Lebens essen, werde ich sie hinauswerfen.« Und er postiert Engel mit blitzenden Schwertern vor dem Garten, die fortan den Weg zum Baum des Lebens versperren ...

Wie gesagt, hier geht es nicht um historische Fakten. Hier geht es um das Wesentliche. Das Alte Testament ist eine erfahrungsgesättigte Studie menschlichen Verhaltens und menschlicher Abgründe, und die Genesis liefert uns mit der

Erzählung vom Sündenfall gleich ein Meisterwerk. Ich will versuchen, seine tieferen Schichten freizulegen.

Da ist also der Garten Eden, wo es Adam und Eva an nichts fehlt. Ihr Dasein ist von ewiger Harmonie geprägt. Man verkehrt mit seinem Schöpfer auf bestem Fuße, man hält sich selbstverständlich vom Baum der Erkenntnis fern und denkt sich nichts dabei – Verbot ist Verbot –, man führt ein Leben in Unschuld und der beglückenden Gewissheit, Gottes ungeteilte Aufmerksamkeit zu genießen.

Und jetzt: Auftritt der Schlange. Großartig allein schon die Beiläufigkeit, mit der sie sich an Eva wendet. Man muss zugeben: Kein anderes Geschöpf der Tierwelt könnte sich mit derselben Beiläufigkeit an einen heranmachen; die Schlange überzeugt in dieser Rolle wie kein andere Wesen. Und dann dieses »Sollte Gott etwa …?« – wie nebenbei fallengelassen und so harmlos klingend wie die Fragen, mit denen Verhöre beginnen. »Sollte Gott etwa gesagt haben …?« – ja, was? »… dass ihr nicht von allen Bäumen im Garten essen dürft?« Aha. Damit wären wir beim Thema. Das Verbot. Bisher von Adam wie Eva hingenommen, ohne einen Gedanken daran zu verschwenden. Jetzt, plötzlich darauf gestoßen, rekapituliert Eva leicht irritiert, was sie über die Angelegenheit weiß und bislang brav geglaubt hat: »Nein, im Prinzip dürfen wir alles hier essen, aber – ja, da hast du recht – in der Mitte des Gartens steht ein Baum, den wir meiden sollen. Weil seine Früchte tödlich sind. Hat Gott gesagt …«

Und die Schlange frohlockt. Eva ist neugierig, zumindest stutzig geworden. Die Schlange weiß eben, wie Menschen funktionieren: Verträumt leben sie in den Tag, aber wenn man sie auf etwas stößt, wachen sie auf. Jetzt muss die Falle nur noch zuschnappen. Und die Schlange legt (sinngemäß) los: »Hat Gott gesagt? Ja, in welchem Jahrhundert leben wir denn? Wie kann man denn so naiv sein, alles für bare Münze zu nehmen, was Gott so von sich gibt? Natürlich werdet ihr nicht sterben, wenn ihr von diesem Baum esst! Ihr werdet vielmehr Gott gleich sein und zwischen Gut und Böse unterscheiden können!«

Ziemlich phantastisch, was Eva da zu Ohren kommt. Es sollte anders sein? Anders als Gott gesagt hat? Wem soll sie jetzt Glauben schenken? Eva schaut sich nach dem Baum um. Hundertmal ist sie achtlos daran vorbeigelaufen, jetzt nimmt sie ihn zum ersten Mal wahr. Und damit ist die Sache gelaufen. Der Rest ergibt sich zwangsläufig aus dieser ersten bewussten Wahrnehmung, ausgelöst durch die wahnwitzige Offenbarung der Schlange, dass ein göttliches Verbot verhandelbar sei. Der Gedanke an den Baum lässt Eva nicht mehr los. Ja, es stimmt, er ist wunderschön. Seine Früchte sind unwiderstehlich. Außerdem soll man klug davon werden. Wieso hat sie bisher keine Augen für dieses Prachtexemplar von Baum gehabt? Die Sache verdient, untersucht zu werden ... Sie pflückt eine Frucht. Sie beißt hinein. Sie lässt Adam ebenfalls kosten. Und damit ist das Böse in der Welt.

Das Böse?

Nein, etwas anderes. Die Scham ist in der Welt. Das bislang unbekannte Gefühl, nackt dazustehen. Die Erfahrung, sich nicht mehr selbstverständlich bei allem, was man tut, im Recht zu wissen. Wie kommt das? Nun, Adam und Eva haben soeben die Rückendeckung Gottes verspielt. Sie können sich bei ihrem Tun nicht mehr auf ihn berufen. Zum ersten Mal sind sie auf sich allein gestellt, und von nun an muss sich zeigen, ob sie ihr Verhalten selbst verantworten können. Nackt sein, das heißt: sich beobachtet fühlen. Den

Blicken der anderen schutzlos ausgeliefert sein und ständig in der Angst leben, das schlechte Gewissen könnte sich regen, sobald ein fremder Blick mich trifft. Genau das exerziert der Verfasser dieser Erzählung gleich im Anschluss an den Genuss der Frucht durch: Adam und Eva verstecken sich vor Gott. Sie stellen sich taub, weil sie seinen forschenden Blick nicht mehr aushalten. Sie haben mit der Verantwortung Bekanntschaft gemacht und finden sie sehr schwer zu tragen.

Die Schlange hatte also recht. Adam und Eva haben in der Tat Klarheit gewonnen. In Zukunft werden sie ihr Verhalten beurteilen können. Von nun an besitzen sie die Fähigkeit der moralischen Bewertung, beherrschen sie die göttliche Kunst, das Böse zu erkennen und vom Guten zu unterscheiden. Der sogenannte Sündenfall ist die Geburtsstunde des Gewissens – und gleichzeitig die Geburtsstunde der Freiheit. Denn von nun an hat der Mensch die Wahl, von nun an kann und muss er sich entscheiden, von nun an hängt es von seinem freien Willen ab, wie seine Geschichte weiter verläuft. Mit simplen Verboten ist es jetzt nicht mehr getan. Gott wird künftig nicht mehr auf den Gehorsam des Menschen zählen können. Der Mensch ist unberechenbar geworden, er hat sich emanzipiert, er ist frei – sein größter Triumph. Nur – welchen Preis bezahlt er dafür? Denn alles hat seinen Preis. Bei den Griechen wie bei den Juden.

Mit dieser Frage stoßen wir zum explosiven Kern der Geschichte vor. Der Preis der Freiheit ist der Bruch mit Gott. Das eine ist nicht ohne das andere zu haben. Solange man in der Übereinstimmung mit Gott lebte, existierte das Böse nicht. Im selben Augenblick aber, in dem der Mensch die Verbundenheit mit Gott aufkündigt, bricht das Böse herein, weil durch die Abkehr von Gott die Möglichkeit des Bösen überhaupt erst heraufbeschworen wird. Mit anderen Worten: Die Geburtsstunde des Gewissens, die Geburtsstunde der Freiheit ist auch die Geburtsstunde des Bösen. Ist der Sündenfall. Also doch?

Aber war es denn nicht bloß ein unschuldiges Experiment, auf das sich Eva eingelassen hatte? War das nicht vollkommen richtig, nämlich menschlich gedacht: Es darauf ankommen zu lassen und auf die Chance hin, über sich hinauszuwachsen, die bestehenden Verhältnisse mit all ihren Vorteilen aufs Spiel zu setzen? Rechtfertigt denn die Aussicht auf Selbstvervollkommnung nicht jede Grenzüberschreitung, selbst den Ungehorsam gegen ein göttliches Gebot? Es war ein Versuch, ein Experiment – und war man nicht ohnehin kurz davor gewesen, wie Gott zu sein? Verkehrte man mit Gott nicht beinahe wie mit seinesgleichen, als vertraute Gesprächspartner des Schöpfers? Nur ein Schritt noch. Eine kleine Eigenmächtigkeit ...

Man sieht: ein durch und durch psychologischer Text. Ein Versuch, sich dem Wesen des Bösen über das Wesen des Menschen zu nähern und den ersten Auftritt des Bösen in dieser Welt von einer menschlichen Grunddisposition abzuleiten: dem – unschuldigen? – Trieb, sich selbst und die bisherigen Verhältnisse aufs Spiel zu setzen. Zu rebellieren, das Bestehende in Frage zu stellen, Grenzen zu überschreiten, zu experimentieren, mit Möglichkeiten zu spielen. Hört man in diesem Moment nicht schon die Stimme des skrupellosen Börsenspekulanten Gordon Gekko durch die Bäume des Gartens Eden hallen, den Oliver Stone in seinem Film *Geld schläft nicht* ausrufen lässt: »Versteht doch endlich! Es geht nicht ums Geld! Es geht ums Spiel!«

Ja, unschuldig mag diese Experimentierfreude sein, aber die Konsequenzen lassen den Menschen trotzdem oft genug als Schuldigen dastehen. Die menschliche Freiheit und das Böse bedingen sich gegenseitig, und wie arglos Adam und Eva nun immer an ihr Experiment herangegangen sein mögen – die Verantwortung liegt bei ihnen. Unschuldig sind sie schuldig geworden.

Und wie sehen die Konsequenzen aus? Einmal im Besitz der Willensfreiheit, hebt sich der Mensch vom Rest der Schöpfung ab. Die Natur ist von nun an feindlich, und gleichzeitig mit dem Kampf ums Überleben setzt der Kampf zwischen Gut und Böse ein. Das Ergebnis wird Kultur oder Zivilisation heißen. Experimentieren und Ausprobieren werden künftig die menschliche Existenzform kennzeichnen ... Übrigens scheint Gott den Vorfall einigermaßen milde zu beurteilen, was angesichts seiner Tragweite erstaunlich ist. Jedenfalls überleben Adam und Eva die Sache – der Tod ist zwar nun in der Welt, aber er tritt nicht unverzüglich ein – und bevor Gott sie des Gartens verweist, fertigt er ihnen nicht nur Fellumhänge an, er zieht sie ihnen auch persönlich über! Dürfen wir das als Hinweis darauf verstehen, dass der Schöpfer den Urimpuls des Experimentierens selbst als unschuldig gelten lässt? Denn die fürsorgliche Geste des Einkleidens kann doch nur eins bedeuten: dass der Mensch weiterhin mit der Rückendeckung Gottes rechnen darf, wenn er es wünscht. Mir erscheint die maßvolle Reaktion des Schöpfers jedenfalls der Tragik des unschuldig-Schuldigwerdens angemessen.

Auch der griechische Mythos nimmt sich des Themas an. Auch er fragt, wie das Böse in die Welt gekommen ist, und eigentlich darf man immer gespannt sein, welche Ähnlichkeiten und welche Abweichungen der Vergleich zwischen Bibel und Mythos zutage fördert. In diesem Fall allerdings wird man enttäuscht: Die griechische Pandora-Erzählung reicht an die Komplexität und den Tiefsinn der biblischen Sündenfall-Erzählung nicht entfernt heran. Urteilen Sie selbst:

Hephaistos, der Gott des Feuers, hatte eine Frau aus Metall erschaffen, die Zeus so gut gefiel, dass er sie zum Leben erweckte. Ihr Name war Pandora. Sie war der erste Mensch und vermählte sich aus Mangel an gleichartigen Männern mit dem Titan Epimetheus. Zur Hochzeit überreichte ihr Zeus ein Behältnis, wohl einen verschlossenen Krug, verbunden mit der Weisung, ihn unter keinen Umständen jemals zu öffnen. Pandora bewahrte ihn auf, respektierte auch zunächst das Verbot, doch eines Tages, von Neugier übermannt, öffnete sie ihn doch. Da entwichen dem Krug alle Übel und Laster, und das Böse ergoss sich über eine Welt, die bis dahin weder Tod noch Mühsal noch Versuchung gekannt hatte. So wurde die Erde zu einem trostlosen Ort ...

Die Büchse der Pandora, wie man heute allgemein sagt, ist zum Inbegriff des Verhängnisvollen geworden. Und als Metapher eignet sie sich zweifellos, aber den Ursprung des Bösen kann sie nicht erhellen. Sämtliche Laster und Schwächen liegen in dieser Erzählung bereits fertig verpackt vor, von Zeus wer weiß woher genommen, jetzt müssen sie nur noch auf die Welt losgelassen werden, und da ist es interessanterweise wiederum eine Frau, die das übernimmt – aus Neugier, wie es heißt; offenbar wird die spielerische, experimentelle Art eher mit Frauen in Verbindung gebracht. Und wie in der Bibel gibt es auch hier die Vorstellung eines ursprünglichen Paradieses, wird auch hier mit der unwiderstehlichen Faszination des Verbots gearbeitet. Was aber völlig außer Acht bleibt ist die unauflösbare Verknüpfung von freiem Willen, Verantwortung und unverschuldeter Schuld. Psychologischer Scharfsinn waltet in dieser Erzählung jedenfalls nicht.

Deshalb noch eine letzte Bemerkung zu Adam und Eva. Gut und böse können die Menschen nach dem Sündenfall zwar auseinanderhalten. Was sie aber nicht lernen, was sie möglicherweise nie lernen werden, das ist: Spiel und Wirklichkeit auseinanderzuhalten. Dieses Unvermögen zeichnet jedenfalls den anderthalbjährigen Helden unseres eingangs geschilderten Falls genauso aus wie den Global Player unserer Tage.

8. DEN TEUFELSKREIS DURCHBRECHEN

Ob wir den eher anekdotischen Pandora-Mythos oder die psychologisch wie philosophisch tiefgründige Sündenfallerzählung der Genesis nehmen, wir stellen fest: Das Böse kommt durch einen Urknall in die Welt. Vorher war es nicht einmal als Möglichkeit vorhanden, und plötzlich ist es da, im selben Moment, in dem der Mensch sich der Freiheit bewusst wird, versuchsweise eine Grenze – und damit alle Grenzen zu überschreiten. »Yes, we can« – nichts bringt die Erfahrung des ersten Menschenpaars besser auf den Punkt als das ermutigende Motto, unter das Barack Obama seine erste Präsidentschaftskampagne gestellt hatte. Nur – was heißt hier eigentlich »ermutigend«, wenn diese Freiheit gleichzeitig das Böse, und umgekehrt das Böse gleichzeitig die Freiheit hervorbringt? Wäre da nicht äußerste Vorsicht im Umgang mit der Freiheit angebracht?

Wir sind gewohnt, uns von der Freiheit eine schönere Welt und ein besseres Leben zu versprechen. Vor etwas über 200 Jahren ist sie zum Schlachtruf Europas und der ganzen westlichen Welt geworden, die sich bis heute die »freie« nennt, und in Form der individuellen Freiheit ist sie mittlerweile über wirklich jeden Zweifel erhaben. Da wirkt ein unerschütterlicher Freiheitsglaube, der nur einen Schönheitsfehler besitzt: dass er die Risiken der Freiheit unterschlägt. Sie schließt nämlich auch die Freiheit desjenigen ein, der sich zum Herrn über Leben und Tod aufschwingt: die Freiheit größenwahnsinniger Richter wie in der Französischen Revolution, die Freiheit der Mörder wie im Nationalsozialismus oder, etwas lebensnäher, die Freiheit der Schläger auf einem nächtlichen U-Bahnhof.

»Yes, we can« – bei diesen Worten könnte einem auch das Blut in den Adern gefrieren, aber klänge der Ruf nach Freiheit genauso begeisternd, wenn man im selben Atemzug die notwendigen Grenzen und die unausweichliche Mühsal der Freiheit nennen würde? Unter dem Banner von Selbstkontrolle und Verantwortungsbewusstsein würden wahrscheinlich nicht ganz so viele Anhänger zusammenströmen.

Die Freiheit ist eben kein reines Vergnügen, wie es uns Politiker und Werbung weismachen wollen. Sie ist zwiespältig wie das Böse selbst. Nach dem Bruch mit Gott stellt sie einerseits das unverzichtbare Element menschlicher Selbstentfaltung dar, andererseits birgt sie die Gefahr jeder erdenklichen Unmenschlichkeit. Deshalb ist es auch irreführend, wie heute üblich von einem Missbrauch der Freiheit zu sprechen – die Freiheit lässt sich so wenig wie die Gleichheit missbrauchen, aber man kann sehr wohl einen naiven, unbesonnenen oder verantwortungslosen Gebrauch von ihr machen, wie ihn Zeus und die alten Griechen immer aufs Neue beobachten mussten. Und nicht nur sie.

Denn unmittelbar auf die Erzählung vom Sündenfall folgt in der Genesis die Geschichte von Kain und Abel, also der Brudermord. Ich werde später ausführlich darauf eingehen, für den Augenblick deshalb nur so viel: Da fühlt sich einer, nämlich Kain, von Gott benachteiligt. Der Daseinskampf ist ja inzwischen voll entbrannt, und Kain glaubt, dasselbe Anrecht auf Erfolg zu haben wie sein Bruder Abel. Hat er aber offenbar nicht. Abel schneidet beim Wettlauf um die Güter der Erde jedenfalls deutlich besser ab als er, und wir wissen ja, wie unnachgiebig schon Kleinkinder auf ihrem Anteil an der Welt bestehen – ich halte mein Stofftier fest, also bin ich. In diesem Fall ist es so, dass Kain neiderfüllt und wutentbrannt seinen Bruder Abel erschlägt, unfähig, die vermeintliche Ungerechtigkeit Gottes noch einen Augenblick länger zu ertragen. Die erste Aktion nach dem Sündenfall besteht darin, einen Konkurrenten aus dem Weg zu schaffen.

Damit kommt die Genesis ohne Umschweife zu dem zweiten Urimpuls, der dem ersten, der Experimentierlust, an Wucht nicht nachsteht: dem Impuls, sich in der Welt festzusetzen und zu behaupten, sich seinen Anteil an der Welt zu sichern und von den Dingen dieser Welt so viel wie möglich in Hab und Gut zu verwandeln, mit anderen Worten, dem Besitz- und Machtstreben. Wobei dieser Impuls für die Bibel im Prinzip genauso wenig böse zu sein scheint wie Freiheitsdrang und Experimentierlust; immerhin gibt Gott selbst den Menschen gleich zu Anfang den Auftrag mit auf den Weg: »Füllet die Erde und macht sie euch untertan und herrscht ...« – also: Teilt sie unter euch auf, nutzt sie zu euren Zwecken, drückt ihr euren Stempel auf.

Wie es aussieht, ist der Mensch zu diesem raum- und besitzergreifenden Ausschweifen bestimmt, so wie er zur Freiheit bestimmt ist. Böse ist das Machtstreben an sich also nicht, nur eben genauso riskant wie die Freiheit. Beidem muss man gewachsen sein, denn beides schlägt nur in gebändigter Form zum Guten aus.

Und damit zurück zu der Frage, die uns im sechsten Kapitel beschäftigt hat: Wer oder was ist am Bösen schuld? Anders gefragt: Dürfen wir uns von den 2000 Jahren, die noch vor uns liegen, irgendwelche Fortschritte erwarten beim Thema Leidenschaft contra Vernunft?

Nachdem die in der Antike vielbeschworenen Leidenschaften deutlichere Konturen angenommen haben, lässt sich das Problem nun eher ermessen. Man kann sich ja vorstellen, zu welcher explosiven Mischung es kommt, wenn ungezügeltes Machtstreben und entfesselter Freiheitsdrang aufeinandertreffen; man sieht förmlich vor sich, wie dieser Sprengsatz, einmal gezündet, in ein Feuerwerk von Egozentrik, Rücksichtslosigkeit, Habgier, Gewalt und Grausamkeit zerplatzt. Und man versteht, wieso bisher alle Lösungsversuche bei der Vernunft, der Selbstbeherrschung oder der Selbstkontrolle angesetzt haben – dieser Sprengsatz darf nicht explodieren, der muss rechtzeitig entschärft werden, sonst gehen die ungebändigten Rosse der Leidenschaft mit allen Beteiligten durch.

In der römischen Provinz Palästina herrscht um die Zeitenwende eine derartige hochexplosive Situation. Viele Juden sehen in der römischen Besatzungsmacht den Inbegriff des Bösen und versuchen, sich kulturell gegen ihre Unterdrücker abzuschotten, oder verlegen sich auf den bewaffneten Widerstandskampf. Vor diesem Hintergrund verkündet ein Mann seine Botschaft, mit dem ich den zweiten Teil meines Parcours durch die Geschichte beginnen möchte: Jesus von Nazareth.

Wenn ich so sagen darf: Mit Jesus erleben wir den zweiten Urknall, nämlich einen unerhört neuen Entwurf des Menschen. An Radikalität stellt der Mann aus Nazareth alle in den Schatten, die sich vor ihm oder nach ihm in unserer Sache zu Wort melden. Er ist kein Moralprediger. Er ruft die Menschen nicht zur Ordnung. Er ist ein Umstürzler. Er stellt alle gesellschaftlichen Werte auf den Kopf, er dreht alle Spieße um, und wenn ihn die jüdischen und römischen Autoritäten später in einer Gemeinschaftsaktion als Gotteslästerer bzw. Aufrührer hinrichten lassen, können wir ruhig ein moderneres Wort dafür einsetzen: als Kulturrevolutionär. Denn das hatte er im Sinn: eine kulturelle Revolution.

Jesus definiert die Freiheit des Menschen völlig neu und geht dabei weit über die Willensfreiheit hinaus. Seine Freiheit bedeutet den Abschied von allen gängigen Maßstäben für Glück und Erfolg, von traditionellen Bindungen, von Gesetzen und Vorschriften, von der ganzen Beschränktheit einer konventionellen Vorstellungswelt genauso wie von den gebieterischen Impulsen des natürlichen Selbsterhaltungstriebs. Aus all diesen Abhängigkeiten könne sich der Mensch herauslösen, sagt Jesus, wenn er zur inneren Autonomie gelange. Bei ihm selbst erreicht diese Autonomie einen solch hohen Grad, dass er am Ende die eigene Todesfurcht überwindet und seine Hinrichtung herausfordert. Wie hat man sich diese Autonomie nun vorzustellen?

Mit Selbstbeherrschung oder Selbstkontrolle hat sie wenig zu tun. Eher ist sie das genaue Gegenteil, nämlich Loslassen, Entkrampfung, tiefste innere Entspannung; mir fallen dabei wieder die Gottesdarstellungen der Maler ein, die eben diese Souveränität eines Menschen im Zustand völliger Autonomie ausstrahlen. Und dieser Zustand kann nicht dadurch erreicht werden, dass man nach einer geeigneten Erziehung und einem gehörigen Bildungsprozess zur Vernunft kommt, wie Platon seinen Sokrates vermuten lässt. Diese Art kontrollierter Leidenschaftslosigkeit ist auch gar nicht das Ziel. Jesus selbst war alles andere als leidenschaftslos – vielmehr hielten ihn nicht wenige für durchgedreht oder besessen, und seine Jünger durften wiederholt mit seinem Temperament Bekanntschaft machen. Nein, diese Autonomie verdankt sich einer vollkommenen inneren Freiheit, einer gänzlichen Unabhängigkeit von allen gesellschaftlichen, kulturellen und religiösen Zwängen, selbst von den triebhaften Impulsen der menschlichen Natur und den unerbittlichen Ansprüchen des eigenen Ego. Und der einzige Grund dafür ist ein ebenso unbedingtes, nämlich kindliches Vertrauen zu Gott, denn der innige, geradezu familiäre Umgang, wie ihn Jesus selbst mit Gott pflegt, lässt die ganze Welt in einem anderen Licht erscheinen. Er führt dazu, dass wir die Welt durch die Augen Gottes zu sehen lernen, und das bedeutet: durch die Augen der Liebe.

Liebe ist das Schlüsselwort. Aber diese Liebe hat nichts Pathetisches, nichts Dramatisches. Es ist die unauffällige, an den praktischen Erfordernissen der Menschlichkeit ausgerichtete Liebe desjenigen, der die Stimme Gottes in sich vernimmt und nach seinem Willen handelt. In dieser Nächstenliebe verwirklicht sich für Jesus die moralische Unabhängigkeit des autonomen Menschen. Von Vernunft kann bei ihm hingegen nur in einem höheren Sinne die Rede sein. Das normale Sicherheits- und Effizienzdenken, das uns heute so unbestreitbar vernünftig erscheint, entlarvt er – wie in der Versuchungserzählung – als unwesentlich und abwegig. Seine Vernunft läuft allem, was man üblicherweise darunter versteht, zuwider; sie äußert sich nämlich in einer Art heiligen Leichtsinns: Brecht aus der Tretmühle des Alltags aus, fordert er seine Zuhörer auf, schlagt euch die ewigen Gedanken an die Zukunft aus dem Kopf, lasst dieses unablässige Sorgen und Planen und nehmt euch ein Beispiel an den Vögeln – »sie säen nicht, sie ernten nicht, sie sammeln nicht in Scheunen, und unser himmlischer Vater ernährt sie doch«.

Da nimmt einer Reflexe aufs Korn, die andere für natürlich und angeboren und damit vernünftig halten. Nein, sagt

Jesus, diese Reflexe mögen eingefleischten Verhaltensmustern folgen, aber sie beweisen nur, dass ihr blind wie alle Welt den gesellschaftlichen Spielregeln folgt. Noch deutlicher wird das in seiner Ethik, die der Evangelist Matthäus in der Bergpredigt zusammenfasst.

Sie zielt darauf ab, den Teufelskreis des Bösen aufzubrechen. Aber nicht, indem man es bekämpft, denn Widerstand läge ganz in der Logik des Bösen – es hält sich ja auch dadurch am Leben, dass Gleiches immer wieder mit Gleichem vergolten wird. Genauso wenig verlangt diese Ethik, das Böse mit eingezogenem Kopf stumm über sich ergehen zu lassen. Stattdessen lehrt Jesus ein offensives Vorgehen: Handeln statt bloß zu reagieren, die Initiative ergreifen, dem Bösen entgegengehen und ihm in einer paradoxen Strategie mit Freundlichkeit, Sanftmut und Friedfertigkeit begegnen. Also dem Bösen den Wind aus den Segeln nehmen, es ins Leere laufen lassen, es gewissermaßen zur Implosion bringen, bevor es zur Explosion kommt. Eben das ist mit der berühmten Wendung aus der Bergpredigt gemeint: die andere Wange hinhalten.

So haben wir das noch nie gehört. Auch asiatische Philosophien jener Zeit, das Tao zum Beispiel, lehren den Verzicht auf Widerstand gegen das Böse; es sei klüger, dem Leben mit seinen Widrigkeiten möglichst wenig Angriffsfläche zu bieten. Jesus aber geht weiter. Wenn er die Leute auffordert, den Angriff des Bösen mit einem Gegenangriff des Guten zu beantworten, sind damit keine Beschwichtigungsmaßnahmen gemeint, sondern Vorschussleistungen an praktischer Liebe, grundlose Freundschaftsbekundungen sozusagen. Aber was wäre damit gewonnen?

Sehr viel, und zwar für alle Beteiligten. Denn einmal würde das Opfer seine Souveränität zurückgewinnen, wenn es mit der Kraft der Liebe über das Böse hinauswächst und so hinter sich lässt. Auf der anderen Seite würde aber auch dem Täter seine Würde belassen, denn sobald das Opfer nicht erwartungsgemäß reagiert, gewinnt er seine Entscheidungsfreiheit zurück – plötzlich steht er vor der Notwendigkeit, sein Verhalten zu überdenken, plötzlich wird ihm Gelegenheit gegeben, sich eines anderen zu besinnen. Vermutlich wird er das nicht in jedem Fall tun. Wenn aber doch, wäre der Teufelskreis des Bösen durchbrochen, die eiserne Regel, dass Böses fortlaufend Böses erzeugt, außer Kraft gesetzt. Die paradoxe Strategie Jesu, das Böse durch das Gute zu überwinden, hat also einiges für sich. Sie hat nur einen Haken: Sie ist ungeheure anspruchsvoll.

Denn sie verlangt, sich von allen landläufigen Vorstellung von Gerechtigkeit zu verabschieden – mit dem üblichen Kalkül, dies und das stehe einem zu, dies habe man selbst und jenes der andere verdient, kommt man hier nicht weiter. Jesus rechnet nicht. Von einem ausgeglichenen Kontostand im Geben und Nehmen will er nichts wissen. Bei ihm wird sieben mal siebzigmal verziehen, selbst wenn der andere kein einziges Mal verzeiht. Wer die Nächstenliebe derart radikal praktizieren will, muss sich von den bösen Absichten der anderen gänzlich unabhängig machen. Die Ethik Jesu setzt mithin die absolute moralische Autonomie des Individuums voraus, und man könnte sich fragen: Will da einer die Gesetzmäßigkeiten der Welt aushebeln? Kann sich ein Mensch denn so in der Gewalt haben?

In der Tat erfordert diese Strategie Menschen, die sich ganz neu orientieren, ja, ganz neu definieren. Menschen, die nicht mehr den ungeschriebenen Gesetzen der Gesellschaft gehorchen, die beim Poker um Macht und Geld nicht mehr mitspielen, die das ewige Siegen- und Triumphierenwollen satthaben, die sich nicht mehr um die besten Plätze in der Arena des Lebens prügeln wollen. Kurz gesagt Menschen, die den Unterschied zwischen einem beneidenswerten Leben und einem glücklichen Leben begriffen haben. Deshalb wendet sich Jesus hauptsächlich an die Zu-kurz-Gekommenen. Deshalb preist er die Armen selig, diejenigen, die in der Welt ohnehin nichts darstellen und nie darstellen werden, diejenigen, die sich nach einem ganz anderen Glück und ganz anderen Verhältnissen sehnen. In der Beziehung zu Gott kommt niemand zu kurz, sagt Jesus. Als Töchter und Söhne des himmlischen Vaters sind alle gleich. Wer in dieser Beziehung lebt, wird mit der Zeit lernen, die Welt mit den Augen der Liebe zu betrachten. Und nur darauf kommt es an, wenn die Menschheit irgendwann dem Teufelskreis des Bösen entkommen will.

Ich bin so ausführlich auf den Beitrag Jesu eingegangen, weil kein Menschheitslehrer sonst das Problem des Bösen mit solcher Kühnheit angegangen ist wie er. Übrigens auch nicht mit solchem Optimismus. Wer sonst hat dem Menschen zugetraut, sich so radikal ändern zu können – ohne Bautzen, Gulag oder KZ als Drohkulisse? Wer sonst hat ihm zugemutet, bei der Umgestaltung der Welt mit sich selbst zu beginnen, ausschließlich bei sich selbst anzusetzen? Wer sonst hat ihm eine solche Souveränität, eine solche innere Freiheit in Aussicht gestellt – und ihn gleichzeitig so unerbittlich mit der eigenen Verantwortlichkeit konfrontiert? Alles natürlich nur möglich, nur denkbar in der engsten, vertrauensvollsten Beziehung zu Gott, aber es spricht doch ein starker Glaube an den Menschen aus seiner Lehre.

Immerhin haben die Menschen seiner Umgebung bald die Dimension seines Projekts erfasst. War es etwa seine Absicht gewesen, den Bruch mit Gott rückgängig zu machen? War es womöglich seine Bestimmung gewesen, den Fluch des Sündenfalls, die Verknüpfung der Freiheit mit dem Bösen, aufzuheben? Lag es dann nicht nahe, in ihm den Erlöser, den Sohn Gottes zu sehen? In den nächsten Jahrhunderten entfaltet die Lehre Jesu – und der Glaube an ihn – jedenfalls eine enorme Dynamik, erfasst das gesamte Römische Reich und nimmt die unterschiedlichsten Erscheinungsformen an, von asketisch lebenden Einsiedlern über abgeschlossene Mönchsgemeinschaften bis hin zu den Kirchengemeinden der normalen Bürger, und allen ist eins gemeinsam: die Überzeugung, dereinst, nämlich vor dem Jüngsten Gericht, für seine Lebensführung Rechenschaft ablegen zu müssen. Die persönlichen Verantwortung steht damit ganz außer Frage. Das Böse hat jetzt tatsächlich kein anderes Refugium mehr als die menschliche Seele.

Oder doch?

Was ist eigentlich mit dem Teufel? Was ist mit Satan und seinem Heer von Dämonen?

Damit wären wir wieder einmal bei der dramatischen Seite der Bösen angekommen und dem menschlichen Bedürfnis, seelische Konflikte nach außen, in eine unsichtbare – oder noch besser: in eine sichtbare Welt zu verlegen. Und was schreit lauter nach einer Bühne und klar erkennbaren Akteuren als der ewige, tagtäglich ausgefochtene Kampf zwischen Gut und Böse? Das Verlangen, diesen Streit in die Vorstellungswelt hineinzuholen, ist uralt, es ist auch über die ganze Erde verbreitet. Schon in der Frühzeit statteten die

Juden das Reich Gottes mit Gesichtern und Gestalten aus, himmlischen Wesen, dienstbaren Geistern, hierarchisch geordnet, die beständig im Auftrag ihres Herrn unterwegs waren, sofern ihnen nicht die Aufgabe des Gotteslobs zufiel. Und zur Zeit Jesu war auch das Reich des Bösen längst ähnlich organisiert: als ein Gewimmel von Dämonen, denen Herrscher wie Satan und Beelzebub als Gegenspieler Gottes vorstanden.

Man darf aber nicht glauben, dass diesen Wesen dieselbe Realität zukäme wie den Dingen der sichtbaren Welt. Dämonen sind Kräfte, die von der Seele Besitz ergreifen können, sie sind schlechte Energien, die sich als psychische Störungen oder auch körperliche Krankheiten manifestieren. Das ganze Drama spielt sich also auf einer geistigen Ebene ab, ohne dass es deswegen weniger real wäre. Nur – wie soll man über seelische Vorgänge reden, solange es noch kein psychoanalytisches Vokabular gibt? Man erzählt. Man kleidet Befunde in Bilder und Geschichten. Man holt den Kampf zwischen Gut und Böse auf eine Bühne, die sich zwischen Himmel und Hölle erstreckt – ist sich dabei aber stets bewusst, in Symbolen und Sinnbildern zu sprechen. Erst im späten Mittelalter bekommt der Teufel in Europa eine erschreckende Präsenz, wird er als »der Leibhaftige« zu einem Teil der realen Welt – man denke nur an das Tintenfass, das Martin Luther nach ihm geworfen haben soll. Zum Teil ist diese Entwicklung einem Versagen der Kirche zuzuschreiben, die solchen vulgären Anschauungen Vorschub geleistet hat, zum Teil haben wir es hier auch mit der Unverwüstlichkeit uralter volkstümlicher Vorstellungen zu tun. Denn schon immer und überall hat nichts die Phantasie so sehr erhitzt wie das Böse.

Soweit ich es beurteilen kann, kennen alle Kulturen der Erde eine unterirdische und eine überirdische Welt, kennen alle böse und gute Geister, und zu allen Zeiten sehen wir Menschen am Werk, die das Böse unter ihre Kontrolle zu bringen versuchen, um seine Macht für eigene Zwecke zu nutzen oder aber dieselbe Macht abzuwehren und unschädlich zu machen. Ein Heer von Zauberern, Magiern, Schamanen und Priestern ist mit Beschwörungsritualen und dem Anfertigen von Amuletten beschäftigt in einer Welt, in der sich böse Absicht in jedem Zufall, jedem Unfall, jedem Schicksalsschlag zeigen kann, also praktisch allgegenwärtig ist. Unter solchen Umständen ist die Scheidewand zwischen der Menschenwelt und der der Geister sehr dünn, umso leichter können Dämonen oder Teufel von der einen Seite auf die andere wechseln. Es war das Verdienst der Kirche, die in den Köpfen spukende, eigenmächtig agierende und beängstigende Geisterwelt zurückgedrängt und als Aberglauben verurteilt zu haben. Es war eine Schande für die Kirche, diese finstere Welt ab dem Spätmittelalter wiederbelebt zu haben.

Der Satan würde Stoff für ein ganzes Kapitel liefern. Schon deshalb, weil die Wirkung des Christentums stark auf bildlichen Darstellungen beruhte und deshalb immer wieder nach einer Verkörperungen des Bösen verlangte – das Christentum ist ja eine ausgesprochene Künstlerreligion, und oft waren Maler die einflussreicheren Theologen. Da uns Satan aber noch einmal begegnen wird, will ich hier nur auf die dramatischste Zuspitzung des Ringens zwischen Gut und Böse hinweisen, die wir kennen: die Apokalypse. Das letzte Buch der Bibel liefert in schauerlichen Visionen die Beschreibung eines kosmischen Kräftemessens zwischen Gott und Teufel, dessen Macht am Ende der Tage ein für alle Mal gebrochen wird. Aber eben erst dann. Damit macht schon die Apokalypse alle Hoffnung zunichte, dem Bösen könnte auf die von Jesus gelehrte Art grundsätzlich beizukommen sein.

9. AUF DER SUCHE NACH DER UNSCHULD

Soll man beim Kampf gegen das Böse vom Individuum ausgehen, also vom Einzelnen verlangen, sich selbst in Ordnung zu bringen – in der Hoffnung, dass von geläuterten Individuen ein humanisierender Effekt auf die Gesellschaft als Ganzes ausgeht? Das wäre die ethische Strategie des Christentums. Oder soll man vom Staat und seiner Verfassung ausgehen, also erst einmal die Welt in Ordnung bringen und sich davon einen domestizierenden, ebenfalls humanisierenden Effekt auf den Einzelnen versprechen? Diese Strategie entspräche der griechisch-römischen Tradition.

Das Europa des Mittelalters hat beide Strategien in seinem Repertoire. Es ist zwar christlich geprägt, doch seine Theologen und Philosophen neigen in ihrer Wertschätzung der Vernunft der heidnischen Antike zu. Ein beneidenswert reiches Erbe, möchte man sagen, und vielleicht waren die Erwartungen nie höher gespannt: Wenn man beide Strategien miteinander verbinden würde, wenn eine Synthese aus christlichem und griechischem Denken gelänge – müsste man da nicht dem Idealzustand einer friedlichen, gerechten Welt näher denn je kommen? Die großen Denker des Mittelalters arbeiten an diesem Projekt mit dem Ziel, ein doppeltes Bollwerk gegen das Böse zu errichten: Was die äußere Welt betrifft, setzen sie auf eine stabile, festgefügte Ordnung, was den einzelnen Menschen angeht auf ein geschärftes Verantwortungs- und Schuldbewusstsein.

Am Ausgang des Mittelalters aber gerät dieses Projekt ins Stocken. Waren die Erwartungen doch zu hoch gespannt? Sprach die Wirklichkeit den christlichen Idealen allzu offensichtlich Hohn? Fortan bringt das europäische Denken jedenfalls in immer schnellerer Folge immer neue Vorschläge hervor, wo die Ursache allen Übels zu suchen sei und auf welche Weise der sittlichen Verwahrlosung abgeholfen werden könnte. Dabei erleben wir ein seltsames Auf und Ab. Phasen der Euphorie, in denen dem Menschen zugetraut wird, weit über sich hinauswachsen zu können, wechseln mit Zeiten eines düsteren Pessimismus, die den Menschen als hoffnungslosen Fall betrachten – reif für die nächste Sintflut, möchte man beinahe sagen. Ich will diese Entwicklung anhand von Stichproben im Folgenden nachzeichnen.

Das Neue kündigt sich erstmals im Italien der Renaissance an. Jahrhundertelang hat man im Menschen den erlösungsbedürftigen Sünder gesehen, und wenn man nun die berühmte *Rede über den Menschen* des Pico della Mirandola (1463–1494) zur Hand nimmt, reibt man sich die Augen: In fast hymnischen Worten beschreibt der Italiener da den Menschen in seiner Möglichkeitsform, als faszinierend unbestimmbares Wesen, auf keine Rolle, kein Entwicklungsstadium festgelegt, grenzenlos wandelbar und zu allem fähig, nämlich: Gott ähnlich zu werden oder »nach unten hin zum Tier zu entarten«.

Wir erleben hier einen Moment, in dem die moralische Kompassnadel nach langer Zeit wieder in eine andere Richtung ausschlägt. Wie kann ich Gott für mich gewinnen? – so lautet die Kernfrage der menschlichen Existenz nach christlichem Verständnis. Pico della Mirandola formuliert sie um. Er fragt: Wie kann ich Gott so ähnlich wie möglich werden? Und seine Antwort lautet: Nicht durch moralische Anstrengungen. Nicht, indem ich alle seelischen Kräfte gegen das

Böse mobilisiere. Sondern indem ich Gott als Schöpfer nachahme. Indem ich mein intellektuelles und kreatives Potenzial zur Entfaltung bringe. Indem ich mir die Welt nicht – wie die Tiere – so gefallen lasse, wie ich sie vorfinde, sondern sie nach meinen Bedürfnissen klüger und besser einrichte. Das ist ein offensives Konzept. Es setzt ungeheure Energien frei. Plötzlich werden alle menschlichen Verhältnisse zum Rohmaterial für einen neuen Menschentyp, der die Kraft in sich verspürt, das göttliche Schöpfungswerk fortzusetzen. Und nicht nur die Kraft! Auch die Aufgabe.

Moralische Hemmungen stören bei dieser Aufgabe eher. »Nach unten hin zum Tier entarten ...« – damit ist nicht die Gefahr gemeint, zu einem charakter- und gewissenlosen Schurken zu verkommen (wie sie die Renaissance tatsächlich in beeindruckender Zahl hervorgebracht hat). Damit ist der Absturz in einen vernunft- und willenlosen Zustand gemeint, der den Menschen seiner Gestaltungskraft beraubt. Fortan wird die Alternative jedenfalls nicht mehr Heiliger oder Sünder lauten, sondern Halbgott oder Tier. Darüber aber, welchen Weg der Mensch einschlägt, entscheidet für Pico della Mirandola schon nicht mehr der Glaube, auch nicht die Liebe – darüber entscheiden die Fortschritte seiner Vernunft beziehungsweise der ebensogut mögliche Verlust derselben.

Zweihundert Jahre später sind dem Tier Reißzähne gewachsen. Der Engländer Thomas Hobbes (1588–1679) vertritt einen abgrundtiefen Pessimismus, wenn er die Normalverfassung der Welt als einen Krieg aller gegen alle beschreibt und den Menschen in diesem Zustand mit einem Wolf vergleicht. Kein Wort mehr von Halbgott, kein Wort mehr von den phantastischen Entfaltungsmöglichkeiten des Menschen. In ihrem blinden Egoismus, schreibt Hobbes, würden die Menschen »keine Gewalt (scheuen), sich Weib, Kind und Vieh eines anderen zu unterwerfen ... das Geraubte zu verteidigen ... sich zu rächen für Belanglosigkeiten wie ein Wort, ein Lächeln, einen Widerspruch oder irgendein anderen Zeichen von Geringschätzung«. Ihr Leben sei daher einsam, armselig, scheußlich und tierisch. Kurzum, der Mensch ist missraten.

Ein vernichtendes Urteil, und das Schlimmste: Der Einzelne kann daran nichts ändern. Seiner moralischen Statur nach ist jeder ein Zwerg – oder eben ein Wolf. Um den Menschen vor sich selbst zu schützen, muss man ihn deshalb in Gewahrsam nehmen, genauer gesagt: Erst in der Obhut eines starken Staates nimmt der Einzelne zwangsweise Vernunft an. Wäre das also die Lösung – der mit allen Machtmitteln ausgerüstete Staat als großer Aufpasser, als strenger Vormund? Sicher, Hobbes entwirft ihn nicht als Gefängnis, sein Staatswesen garantiert den Bürgern auch Rechte – in jedem Fall aber haben wir es hier mit einer Misstrauenserklärung an die Adresse der menschlichen Natur zu tun. Verflogen die unschuldige Vernunft-Euphorie der Renaissance, auch keine Rede mehr von den großen Hoffnungen, die Jesus auf den Menschen setzte. Nein, sagt Hobbes, der Mensch sei nicht eigentlich böse. Nur vollkommen asozial.

Ein Jahrhundert später schlägt jemand wieder völlig andere Töne an, der Franzose Jean-Jacques Rousseau (1712–1778). Er entdeckt die Ursache aller moralischen Verkommenheit nicht in der Natur des Menschen, sondern in der Zivilisation. Ausgerechnet! Wo seine aufgeklärten Zeitgenossen doch gerade in der Zivilisation den ureigenen Raum der Vernunft und damit des sittlichen Fortschritts sehen! Irrtum, widerspricht Rousseau. Denn die Zivilisation produziere nichts als Konkurrenzdenken und Selbstsucht, und das Ergebnis sei schlichtweg bestürzend: Man hasse, betrüge, verleumde und ermorde einander. Der zivilisierte Mensch sei, mit einem Wort, böse.

Kein Bußprediger hätte es besser sagen können. Und dieser Tonfall entrüsteter Enttäuschung herrscht nun schon geraume Weile. Vermutlich stand die Gattung Mensch niemals zuvor so tief im Kurs. Was ist da zu tun?

Rousseau plädiert dafür, den Menschen aus der Zwangsjacke der Zivilisation zu befreien. Man müssen den ursprünglichen moralischen Instinkt wiederbeleben, der dem Menschen in seinem ehemals natürlichen Dasein zu eigen gewesen sei – der edle Wilde ist sein Ideal, ein verträumter, harmloser Narzisst, die fleischgewordene Unschuld. Soll der Mensch jetzt also die Rückreise ins Tierreich antreten? In einem Brief an Rousseau spottet Voltaire: »Das Lesen Ihres Buchs erweckt in mir das Bedürfnis, auf allen vieren herumzulaufen.« Das ist, wie bei Voltaire üblich, pointiert formuliert, trifft aber ins Schwarze. Denn Rousseaus Rettungsplan für die Menschheit ist nichts anderes als eine romantische Umkehrung der biblischen Paradiesgeschichte. Er möchte den Sündenfall rückgängig machen. Er wünscht sich jenen Zustand zurück, in dem der Mensch noch nichts von seiner Freiheit ahnt und in derselben Unschuld lebt wie die Tiere.

Die führenden Köpfe der Aufklärung lassen sich ihren Glauben an Vernunft und Zivilisation von Rousseau indes nicht ausreden. Aber auch sie sind sich einig, dass der Mensch nicht so bleiben könne, wie er sich ihnen präsentiert, dass an ihm unbedingt weitergearbeitet werden müsse – wenn er schon nicht freiwillig an sich arbeite. Doch ihre Verbitterung über das klägliche Schauspiel der Menschheit richtet sich gegen die Kirche. Man hatte sich wohl zu viel von ihr versprochen, jetzt darf man sich gar nichts mehr von ihr versprechen – sie hat ihre Zeit gehabt, sie muss weg. Rousseaus Zivilisationspessimismus setzen sie die altbekannte Zuversicht entgegen, die Verhältnisse würden sich schon grundlegend bessern, sobald sich der Mensch endlich als Vernunftwesen zu begreifen lerne. Und wieder einmal ist das Böse mit dem Unbesonnenen, Unwissenden, eben Unaufgeklärten identisch.

Die Welt nach Jahrhunderten christlicher Finsternis mit dem Feuer der Vernunft erleuchten – diese Vision beflügelt die Denker des 19. Jahrhunderts. Rastlos wird daran gearbeitet, den Zustand der Menschheit tiefgreifend zu verbessern; als Siegprämie winken am Ende Freiheit, Gleichheit und Brüderlichkeit. Einstweilen greifen kühne Träume, schöne und schreckliche, den tatsächlichen Erfolgen voraus.

Heinrich Heine (1797–1856) zum Beispiel malt sich die Welt des zur Vernunft gebrachten Zukunftsmenschen als neugriechisches Schlaraffenland aus. Eintreten wird das neue Paradies mehr oder weniger von selbst, denn sobald das Christentum mit seinen Dogmen und seinem frommen Regelwerk untergegangen ist, wird die Menschheit endlich in aller Unschuld dem frönen können, was früher verboten oder verpönt war. Im Endeffekt werden wir uns dann in eine Ansammlung liebenswerter Götter verwandeln, die sich in heiterer Selbstgefälligkeit selbst beweihräuchern. Von Sünde wird diese befreite Menschheit schon deshalb nichts wissen, weil nach dem Untergang der Kirche keiner mehr von Sünde spricht, und damit wäre das Böse sang- und klanglos vom Erdboden verschwunden.

Ein Traum, wie gesagt, keine seriöse Prognose, denn Heine arbeitet hier mit einem einfachen Taschenspielertrick. Seine heitere Utopie funktioniert nach der Logik: Wo kein Richter, da kein Verbrechen. Als müsste man vor der Existenz des Bösen nur die Augen verschließen und es löse sich in nichts auf. So poetisch-naiv das gedacht ist – einer der bedeutendsten Philosophen des 19. Jahrhunderts geht ähnlich vor, allerdings mit anderem Resultat.

Friedrich Nietzsche (1844–1900) erträumt sich einen Menschentypus, der allein dem eigenen Willen gehorcht und ausschließlich nach eigenem Gutdünken handelt. Für diesen Übermenschen, wie Nietzsche ihn nennt, existiert kein Verbot. Er ist ein Wesen, das sich nichts mehr sagen lässt – so autonom, wie Jesus Christus es seinen Anhängern einst in Aussicht gestellt hatte, allerdings niemandem verpflichtet, weder Gott noch Menschen, völlig verantwortungsfrei und mithin völlig verantwortungslos. Wieso wir uns von diesem entfesselten Supermann trotzdem eine bessere Welt versprechen sollen? Das versteht nur derjenige, der wie Nietzsche glaubt, man könne mit dem Moralgesetz zugleich das Böse aus der Welt hinauswerfen.

Immerhin geht Nietzsche bei seiner tollkühnen Spekulation von einer realistischen Einschätzung der Lage aus: Nach dem Tod Gottes, wie er den Sieg des rationalistischen Denkens nennt, könne der Mensch nicht mehr so weiterleben wie bisher. Jede Orientierung sei weggebrochen, alle Maßstäbe seien zerstört, man befinde sich in der Lage eines

Schiffs, das die Hochsee ohne Navigationsinstrumente befährt. Sich selbst eine neue moralische Ordnung zu geben, dazu wiederum sei der Mensch in seiner bisherigen Form viel zu erbärmlich, ein Schwächling, dem jetzt nur noch eins bleibe: Weit über sich hinauszuwachsen und selbst zu einer Art Gott zu werden. In dieser gründlich erneuerten Verfassung traut Nietzsche dem Menschen dann allerdings zu, das Böse allein durch seinen Willen dorthin zurückzuzwingen, von wo Adam und Eva es einst heraufbeschworen hatten.

Man spürt, wie sich im 19. Jahrhundert die freigewordenen religiösen Energien neue Wege suchen und neue, diesseitige Paradiese schaffen, man spürt aber auch eine wachsende Ratlosigkeit, mit Verzweiflung vermischt. Der Mensch, so wie er sich bislang mehr schlecht als recht durch die Geschichte geschlagen hat, ist dem Bösen nicht gewachsen, so viel scheint festzustehen. Doch welche Schlüsse soll man daraus ziehen? Dass der Mensch eben so ist und nicht anders kann? Dass Gott mit seinem resignierten Fazit recht gehabt hat, zu dem er nach der Sintflut gelangte: »... böse von Jugend auf?« Unmöglich. Damit kann man sich als Vernunftwesen nicht abfinden. Es muss etwas zu machen sein. Also lieber ein naives und unrealistisches Menschenbild pflegen wie Heinrich Heine mit seinen friedlich-fröhlichen Gottmenschen und Rousseau mit seinen edlen Wilden? Also lieber vom Menschen verlangen, aus seiner alten, hässlichen Haut zu fahren und sich gefälligst neu zu erfinden, wie Nietzsches Übermensch? Aber wie weit kann der Mensch eigentlich über sich hinauswachsen? Und – verspürt er überhaupt Lust dazu?

Tatsache ist: Die Vernunft wirkt nach wie vor keine Wunder. Und dann meldet sich auch noch Sigmund Freud (1856–

1939) zu Wort und behauptet: Das menschliche Bewusstsein, auf das die Aufklärer ihre Hoffnung gesetzt hatten, funktioniert nur scheinbar rational. In Wirklichkeit brodelt es unter der glatten Oberfläche. Unbewusste Konflikte prägen alles Denken und Handeln, und genau genommen haben wir es unablässig mit dem irrationalen Verhalten irrationaler Wesen zu tun. Was bleibt also anderes als das menschliche Herz zu erforschen, wie der Dichter des 139. Psalm es ausdrückte, die Oberfläche zu durchstoßen und die tieferen Schichte der Seele freizulegen, um zur Quelle des Übels vorzudringen?

Sigmund Freud und andere machen sich an die Arbeit, und siehe da: Aggressive Impulse führen ein von aller Vernunft unbehelligtes Eigenleben. Da wird nichts rational gesteuert, da wimmelt es vielmehr von unbewussten Motiven, die hinter den Kulissen Regie führen, allen voran die Sexualität. Immerhin verbindet Freud mit seiner Hiobsbotschaft die leise Hoffnung, dass sich dieser ganze Hexensabbat einigermaßen in den Griff bekommen lässt, wenn man ihn dem Verstand zugänglich macht. Und damit wären wir, nach einer langen Reise, wieder da angekommen, wo die antiken Juden vor mehr als zweieinhalbtausend Jahren bereits waren: bei der Selbsterforschung und dem Ausleuchten der verborgensten Winkel des Herzens. Nur diesmal mit dem Psychoanalytiker in der Rolle Gottes.

Es könnte einen am Ende dieser Stichprobensammlung der Mut verlassen. Welche Früchte hat der Kampf gegen das Böse denn getragen, was hat das Ersinnen immer neuer ethischer Strategien genutzt? Müssen wir in Anbetracht der Erfolglosigkeit dieses Kampfs nicht eher von verzweifelten Beschwörungsversuchen als von Strategien sprechen?

Denn kein Mittel scheint gegen das Böse dauerhaft zu helfen, pausenlos ist der Mensch damit beschäftigt, dieses Übel wenigstens zurückzudrängen, wenigstens einzudämmen. Stets mit demselben mäßigen Erfolg, sodass sich der schlimme Verdacht aufdrängt, das Böse könnte am Ende eine sinnvolle Funktion erfüllen, eine verhasste, aber unverzichtbare Triebkraft darstellen, gewissermaßen der produktive Stachel im Fleisch der Menschheit sein – im Einzelfall unangenehm bis schrecklich, aufs Ganze gesehen aber genau jene Energie, der wir jede geistige Entwicklung, jeden Fortschritt verdanken ...

Natürlich nur, wenn man sich nicht damit abfindet. Daran denkt auch keiner. Vom 18. Jahrhundert an erleben wir sogar eine anschwellende Nervosität, eine wachsende Ungeduld der Intellektuellen mit dem Rest der Menschheit, die sich wie bei Hobbes, Rousseau und Nietzsche bis zur Verachtung steigern kann – als hätte das Böse in Form von Dekadenz und Verrohung inzwischen dermaßen überhand genommen, dass keine Zeit mehr zu verlieren sei. Will man aber keinen fortschreitenden Sittenverfall annehmen, bleibt als zweite Erklärungsmöglichkeit nur eine maßlose Enttäuschung über die Kirche. In diesem Fall hätte nicht die Menschheit versagt, sondern das Christentum, und die Enttäuschung würde sich an dem enormen moralischen Anspruch seiner Lehre bemessen.

Denn nie zuvor und nirgendwo sonst hatte die ethische Messlatte je so hoch gelegen wie im christlichen Europa – umso größer musste die Verzweiflung angesichts des dürftigen Resultats ausfallen. Hatte sich die Kirche schlicht übernommen? War es nun nicht an der Zeit, die Priester mit ihren Trugbildern von Nächstenliebe und Glückseligkeit zu entmachten und am besten davonzujagen? Als könnten sie das erbärmliche Schauspiel des Lebens einfach nicht mehr mitansehen, schlüpfen jetzt Philosophen und Wissenschaftler in die Rolle des Priesters und erheben wie selbstverständlich den Anspruch, künftig für die moralische Orientierung des Menschengeschlechts zuständig zu sein. Dieser Anspruch ist so exklusiv, wie es der Anspruch der Kirche in der Vergangenheit war, und eine erbitterte Konkurrenz ist die Folge: Wissenschaft und Glaube werden sich von nun an unversöhnlich gegenüberstehen. Die Symbiose zwischen christlichem und griechischem Weg ist gescheitert.

Ein Punkt wird von den Akteuren dabei übersehen, und dieser Punkt ist entscheidend: Die Vorkämpfer einer neuen, durch und durch rational organisierten Welt sind zutiefst vom Christentum geprägt. Sie haben sich seine hohen ethischen Maßstäbe zueigen gemacht und nicht zuletzt auch dessen Verantwortungsbewusstsein geerbt. Das Ausmaß ihrer Enttäuschung weist sie im Grunde als Gläubige von großer moralischer Sensibilität aus, ihr Eifer bestätigt ihr christliches Verantwortungsgefühl, und ihr bisweilen finsterer Ernst zeigt an, dass sie sich nicht mit weniger zufriedengeben werden als das Christentum: Die Erlösung des Menschen steht weiterhin auf dem Programm. Daher ihre Visionen einer vollständig erneuerten Menschheit – harmlos und heiter wie bei Heine, furchterregend wie bei Nietzsche, als Gemeinschaft von Gleichen wie bei Marx. Und im Hintergrund der Wiener Psychoanalytiker Sigmund Freud mit seiner bitteren Botschaft, dass dies alles höchstwahrscheinlich nicht helfen wird.

Es hilft schon deshalb nicht, weil man sich gar nicht mehr auf eine große Strategie gegen das Böse einigen kann. Im 19. und 20. Jahrhundert ergießt sich ein Strom von Theorien,

Utopien, Ideologien und Weltanschauungen über Europa, die alle nach Kräften den geschwächten Körper des Christentums fleddern, sich herausreißen, was brauchbar erscheint, die Beutestücke mit pseudowissenschaftlichen Argumenten unterfüttern und das Ganze als Produkte der Vernunft verkaufen. Wäre die Synthese also doch gelungen? Höchstens als Farce. Höchstens auf die Art, dass man nun zwischen Rationalem und Theologischem gar nicht mehr unterscheiden kann, weil die Vernunft religiös getränkt und das Utopische rational verbrämt ist. Und damit wären wir in der Gegenwart angekommen.

10. HATTE DIE SCHLANGE ZU VIEL VERSPROCHEN?

In Gesprächen mache ich seit längerem eine merkwürdige Erfahrung. Da findet jemand das rasende Tempo bedenklich, in dem sich unsere Welt verändert, äußert sich vielleicht kritisch über das nachgerade zwanghafte Optimieren und Umstrukturieren, dieses Über-den-Haufen-Werfen, noch bevor eine Maßnahme sich überhaupt bewähren konnte, und prompt bekommt er zu hören: Den Fortschritt kann niemand aufhalten, und das ist gut so. Veränderung ist das Grundprinzip des Lebens, Stillstand wäre der Tod. Doch dieselben, die den permanenten Wandel eben noch als Lebensgesetz beschworen haben, schalten auf Abwehr, sobald der moralische Verfall zur Sprache kommt. Nein, heißt es dann, das ist nichts Neues. Der Eindruck täuscht. Über diese Missstände hat sich noch jede Generation beklagt, daran hat sich seit Adam und Eva nichts geändert, die Zeiten waren schon immer so.

Da wird man stutzig. Ein Lebensgesetz, das Ausnahmen kennt? Und ausgerechnet das Böse soll vom stürmischen Wandel nicht erfasst werden? Aber vermutlich entscheidet hier nicht die Logik, sondern das Gefühl, denn eines lässt sich mit Sicherheit sagen: Diese Frage trifft den Lebensnerv unserer Zeit. Sie berührt den Fortschrittsglauben, und der ist tabu, der muss über jeden Zweifel erhaben sein. Nur ein Ketzer würde nach dem Preis fragen, denn auf den Fortschritt gründet unsere letzte Zuversicht. Deshalb darf ihm das Böse nicht angelastet werden. Deshalb möchten wir die gesellschaftlichen Veränderungen auf keinen Fall im Lichte des

Verfalls sehen. Der Fortschrittsglaube verträgt sich schlecht mit der Vorstellung von Verrohung und Dekadenz; da ist es ratsam, jeden Einfluss auf die Moral zu bestreiten und lieber an unausrottbare Übel zu glauben, die ohne Zusammenhang mit der Gegenwart durch alle Zeiten fortbestehen. Etwas anderes wäre beunruhigend. Nichts ist verpönter als Kulturpessimismus.

Dabei herrscht dieser Pessimismus längst unangefochten. Überall dort nämlich, wo Schriftsteller und Journalisten, Drehbuchautoren und Filmregisseure sich ernsthaft mit der Zukunft beschäftigen. Was sie in ihren Büchern und Filmen vor uns ausbreiten, wird ausnahmslos von düsteren Ahnungen gespeist, es sind deprimierende Visionen einer seelenlosen, inhumanen, in Untergang und Zerfall befindlichen Welt – alle Ausdruck der Angst, die Dinge könnten dem Menschen entgleiten, beängstigende Entwicklungen sich verselbständigen, zerstörerische Kräfte nicht mehr zu bändigen sein. Die Zukunft erscheint mittlerweile durchgängig schwarz, und dieser Umstand gibt mir zu denken. Es scheint ein Kennzeichen unserer Zeit zu sein, dass sich alle Hoffnung aus unseren Zukunftsvisionen verflüchtigt hat. Die Frage, ob sich unsere Geschichte nicht doch zum Guten wenden könnte, stellt sich anscheinend gar nicht mehr. Wie kommt das?

Vielleicht sind wir erschöpft. Vielleicht ist Resignation auch eine Lehre der Geschichte, nachdem wir im Kampf gegen das Böse alles ausprobiert und alles durchexerziert und dabei gigantische Umwälzungen erlebt haben – meist mit demselben mäßigen Erfolg, bisweilen mit erschütternden Resultaten. »Die gewaltigen denkerischen Anstrengungen, unseren Zustand und seine Entwicklungsmöglichkeiten zu erkennen, sind längst nicht mehr von Hoffnung getragen«, sagt der Schriftsteller Martin Mosebach, »sondern offenbaren eine ... von Furcht getönte Ratlosigkeit.«

Doch nicht nur die Resultate enttäuschen. Der ernüchternde Befund der letzten Kapitel lautet: Nicht einmal die Diagnose gelingt. Ein Arzt nach dem anderen beugt sich über diesen Patienten namens Menschheit, untersucht ihn – zugegebenermaßen gründlich –, stellt die Krankheitsursache fest, verwirft die Diagnosen seiner Vorgänger und verordnet eine neue Therapie. Der Zustand des Patienten bessert sich nie, und wenn wir uns das letzte, das 20. Jahrhundert anschauen, müssen wir sogar feststellen: Schlechter ist es dem Patienten noch nicht gegangen. Da erleben wir eine regelrechte Explosion des Bösen, da werden mörderische Energien in nie gekanntem Ausmaß freigesetzt. Laut Schwarzbuch des Kommunismus gehen rund 100 Millionen Tote – Hingerichtete, Verhungerte, in Revolutionen, Kriegen und Bürgerkriegen Gefallene – auf das Konto einer Ideologie, die sich der Befreiung der Menschheit verschrieben hatte. Der Nationalsozialismus bringt es mit Holocaust und Zweitem Weltkrieg auf 50 Millionen Tote. Und dazu addieren sich noch die 10 Millionen Toten des Ersten Weltkriegs, dessen Schlachten zum Inbegriff des Grauens geworden sind. Unser Erschöpfungszustand wäre nach alledem nicht überraschend.

Ich will der Übersichtlichkeit halber einmal in einer Liste zusammenstellen, was sich allein den Menschen unseres Kulturkreises im Lauf der Zeit als Ursache des Bösen aufgedrängt hat. Vollständig ist diese Liste bei weitem nicht, sie bezieht aber auch neuere, bisher noch nicht erwähnte Erkenntnisse ein. Folgendes käme da zusammen:

- das Schicksal (antike Griechen)
- die Gottlosigkeit (antike Juden)
- die Leidenschaften (antike Griechen)
- die Kleingläubigkeit (Jesus Christus – sehr vereinfacht ausgedrückt)
- die Unvernunft (Renaissance)
- der Egoismus (Thomas Hobbes)
- die Zivilisation (Jean-Jacques Rousseau)
- die gesellschaftliche Ungleichheit (Aufklärung)
- das Christentum/die Kirche (ebenfalls Aufklärung)
- die Adligen (Französische Revolution)
- der Kapitalismus (Karl Marx)
- die Erbärmlichkeit des Menschen (Friedrich Nietzsche)
- die irrationale Grundstruktur des Menschen (Psychoanalyse)
- die Juden (Nationalsozialismus)
- die repressive Gesellschaft (Achtundsechziger)
- die Triebunterdrückung (Arno Plack)
- die Intoleranz (Politische Korrektheit)
- eine Anomalie des vorderen Gehirnlappens (Neurowissenschaft)

Mit anderen Worten: Hier wird kaum etwas ausgelassen. In den letzten 200 Jahren ist das Angebot an Erklärungen für das Böse sprunghaft angewachsen, und die Konfusion ist perfekt. Davon abgesehen erschrickt man beim Lesen an nicht wenigen Stellen, denn manche Diagnose ist alles andere als ein harmloser, rein theoretischer Deutungsversuch. Sie trägt vielmehr ihrerseits den Keim des Bösen in sich, weil sie zur Ausrottung des Bösen durch die Ausrottung von Menschen, möglichst vieler Menschen sogar, anstiftet. Vom personifizierten Bösen bis zur Verbrennung von Ketzern und Hexen, zum Blutrausch der französischen Revolutionstribunale, zu den Menschenvernichtungslagern der Kommunisten und Nationalsozialisten oder dem Terror der Baader-Meinhof-Bande ist es nur ein kleiner Schritt, sodass man sich entsetzt fragt: Ist es nicht oft gerade ein Übermaß an moralischem Eifer, an moralischer Gewissheit, das dem Bösen zu seinen schauerlichsten Triumphen verhilft? Muss denn die Menschheit die Lektion der Sintflut wirklich immer wieder neu lernen – dass ein einziger Überlebender reicht, und das ganze Zerstörungswerk war umsonst? Jedenfalls lässt sich unsere Liste gleich um die nächste, besonders fatale Ursache des Bösen erweitern: Es kann auch aus dem unbedingten Willen zum Guten erwachsen.

Der Hauptgrund dafür dürfte darin liegen, dass hohe Ideale in den Augen ihrer Verfechter alle Opfer und Leiden rechtfertigen, und die Abschaffung des Bösen ist zweifellos ein hohes Ideal. Anschauungsbeispiele liefert die Geschichte in Hülle und Fülle, und gerade im letzten Jahrhundert sind gute Absichten der Treibstoff für das ganz große Morden gewesen. Um nur ein schon halb vergessenes Ereignis zu erwähnen: Ende der 70er-Jahre setzten sich die Roten Khmer in Kambodscha das Ziel einer vom Bösen befreiten Gesellschaft und löschten auf dem Weg dorthin ein Viertel der Bevölkerung aus. Der Franzose François Bizot hatte das massenhafte Töten als Lagerhäftling aus nächster Nähe miterlebt und berichtete später, der Lagerkommandanten sei ihm als nachdenklicher Mann in Erinnerung geblieben, als ernsthafter Wahrheitssucher und Gerechtigkeitsfanatiker. Dieser Mann hatte allein rund 40.000 Menschen auf dem Gewissen. Das beste Beispiel für moralischen Terrorismus bleibt aber Robespierre (1758–1794), der Meisterdenker der Französischen Revolution. »Wir wollen« – so formulierte er sein Programm in den Anfangstagen der Revolution – »ein liebenswürdiges, frivoles und verkommenes Volk durch ein großherziges, machtvolles und glückliches Volk ersetzen.« Ist damals jemand bei dem Wort »ersetzen« zusammengezuckt? Robespierre kam jedenfalls nur bis zum Köpfen. Sein Mitstreiter Saint Just hatte dafür die zynische Erklärung: »Damit morgen Gerechtigkeit herrsche, sind wir heute gezwungen, ungerecht zu sein.«

Offenbar lässt sich mit den höchsten Idealen auch das größte Unheil anrichten, als würden Menschen im Zustand moralischer Hochstimmung mit mörderischer Gereiztheit auf alles reagieren, was sie an ihren Zeitgenossen stört. Der russische Romanautor M. Agejew vergleicht die menschliche Seele in diesem Zusammenhang mit einer Schaukel, die, wenn man sie kräftig in Richtung Menschlichkeit anstößt, genauso heftig in Richtung Unmenschlichkeit zurückschwingt. So gesehen müsste man vor Idealen warnen. Die Frage ist allerdings, ob wir bei einem völligen Verzicht auf Ideale nicht Gefahr laufen, in moralische Lethargie zu verfallen.

Was unsere Zeit angeht, hat die Unmenge an Diagnosen im Übrigen einen verblüffenden Effekt: Der Einzelne kann sich heute praktisch aussuchen, welcher Teufel ihn geritten hat oder reitet. Und nun lässt sich eine hochinteressante Entwicklung beobachten. Denn wenn der Mensch die Wahl hat, wird er sich höchstwahrscheinlich für denjenigen Teufel entscheiden, der ihn am wenigsten belastet, einen anonymen Teufel, der in irgendwelchen objektiven Gegebenheiten steckt, der repressiven Gesellschaft, dem ungerechten Wirtschaftssystem, der falschen Erziehung oder der biologischen Grundausstattung. Das sind mächtige Instanzen, übermächtige, vor denen die persönliche Verantwortung verblasst, und wenn man sie alle unter einem einzigen Begriff zusammenfassen wollte, fällt mir kein besseres Wort als Schicksal dafür ein.

Geht das Spiel damit von vorne los? Dort, wo es vor 3000 Jahren begann? Der Verdacht ist nicht ganz von der Hand zu weisen. Schon werden Schuld und Schuldbewusstsein als eine teuflische Erfindung der Kirche abgetan, von Sünde spricht nicht einmal mehr der Pfarrer, und mit dem Hinweis auf die Gefährlichkeit des Menschen kann man sich mittlerweile strafende Blicke einhandeln. Vieles erscheint plötzlich erklärbar, entschuldbar, als Folge einer furchtbaren Kindheit, als Reaktion auf gesellschaftliche Ungerechtigkeit – fast möchte man meinen, ein moderner Fatalismus sei eingezogen. Doch bevor wir jetzt von einem Rückschritt, einem Rückfall in uralte Denkmuster sprechen, sollten wir uns die Frage stellen: Kommen wir mit dem Schicksal der Wahrheit über das Böse nicht vielleicht näher? Sind wir nicht tatsächlich in allem Produkte unserer Umwelt, auch was unser Unrechtsbewusstsein angeht? Sieht ein jeder die Welt etwa nicht durch die Brille seiner Erziehung, seines Milieus, seiner Kultur, seiner Zeit? Kurzum: Hat die Schlange am Ende womöglich zu viel versprochen, als sie Eva mit der Verheißung köderte, Gut und Böse genauso streng auseinanderhalten zu können wie Gott?

Die Sklaverei ist ein gutes Beispiel für die Macht der Verhältnisse. Der Menschenhandel, wie er vom 17. bis zum 19. Jahrhundert gang und gäbe war. Üblich, weil niemand etwas dabei fand, Afrikaner in ihrer Heimat einzufangen, gewaltsam zur Küste zu schaffen, unter unmenschlichen Bedingungen in Schiffe zu pferchen, sie in diesem Zustand wochenlang über den Atlantik zu transportieren, sie schließlich wie Handelsware zu verkaufen und als rechtlose Arbeitskräfte auf Plantagen auszubeuten. Das allgemeine Empfinden erklärte sich damit jedenfalls einverstanden. Offenbar mangelte es allen an Schuldbewusstsein. Offenbar handelten alle im guten Glauben, die Sklavenjäger, die Schiffsausrüster und Kapitäne, die Händler und Käufer auf den Sklavenmärkten, die Plantagenbesitzer – es war so Usus, es war verbreite Gepflogenheit, es war weder durch ein Gesetz verboten noch überhaupt moralisch verwerflich. Alle fühlten sich im Recht, als hätte sich hier ein neues Paradies aufgetan, von Unschuldigen bevölkert, denen Gut und Böse so wenig sagt wie Adam und Eva vor dem Sündenfall. Wenn aber das Unrechtsbewusstsein schläft, wenn das Gewissen keinerlei Grund zum Einschreiten sieht – wo bleibt dann das Böse? Es tritt nicht in Erscheinung, es existiert gar nicht. Kein Teufel weit und breit, der irgendjemanden reitet. Niemand verantwortlich, alle unschuldig, alle Kinder ihrer Zeit und ihrer Kultur, alle Produkte ihrer Umwelt, alle Ahnungslose, unter deren Berührung sich das Böse in das Normale, das Gutgeheißene und damit das Gute verwandelt.

Müssen wir also annehmen, dass das Böse sich unsichtbar machen kann? Dass es sich völlig hinter eine Nebelwand aus Recht und Ordnung, Sitte und Gepflogenheit, Normalität und Notwendigkeit zurückziehen und dort über Jahrhunderte unentdeckt ausharren kann? Aber – darf man überhaupt vom Bösen sprechen, wenn die Umstände kein schlechtes Gewissen aufkommen lassen? Wenn alle Beteiligten bloß ein Geflecht aus legitimen Profitinteressen, ein vernünftig anmutendes, bestens organisiertes Wirtschaftssystem wahrnehmen? Verbietet sich hier nicht jede moralische Verurteilung der Akteure?

So gesehen spricht tatsächlich viel für die Vermutung, der wahre Hort des Bösen sei im großen Ganzen zu suchen, nicht in der Seele des einzelnen Menschen – zumal es sich in vielen anderen Fällen genauso verhält, bei der Ausbeutung der Indios in den Goldbergwerken Perus oder dem überaus grausamen »Theater des Schreckens« der mittelalterlichen Strafpraxis – und womöglich waren sogar die Wachmannschaften in den KZs überzeugt, das Richtige und Notwendige zu tun. In solchen Fällen müsste man also die politischen oder wirtschaftlichen Strukturen ändern, gewaltsam eventuell, um die Leute aus ihrem blinden Unschuldswahn zu reißen. Unter den humanen neuen Verhältnissen würde der Einzelne dann schon von allein zur Vernunft kommen.

Seit Adam und Eva hat sich also sehr wohl sehr viel geändert. Was gestern gut war, kann morgen böse sein und umgekehrt. Ist das Böse also relativ, von Zeit, Ort, Kultur und Perspektive abhängig? Jeder Entwicklungshelfer würde das bestätigen. Da fährt man mit hehren gesellschaftspolitischen Projekten im Gepäck in die Welt hinaus, erfüllt von westlichen Idealen, nur um dort festzustellen, dass unsere Moral anderswo auf Unverständnis stößt – und macht umgekehrt die Erfahrung, dass sich außerhalb Europas vieles mit dem Rechtsempfinden verträgt, was unsereins ganz unerträglich findet. Lange vor ihnen ging es christlichen Missionaren und europäischen Entdeckungsreisenden schon genauso. Viele Reiseberichte aus alten Tagen spiegeln die Erschütterung darüber, wie gnadenlos in fernen Ländern mit Menschen umgesprungen wird, andere ergehen sich aber auch in Bewunderung über die sanften Sitten fremder Völker. Hatte die

Schlange also tatsächlich zu viel versprochen? Oder sind wir zwar wie Gott geworden – aber trotzdem nicht viel klüger?

Irgendwann jedoch tritt das Böse aus den Kulissen der Normalität heraus. Irgendwann setzt ein moralischer Stimmungsumschwung ein, ohne dass eine Revolution die Verhältnisse auf den Kopf gestellt hätte, und das allgemein akzeptierte Böse verwandelt sich in allgemein abgelehntes Böses. Das kann nach langer Zeit sein – im Fall der Sklaverei hat es rund 250 Jahre gedauert –, und man mag es unheimlich und beängstigend finden, wie spät uns oftmals die Augen geöffnet werden. Aber es kommt der Tag, an dem wir erschüttert erkennen: Wir haben das Böse guten Gewissens getan – und was Jahrzehnte, Jahrhunderte rechtens war, wird nun als Barbarei gebrandmarkt. Auch unter den alten Lebensbedingungen ist es zu einem moralischen Fortschritt gekommen, und damit ist auch der Glaube an die Allmacht der Verhältnisse widerlegt.

Denn wenn wir Produkte unserer Umwelt wären, dürfte es keine Veränderung geben. Dann wären wir eine lammfromme Herde, und es würde in alle Ewigkeit so weitergehen wie gehabt. Die Macht der Verhältnisse ist aber offenbar doch nicht stärker als das Gewissen. Ja, es ist schwer, sich dem Sog einer Strömung zu entziehen, die mit großen Verheißungen daherkommt, mitunter so schwer, wie einer Lawine standzuhalten. Niemand denkt, niemand fühlt für sich allein – man denkt und fühlt immer in Gemeinschaft, und was dabei herauskommt, der Zeitgeist, verlangt in der Tat Gehorsam. Trotzdem kann man »nein« sagen. Jede große Veränderung hat mit einem kleinen »Nein« begonnen, und schon als die ersten Sklavenschiffe aufbrachen, als die ersten Indios in den Bergwerken verheizt wurden, regte sich Protest. Es dauert dann, bis aus dem kleinen »Nein« ein großes wird, oft genug hinkt die öffentliche Moral einer politischen oder wirtschaftlichen Entwicklung hinterher, doch irgendwann ist es so weit, und der Gesetzgeber stellt unter Strafe, was lange Zeit die wenigsten gestört hat. Unser Bewusstsein ist eben niemals eine perfekte Kopie der äußeren Umstände – dafür ist der Mensch zu widerspenstig, dafür sind auch die machtvollsten Systeme zu widersprüchlich. Gottlob sind wir Menschen unberechenbar, und es wird immer solche geben, die den Verhältnissen die Stirn bieten. Wir sind nicht zu Mitläufern geboren. Konformismus ist kein Naturgesetz.

Dennoch bleibt die Frage, was Einzelne zu ihrer Widerspenstigkeit befeuert, wie also dieser allmähliche Erkenntnisprozess gegen alle Widerstände in Gang kommt, der am Ende zur Abschaffung der Sklaverei, zum Verbot der Folter, zur Auflehnung gegen das Selbstverständliche führt. Meine Antwort lautet: Indem sich Menschen in immer größerer Zahl in die Lage der Opfer hineinversetzen. Denn für die Opfer hat es nie einen Zweifel gegeben – für sie war Sklaverei schon immer verwerflich, für sie war das unsichtbare Böse schon immer real und auch deutlich sichtbar. Nur wir anderen waren blind dafür, solange wir uns auf die Logik der Täter einließen, die Logik des persönlichen Vorteils nämlich. Jene Zweck- und Nützlichkeitslogik, mit der es auch Satan bei der Versuchung Jesu in der Wüste versucht hatte.

Damit vermehrt sich unser Wissen über das Böse um eine weitere und erneut beunruhigende Erkenntnis. Gut und Böse verstehen sich nicht von selbst. Für die Verheißung der Schlange bedeutet das: Sie erfüllt sich nicht ohne weiteres. Die Frucht vom Baum der Erkenntnis tut ihre Wirkung nicht sofort. Gut und Böse zu unterscheiden ist uns erst dann gegeben, wenn wir zusätzlich die Perspektive des Opfers einnehmen. Dessen, der leidet. Dem vor unseren Augen die Menschenwürde abgesprochen wird. Den wir nicht mehr als unseresgleichen betrachten sollen.

Die Perspektive des Opfers einnehmen ... Nicht zu viel verlangt, sollte man meinen. Tatsächlich aber ist es ungeheuer viel verlangt. Denn eigentlich widerstrebt es uns. Eigentlich wechseln wir ungern die Perspektive, weil das bedeuten würde, sich mit den Verlierern gemeinzumachen. Und wer bringt das über sich – gegen den Druck der öffentlichen Meinung, gegen die Übermacht des Selbstverständlichen, auch gegen das eigene Bedürfnis, zu den Gewinnern zu zählen? Nur einer, der sich seiner Sache sicher ist. Der es zur moralischen Autonomie, zu großer innerer Freiheit und Unabhängigkeit gebracht hat. Deshalb sind der Mitläufer anfangs viele und der Rebellen wenige. Es ist diese Autonomie, die Jesus den Menschen in Aussicht gestellt hat. Die Autonomie desjenigen, der sich moralisch nicht an den vorgefundenen Gegebenheiten orientiert, sondern an zeitlos Gültigem.

Denn irgendeinen festen Bezugspunkt braucht unser »Nein«. Irgendeinen Wert, einen Glauben, eine Instanz, die außerhalb der großen und wechselnden Zeitströmungen angesiedelt ist. Einen Fixpunkt, einen gestirnten Himmel, einen Gott. Wo ein solcher Bezugspunkt fehlt, drohen wir in der Tat zu reinen Produkten der jeweiligen Verhältnisse zu werden, zu Kopien der Außenwelt und blind für das Böse, das sich im Selbstverständlichen verbirgt.

Sind wir vielleicht gerade auf dem besten Weg dahin? Ist es das, was unsere Zukunftsvisionen eintrübt bis zur völligen Hoffnungslosigkeit?

11. DIE MENSCHENWÜRDE – UNANTASTBAR?

Aber – stehen wir denn mit leeren Händen da? Verfügen wir nicht über ein wunderbares Instrument, um das Böse zu identifizieren? Einen Begriff, der sich bestens zum festen Bezugspunkt eignet, zumal er unverwüstlich zu sein scheint – antike Philosophen haben ihn jedenfalls genauso verwendet wie Thomas von Aquin und andere Theologen des Mittelalters. Ich spreche von der Menschenwürde. Sie ist nie aus der Mode gekommen, sie hat seit der Aufklärung sogar Hochkonjunktur, sie leitet auch unser Grundgesetz ein, dessen erster Artikel bekanntlich lautet: »Die Würde des Menschen ist unantastbar.«

Ein Satz, der an Klarheit nichts zu wünschen übrig lässt. Verfügen wir damit nicht auch gleich über eine allseits anerkannte Kurzformel, nach der sich eine sichere Unterscheidung zwischen Gut und Böse treffen lässt? Gewiss, im politischen Zusammenhang soll damit jede staatliche Willkür ausgeschlossen werden, aber es lässt sich doch ohne weiteres ein allgemeingültiger Maßstab für moralisches Handeln daraus ableiten. Man könnte zum Beispiel sagen: Was gegen die Menschenwürde verstößt, ist böse.

Und dann stutzt man. Mir zumindest geht es so. Warum, frage ich mich, steht da nicht einfach: »Der Mensch ist unantastbar«? Und gleich drängt sich mir eine zweite Frage auf: Was heißt eigentlich »unantastbar«? Und plötzlich finde ich, dass der erste Artikel unseres Grundgesetzes Rätsel aufgibt. Reicht es denn nicht, hier schlicht und einfach vom Menschen zu sprechen?

Aber halten wir uns zunächst an den Begriff der Würde. Was im Allgemeinen darunter verstanden wird, ist ja bekannt: Die Würde lässt einen Menschen in einem bestimmten Glanz erscheinen, und zwar im Glanz einer Bedeutung, die Achtung einflößt. Auf die Menschheit als Ganzes bezogen hieße das: Jedes Individuum verdient eine Achtung, die keinem anderen Lebewesen zukommt. Eine Wertschätzung, auf die nur er als Mensch Anspruch hat. Und dieser Anspruch wiederum ergibt sich aus einer Qualität, die den Menschen einzigartig macht, zu etwas sehr Besonderem. Davon sind wir zwar ohnehin überzeugt, dennoch ist es nicht überflüssig, die Menschenwürde eigens zu betonen – sie definiert uns Menschen nämlich als Wesen, die sich gegenseitig etwas schulden. Als anspruchsvolle Wesen gewissermaßen, mit denen man nicht nach Belieben umspringen kann. Hier nur vom Menschen zu sprechen würde in der Tat zu kurz greifen.

Was aber genau ist mit »unantastbar« gemeint? Ist das eine Feststellung? Heißt es, dass diese Würde dem Menschen nie und nimmer zu nehmen ist? Dass sie eine unzerstörbare Qualität jedes Menschen darstellt? In diesem Fall müsste man sich die Menschenwürde als eine Art Schutzhülle denken, als etwas, das jedem Einzelnen eine unangreifbare Aura von – fast möchte man sagen: Heiligkeit verleiht. Oder ist dieses »unantastbar« als Mahnung, als Appell zu verstehen? Fordert es uns auf, diese Würde nicht zu verletzen, weil sie zwar der wertvollste, gleichzeitig aber auch der empfindlichste Teil des Menschen ist? In diesem Fall könnte sie also unter bestimmten Bedingungen oder durch bestimmte Erfahrungen Schaden nehmen, sodass ein äußerst behutsamer Umgang mit der Würde eines jeden angeraten ist.

Eins ist jedenfalls offensichtlich: Der erste Artikel des Grundgesetzes benennt etwas, das unbedingt genannt zu werden verdient, wenn es um das Verhältnis von Mensch zu Mensch – oder Staat zu Bürger – geht. Etwas, das jeden Menschen von Anfang an kennzeichnet und auszeichnet, das geradezu seine Einzigartigkeit ausmacht und auf dessen Achtung er jederzeit Anspruch erheben darf. Wenn die Würde den Menschen aber in diesem tiefsten Sinne ausmacht – kann sie dann überhaupt je in Gefahr geraten? Kann sie durch einen anderen wirklich beschädigt und vielleicht sogar zerstört werden?

Wenn wir diese Frage bejahen, bedeutet das: In jeder Begegnung mit einem anderen steht unsere Menschenwürde auf dem Spiel; sie muss im gegenseitigen Umgang also stets aufs Neue anerkannt und bestätigt werden. So als würden wir jedes Mal einen Pakt zwischen uns schließen, der etwa folgenden Inhalt hätte: Ich erkenne und respektiere in dir eine Einzigartigkeit, die wir gemeinsam haben. Insofern sind wir uns ebenbürtig und wollen uns auch so behandeln ... Im Kern würde die Forderung, die sich aus der Menschenwürde ergibt, dann so lauten: Du, Mensch, erkenne dich selbst in jedem anderen Menschen wieder! Betrachte ihn als dein Spiegelbild, als deinesgleichen, oder, christlich gesprochen, als deinen Bruder, deine Schwester.

Wäre damit alles gut? Wäre das Böse auf diese Art zu bannen?

Ich befürchte, nein. Denn alles, was ich einem anderen ebensogut bestreiten und fortnehmen könnten, stellt eine Versuchung dar, und Ebenbürtigkeit weckt immer Konkurrenzgefühle. Weiß nicht auch der blindwütigste Menschenschinder, dass er seinesgleichen schindet? Und macht das nicht überhaupt den perversen Reiz seines abscheulichen Handwerks aus? Ist es mithin womöglich so, dass die Anerkennung des anderen als Bruder gar nicht zwingend eine freundliche Behandlung zur Folge hat, sondern gerade die Ursache von Misshandlung sein kann? Kennen wir das nicht aus der Familie? In welchem menschlichen Beziehungsgeflecht steckt mehr Dynamik, mehr Explosivität – und gerade zwischen Bruder und Bruder! Wie viel Neid, Missgunst und geheimer Groll kann sich da aufstauen! Mehr als unter Freunden, mehr als unter Kollegen, mehr auf jeden Fall als unter Fremden.

Meinesgleichen? Das kann geradezu als Aufforderung zum Zuschlagen verstanden werden. Zu viel der Ähnlichkeit, zu viel der Gemeinsamkeit! Bin ich nicht einzigartig? Muss ich mir diese Gefährdung meiner Einzigartigkeit bieten lassen? Verlangt meine Selbstachtung nicht, dass ich diesen anderen, der bei aller Gemeinsamkeit doch anders ist, der mir in Wahrheit gar nicht gleich sein will, der mich nur nachäfft und gleichsam verhöhnt – dass ich diesen anderen ausschalte? Also so gründlich erniedrige, bis er genau das verloren hat, was ihn zum Menschen und Konkurrenten macht, nämlich seine Würde?

Das Böse ist mithin keineswegs gebannt, wenn ich im anderen meinesgleichen erblicke. Man kann auch vor dem eigenen Spiegelbild erschrecken und es deswegen zerschlagen wollen – das dürfte sogar häufiger vorkommen, als wir ahnen, nicht nur in Konzentrationslagern, im Gulag und in Guantanamo. Es stellt sich dann allerdings die Frage: Erreichen die Menschenschinder ihren Zweck? Geht ihre Rechnung tatsächlich auf? Kann ein Mensch seine Würde wirklich verlieren, und – ist er dann überhaupt noch ein Mensch? Schließlich hätte er dann sein Markenzeichen, sein Gütesiegel eingebüßt, wäre zur nackten Kreatur geworden und damit am Ende womöglich lebensunwürdig …

Das ist eigentlich unvorstellbar. Das hieße nichts anderes, als dass es dem Bösen gelingen könnte, einzelne Menschen aus der Gemeinschaft aller auszuschließen. Da möchte ich lieber an der Überzeugung festhalten, die Menschenwürde eigne dem erniedrigten, auch dem lächerlichen und auch dem in seiner Menschlichkeit entstellten Menschen weiterhin. Selbst ein Adolf Hitler, selbst ein Josef Stalin bleibt doch unter allen Umständen ein Mensch – genauso wie der KZ-Gefangene, der Lagerhäftling oder der wie eine Ware gehandelte Sklave seiner Menschenwürde nicht beraubt werden kann. Mithin wäre die Würde des Menschen unzerstörbar, eine immer schon gegebene und nicht zu beeinträchtigende Qualität – etwas Empfangenes womöglich, eine Mitgift. Wenn aber keinem Menschen seine Sonderstellung innerhalb der Schöpfung genommen werden kann, warum dann diese Verpflichtung auf den Respekt der Menschenwürde, dieses erste, oberste Gebot, das in großen Lettern am Giebel unseres Gemeinwesens prangt?

Diese Frage lässt sich am ehesten beantworten, wenn wir eine verbreitete, allgemein anerkannte Definition der Menschenwürde heranziehen. Die Definition, die Immanuel Kant (1724–1804) geliefert hat.

Ihm zufolge liegt die Menschenwürde im Selbstzweck des Menschen begründet. Selbstzweck, das heißt: Der Mensch braucht seine Existenz weder zu rechtfertigen noch zu begründen. Er hat ein Recht auf Leben, und dieses Recht ist nicht ableitbar, es steht außerhalb jeder Diskussion, es ist eine unerschütterliche, unbezweifelbare Grundtatsache. Allenfalls wäre zu fragen, wie weit der Begriff des Lebens zu fassen sei. Ist dabei nur an das nackte Leben gedacht, das auch ein – misshandelter, gefolterter – Gefangener im Kerker genießt? Sicherlich nicht. Dasselbe Recht bezieht sich auch auf seine körperliche und seelische Unversehrtheit, seine Freiheit und manches andere. Die Menschenwürde hätte demnach viele Facetten, es lassen sich mancherlei Rechte daraus herleiten, und in der Praxis sind diese Rechte, wie jeder weiß, in der Tat bedroht, durch Angriffe auf Leib und Leben, durch Freiheitsberaubung oder Bevormundung. Der Quell aber, aus dem alle diese Rechte fließen, wäre die Selbstverständlichkeit des menschlichen Daseinsrechts, sodass sich aus der Menschenwürde als oberstes Gebot ableiten lässt: Kein Mensch darf von einem anderen verlangen, seine Existenz zu rechtfertigen oder sein Recht auf Leben zu begründen. »Unantastbar« – das ist folglich wohl im doppelten Sinn gemeint: als Feststellung wie als Appell.

Mit der Menschenwürde wird also ein Bereich der Freiheit abgesteckt. Auch ein Bereich der Sicherheit, der Selbstsicherheit, denn die damit verbundenen Rechte erlöschen niemals. Solange noch Leben in einem Menschen ist – und vielleicht auch darüber hinaus –, zeichnet ihn diese Würde aus. Sie ist sein Kennzeichen als Mensch, sie ist das Siegel, das ihn zum Menschen stempelt. Und alles, was mit der Menschenwürde zusammenhängt, braucht nicht bewiesen zu werden. Allerdings – es kann auch nicht bewiesen werden. Und hier liegt ein Problem.

Zweifellos ist es beruhigend zu wissen, dass keiner, egal wie mächtig, über meine Würde zu befinden hat. Aber was nützt mir mein Anspruch auf Leben und Freiheit, wenn er vor der Vernunft letztlich keinen Bestand hat? Wenn der Verstand Beweise verlangt, die nicht geliefert werden können? Wäre mein Anspruch da nicht schnell als reine Behauptung, als Anmaßung entlarvt? Worauf berufe ich mich also, wenn ich diesen Anspruch erhebe? Mit welcher Autorität tritt dieser Anspruch auf?

Solche Fragen zielen ins Leere, solange wir nicht eine höchste Instanz annehmen, die dem Menschen seine Ausnahmestellung im natürlichen Existenzkampf zugewiesen hat. Unbezweifelbare und zugleich unbeweisbare Annahmen wie diese kennt jedenfalls nur die Religion. So gesehen ist die Menschenwürde eine Qualität, aus der sich zwar praktische Ansprüche ableiten lassen, die für sich genommen aber einer anderen Dimension als der erfahrbaren Realität angehört. Sie steht und fällt mit der Anerkennung einer höchsten Instanz. Sie ist untrennbar mit dem Glauben an einen Gott verbunden, der den Menschen auf diese Weise vor der übrigen Schöpfung auszeichnet. Für den Christen ergibt sich die Menschenwürde aus der Gottesebenbildlichkeit des Menschen. Diese Überzeugung äußert sich übrigens heute noch, wenn wir Gräueltaten, die unsere Vorstellung übersteigen, als gotteslästerlich bezeichnen.

Damit zerschlägt sich allerdings auch wieder einmal unsere Hoffnung auf eine Formel für das Böse. Denn es stimmt zwar, dass alles in den Bereich des Bösen fällt, was gegen die Menschenwürde verstößt. Aber längst nicht alles Böse verstößt auch gegen die Menschenwürde, weil es gar nicht erst in diesen innersten, heiligen Bezirk des Menschen vordringt. Immerhin liefert uns die Menschenwürde einen festen Bezugspunkt wenn es darum geht, rechtstaatliche Verhältnisse zu etablieren und zu bewahren.

Eine neue Erkenntnis über das Böse hätten wir aber sehr wohl gewonnen: Wenn wir die Menschenwürde nicht uns selbst verdanken, wenn wir unsere Sonderstellung innerhalb der Schöpfung auf Gott zurückführen müssen, dann reicht es nicht, das Böse unter uns auszumachen. Dann betrifft das Böse auch die Beziehung zu Gott.

In jedem Fall aber ist die Menschenwürde ein Schlüssel zu dem unendlich weiten Raum, der sich in uns öffnet. Für mich kommt darin das Geheimnis des Menschen zum Ausdruck, seine Unberechenbarkeit, sein Eigensinn, seine Unfasslichkeit. Es scheint mir seine Würde geradezu auszumachen, dass er in keiner Formel und keiner Berechnung aufgeht, sich auf keine Definition festlegen lässt und so immer ein Rätsel, eine offene Größe bleibt. Er hat damit Anteil an einer Sphäre, die die rational erschließbare Natur übersteigt. Er ragt gewissermaßen aus der Welt hinaus.

12. DIE ABSCHAFFUNG DER VERGANGENHEIT

In einem Restaurant sitzen ein Mann und eine junge Frau zusammen; er an die sechzig, sie Mitte zwanzig. Die beiden unterhalten sich, und der Mann kommt auf das Lebensgefühl seiner Jugend zu sprechen. »Wir haben uns in deinem Alter wie geborene Sieger gefühlt«, sagt er zu ihr. »Dieser Optimismus ist mit den Jahren abgeflaut, aber damals haben wir uns buchstäblich alles zugetraut. Wir waren überzeugt, dass uns ein großartiges Leben erwartet.« Die junge Frau entgegnet darauf nichts, schneidet das Thema aber bei der nächsten Begegnung wieder an. Sie sagt, dass sie dieses stolze Selbstgefühl nicht kenne und nie gekannt habe. Dass sie völlig perplex gewesen sei, davon zu hören, und daraufhin die jungen Leute ihres Freundeskreises befragt und nichts als Kopfschütteln geerntet habe. Keiner hatte eine ähnliche Erfahrung gemacht. Und keiner wollte glauben, dass jemand eine solche Phase offensichtlich grundloser Euphorie erlebt haben sollte ...

Die Szene könnte einem Film oder Roman entnommen sein. Sie wurde mir aber berichtet. Würde es zu weit gehen, sie symptomatisch zu nennen? Bezeichnend für den Bruch, der irgendwann in den vergangenen zwei oder drei Jahrzehnten eingetreten ist, für die Kluft, die die Erfahrungswelt der heutigen Generation von der früherer Generationen trennt? Ich würde sogar noch weiter gehen. Ich würde vom Ende einer Epoche sprechen. Einer Epoche, in der sich die Menschen immer wieder zu einer beinahe unbegreiflichen Zuversicht, einem geradezu tollkühnen Lebensmut aufzuschwingen vermochten. Nicht, weil die Zeiten so gut waren oder das Leben so leicht, sondern weil sie nach jeder Enttäuschung in sich selbst doch wieder ungeahnte Kräfte entdeckten und die Fähigkeit, über sich hinauszuwachsen. Oder, um es in den Worten dieser untergangenen Zeit zu sagen: durch den Glauben Gott nahe zu kommen oder durch die Vernunft Gott ähnlicher zu werden – oder beides. Um das zu verdeutlichen, will ich etwas weiter ausholen.

Wie das Böse, so versteht sich auch der Mensch nicht von selbst. Wir haben keine eindeutige Vorstellung von uns, deshalb wechselt das Menschenbild von Zeit zu Zeit. Und irgendwie hängt beides miteinander zusammen, wo wir die Quelle des Bösen lokalisieren und wie wir uns selbst einschätzen, denn eine der beunruhigendsten Grundfragen lautet stets: Was trauen wir uns im Kampf gegen das Böse zu, wie weit reichen unsere Kräfte, und wo stoßen wir an unsere Grenzen? Je nachdem, wie die Antwort lautet, fällt das Menschenbild mal skeptischer und mal optimistischer aus, doch in einem Punkt war man sich lange einig: Der Mensch ist eine unfertige Art, wie Nietzsche es formulierte. Bei ihm ist diese Feststellung pessimistisch eingefärbt, aber für gewöhnlich gründet sich darauf die Zuversicht, dass wir unsere seelischen und geistigen Kräfte noch lange nicht ausgeschöpft haben, dass wir uns deswegen mit unserem moralischen Entwicklungsstand nicht zufriedengeben dürfen und noch viel vor uns haben. Dieses Bewusstsein beflügelte das Denken, es spornte die Kräfte an, es inspirierte einen Pico della Mirandola zu dem emphatischen Appell, unser enormes schöpferisches Potenzial zu ständiger Selbstvervollkommnung zu nutzen – alles in dem Bewusstsein eines unendlich weit gesteckten Ziels. Der Bezugspunkt aller Anstrengungen hieß Gott.

Sicher, darin liegt auch eine Gefahr. Der Wunsch nach Gottähnlichkeit kann zu Überheblichkeit und Größenwahn verleiten. Aber er kann auch den Mut zu hohen Idealen einflößen und die Bereitschaft, dafür die größten Mühen auf sich zu nehmen. Man mag in diesem Glauben an unsere moralischen Aufstiegschancen auch eine gewisse Selbstverklärung erkennen, aber ich finde es ein großartiges Vermögen, sich in diesem Licht zu sehen – für mich ist es eine Reaktion auf die Tatsache, dass wir seit dem Sündenfall in der Möglichkeitsform leben und deshalb viel von uns erwarten dürfen. Im Hintergrund aber bleibt immer das Bild Gottes als letztes und höchstes – zweifellos auch unerreichbares – Identifikationsangebot. Man kann es geradezu als Auftrag des Menschen verstehen, den Weg zu Gott zurückzufinden.

Das ist nicht einmal besonders fromm gesprochen. Auch Rationalisten, selbst Atheisten kommen solche Worte über die Lippen. So stellte der berühmteste Schriftsteller des Existenzialismus, Jean-Paul Sartre (1905–1980), lakonisch fest: »Der Mensch will wie Gott sein. Das ist sein Schicksal.« Dabei bleibt natürlich offen, auf welchem Weg dieses Ziel zu erreichen wäre, durch den Glauben, durch Selbstüberwindung oder durch Anmaßung. Aber es heißt in jedem Fall: Der Mensch erblickt in seinem unfertigen Zustand die Chance zu einer unabsehbaren Entwicklung – da ist nichts programmiert, da ist folglich auch nichts ausgeschlossen, da ist alles offen und berechtigt deshalb zu großen Hoffnungen. Mit anderen Worten: Aus dem Bewusstsein unserer Unfertigkeit erwächst das erhebende Gefühl innerer Freiheit. Diese Erfahrung war es wohl, die der Mann im Restaurant in seiner Jugend gemacht hatte. Diese Erfahrung war es wohl, die die junge Frau und ihre gleichaltrigen Freunde nicht mehr kannten.

Was hat sich geändert? Vor allem eins, würde ich sagen: In der stillen Revolution der letzten Jahrzehnte ist nicht nur Gott abgeschafft worden, auch das Böse wurde nach und nach aus dem Verkehr gezogen. Und mit einem Mal sehen wir keinen moralischen Nachholbedarf mehr. Wir finden uns damit ab, so zu sein, wie wir schon immer waren, also im Grunde harmlos, lieb und nett – mit anderen Worten: eine fertige Art. Sinnlos, dem anderen jetzt noch in sein Leben hineinreden und ihn mit moralischen Ansprüchen belästigen zu wollen – auf welche Wahrheit, auf welche Autorität sollte man sich berufen? Eine überraschende Wendung, nachdem wir so lange Zeit staunend oder kopfschüttelnd vor dem Rätsel Mensch gestanden haben, aber nichts weniger als konsequent. Denn der Mensch, der nur noch auf sich selbst bezogen ist, hat keinen Grund mehr, an sich zu zweifeln; er kann eigentlich nur noch feststellen: Ich bin, wie ich bin – und daraus die Schlussfolgerung ziehen: Der Mensch ist unschuldig, lasst ihn nur machen.

Wohin die Reise jetzt geht? Das lässt sich nie mit Gewissheit sagen; doch dass das Ruder kräftig herumgeworfen wurde ist offenkundig. Die derzeitige Entschlossenheit, über sich hinauszuwachsen, beruht jedenfalls auf einer Erkenntnis, zu der frühere Generationen nicht gelangen konnten: Der Mensch lässt sich neu erfinden. Man kann ihn wie alles auf der Welt vermessen und entschlüsseln und in Daten zerlegen, und mit dem gewonnenen Wissen umbauen und so perfekt an die Gegebenheiten anpassen, dass er keinen Störfaktor mehr darstellt.

Hatte man bisher einfach an der falschen Stelle nach dem Fehler gesucht, als man die Schwachstelle in seiner Seele, seinem Willen, seinem Bewusstsein vermutete und darauf einwirkte? Aber vielleicht war das gar so nicht falsch gewesen, vielleicht hätte man nur viel radikaler vorgehen müssen. Ansätze dazu hatte es immerhin gegeben. Im Herrschaftsbereich der großen Ideologien des letzten Jahrhunderts war ja bereits versucht worden, die Seele abzuschaffen, den Willen auszuschalten und das Bewusstsein von der Welt abzukoppeln. Das war ein Anfang gewesen. Nur hatte man versäumt – allerdings auch nicht die Mittel dazu besessen –, in seine biologische Natur einzugreifen und ihn von Grund auf zu verändern. Das ist jetzt möglich. Die frappierende Erkenntnis der Gegenwart lautet: Der Mensch ist programmierbar, und wir haben die technischen Mittel dazu in der Hand

Inzwischen sind sich Mensch und Technik weit entgegengekommen. So weit, dass sie längst eine Einheit bilden. Das Smartphone ist zum Körperteil geworden wie der Herzschrittmacher, und ohne Computer wären wir hilflos. Nun geht es aber erst recht phantastischen künstlichen Paradiesen entgegen. Eine völlige Verschmelzung von Mensch und Technik ist abzusehen, und nach Ansicht des Philosophen Stefan Lorenz Sorgner haben wir davon nur Gutes zu erwarten – das Leben werde dadurch lebenswerter und der Mensch glücklicher, aber auch moralisch besser.

Wer wir sind, was wir können, was wir erleben, darauf wird es in Zukunft kaum noch ankommen, denn Hirnschrittmacher werden uns bei Laune halten und seelische Leiden ersparen, Hirnimplantate werden uns zu phantastischen Denkleistungen verhelfen, das Erlernen von Fremdsprachen erleichtern und unsere Gedächtnisleistung steigern. Derartig technisch optimiert, werden wir mit einer nie gekannten Funktionstüchtigkeit aufwarten, und selbst unser Schicksal wird vorhersehbar und vorherbestimmbar sein. Bei der In-vitrio-Fertilisation etwa, sagt Sorgner, werde man nur diejenigen Kinder auswählen, die die größte Chance auf ein gutes Leben haben – also keine Mängel und Fehlentwicklungen, keine Versager mehr. Allerdings – das jüdisch-christliche Menschenbild müsse dafür geopfert werden. Den Anspruch, Krone der Schöpfung zu sein, dürfe der Mensch schon deshalb nicht mehr erheben, weil es nur marginale genetische Unterschiede zwischen Mensch und Tier gebe. Rein biologisch gesehen spricht mithin nichts dagegen, alle Skrupel fahren zu lassen. Damit steht der Mensch als Ganzes zur Disposition. Aller moralischen Verpflichtungen entbunden, hat er jetzt freie Hand. Jedem wird es überlassen bleiben, welche Verbesserungen er an sich vornehmen will, jeder wird sich in jede beliebige Richtung entwickeln dürfen, und selbstverständlich werden auch Gut und Böse im Belieben jedes Einzelnen stehen – eine Privatsache halt, eine Geschmackssache. Unterdessen steht in den Labors von Google der Nachbau des menschlichen Gehirns und das ewige Leben auf dem Programm.

Von Posthumanen spricht Sorgner, nicht mehr von Menschen. Was genau wir darunter zu verstehen haben, lernen wir bei dem amerikanischen Filmemacher und Happeningkünstler Ryan Trecartin, dessen ganzes Werk sich um die Auswirkungen der digitalen Revolution dreht.

Der Zukunftsmensch, so erfahren wir, wird vor allem von seinem Recht auf Selbstentblößung Gebrauch machen. Als Schauspieler seines eigenen Lebens wird er vor nichts zurückschrecken, womit er in der Welt der digitalen Medien

Aufsehen erregen könnte. »Alles wird aufgenommen werden«, sagt Trecartin. »Castingshows und Abhörprogramme werden nur ein Vorspiel gewesen sein, Vorübungen für eine Welt, in der alles Lebendige bis in den Code hinein erfasst ist und nach Belieben reproduzierbar und veränderbar.« Nichts wird übrigbleiben von der uns bekannten Welt. Bei Trecartin geht sie in einem Feuerwerk von Bildern und Geräuschen unter, dem neue, bizarre Wesen entsteigen, Figuren, die unentwegt Namen und Geschlecht wechseln, zusammenhanglos agieren und ebenso zusammenhanglos reden, in nichtssagenden Selbstbekenntnissen, denn ein Selbst existiert nicht mehr. Unter dem Zwang, sich möglichst effektiv in Szene zu setzen, sind Identität und Charakter auf der Strecke geblieben, und so taumeln diese Posthumanen in einem besinnungslosen Tanz der Selbstauflösung entgegen.

Man sieht: Auch das Haarsträubende ist inzwischen ohne weiteres denkbar und findet seine Fürsprecher, seine Verteidiger, seine Propheten. Und mit einem Mal sieht man die verspielten, friedlich-heiteren Halbgötter, von denen Heinrich Heine träumte, sieht man den Übermenschen, der Nietzsche als einzigen Ausweg aus der menschlichen Misere vorschwebte, in einem anderen Licht. Sie waren keine Hirngespinste. Sie zeichnen sich tatsächlich am Horizont ab – als aller Individualität beraubte Prothesengötter, jeder mit sich selbst beschäftigt und gleichzeitig verzweifelt auf seine Wirkung bedacht.

Eine realistische Vision? Mit Sicherheit. Die Zukunft hat ja bereits begonnen, und die Visionäre denken nur konsequent weiter, was sich schon abzeichnet. Der Urimpuls zu experimentieren hat sich durchgesetzt und alles erfasst. Dass diese Albtraumparadiese machbar sind, darf man getrost glauben. Mir drängt sich eine andere Frage auf. Mir scheint, dass die Menschheit damit die Flucht angetreten hat. Die Flucht vor sich selbst. Als würde die Verschmelzung von Mensch und Maschine, als würde die Auflösung der Individualität den einzigen Ausweg aus einer sonst ausweglosen Lage eröffnen. Eine Flucht aus der Verantwortung ist auf jeden Fall damit verbunden, wenn wir nach der Devise handeln: Die Maschine ist unschuldig, lasst sie nur machen. Ist unsere Lage wirklich so verfahren?

Ich glaube, dass in den letzten Jahrzehnten des 20. Jahrhunderts eine Entscheidung von ungeheurer Tragweite gefallen ist. Sie betrifft die ganze westliche Welt, und sie ist von grundsätzlicher Art, aber natürlich ist sie allmählich gereift, hat sich als kulturelle Umwälzung über Jahrzehnte angebahnt, und ihre Bedeutung ist erst heute, wo ihre Konsequenzen sichtbar werden, einigermaßen zu ermessen. Ich meine die Entscheidung, die Gegenwart als den Beginn der Zukunft zu betrachten. Das mag zunächst so ungeheuerlich nicht klingen. Doch wenn man bedenkt, dass die Gegenwart bis dahin – und seit jeher – als der Ausläufer der Vergangenheit angesehen wurde, begreift man den Einschnitt in unser Bewusstsein. Wenn das Heute nicht mehr der letzte Tag der Vergangenheit sondern der erste Tag der Zukunft ist, haben wir uns in unserem Verhältnis zur Zeit um 180 Grad gedreht und müssen unser Denken und Fühlen völlig neu ausrichten. So ist es geschehen. Von niemandem angeordnet, aber von vielen gewollt. Wie sich stille Revolutionen immer vollziehen.

Denn es ist etwas völlig anderes, ob ich in dem Bewusstsein lebe, die Vergangenheit habe nie aufgehört, oder in dem

Gefühl, die Zukunft sei bereits angebrochen. Je nachdem sehe ich mich am Ende einer Entwicklung oder am Anfang einer neuen Zeit. Je nachdem fühle ich mich als Schüler oder Verwalter eines Erbes beziehungsweise als Schöpfer und Erfinder, zum freien Schalten und freien Walten befugt. Im zweiten Fall habe ich nicht nur das Recht, ich habe auch die Aufgabe, die Vergangenheit im Bewusstsein auszulöschen. Die großen Revolutionen in Frankreich und Russland wie auch die Kulturrevolution in China haben das seinerzeit versucht, mit brutaler Gewalt, aber ohne durchschlagenden Erfolg. Diesmal ist die Abkehr von der Vergangenheit ohne Guillotine, Schauprozesse und Massenhinrichtungen gelungen. Wie war das möglich?

Unsere Geschichte ist voller bitterer Lehren. Sie hält zahllose Enttäuschungen bereit. Wir haben im historischen Teil gesehen, zu welchem Pessimismus sie immer wieder denen Anlass gab, die die Lage überblickten; da schlich sich bereits Verzweiflung ein angesichts der ständigen Rückschläge im Kampf gegen das Böse. Mit den Kriegen und Vernichtungsaktionen des 20. Jahrhunderts aber erreichte diese Geschichte ihren grausigen Höhepunkt. Einmal abgesehen von der unerträglichen Schuld – welche Lehren sollte man aus den Leichenbergen der KZs und den Zerstörungsorgien zweier Weltkriege ziehen? Sprach da nicht alles für ein völliges Versagen unserer Zivilisation? Lohnte sich überhaupt eine Fortsetzung?

Man könne mit dem nackten Grauen vor Augen keine Gedichte mehr schreiben – dieser Satz ging im Deutschland der Nachkriegszeit um. Im vollen Umfang entlud sich die Erschütterung über das Unfassbare dann in den 60er-

und 70er-Jahren, und mit einem Mal erschien die gesamte europäische Geschichte vom Virus des Bösen infiziert. Der Schriftsteller Karlheinz Deschner verfasste eine zehnbändige Kriminalgeschichte des Christentums, in der er die gesamte Kirchengeschichte als eine einzige Abfolge von Verfehlungen deutete, aber im Grunde erblickte man jetzt die eigene Vergangenheit ganz allgemein im Licht einer Kriminalgeschichte, einer Wirkungsstätte des Bösen, mit der man nichts mehr zu tun haben wollte. Dieser Argwohn gegenüber der eigenen Kultur und Geschichte erfasste vor allem Deutschland, er erfasste aber auch den Rest der westlichen Welt. Im Rückblick entdeckte man in der Vergangenheit überall die Spuren einer unerträglichen Schuld.

Vielleicht ist es unter diesen Umständen unumgänglich, die Brücken zu dieser Vergangenheit abzubrechen, wenn es weitergehen soll und weitergehen muss. Aber eins sollte uns bewusst sein: Die Entscheidung, das Heute nicht mehr als Endpunkt der Vergangenheit sondern als Ausgangspunkt der Zukunft zu verstehen, diese Entscheidung ist womöglich die radikalste, die jemals getroffen wurde. Eine Panikreaktion, nur zu begreifen als dramatischer Rettungsversuch, als verzweifelte Befreiungsaktion, vergleichbar der einer gefangenen Ratte, die ihr eigenes Bein durchnagt, um der Falle zu entkommen. Denn die Kultur war bislang das Gedächtnis der Menschheit. Das historische Wissen bewahrte nicht nur Fakten auf, sondern vor allem die lange und leidvolle Erfahrungsgeschichte, die jeder Erkenntnis vorausging. Es erlaubte uns zudem, die Gegenwart als Entwicklungsstadium zu begreifen, als das Ergebnis zahlloser Versuche, gelungener und gescheiterter, woraus wir fürs eigene Leben zumindest den Schluss ziehen konnten, dass die Gegenwart stets mit

Vorsicht zu genießen ist und der Mensch immer am seidenen Faden hängt ...

Tatsache ist: Wir haben uns von unserer Herkunftsgeschichte abgekoppelt. Als Älterer wird man auf diesen Umstand gelegentlich durch die unbefangene, fast möchte ich sagen treuherzige Bemerkung eines jungen Menschen gestoßen. »Der Zweite Weltkrieg? Das war ein Weilchen vor meiner Zeit, das interessiert mich nicht«, sagte jemand neulich. Was für eine bizarre Logik, denke ich, und dann fällt mir ein: Er gehört einer Generation an, für die nur noch die Zukunft zählt. Er blickt gewissermaßen in eine verheißungsvolle Leere, und nach allem, was geschehen ist, muss die Aussicht, die sich ihm bietet, außerordentlich wohltuend wirken. Denn die Zukunft verlangt nichts von uns, man braucht sie nur auf sich zukommen zu lassen. Sie erteilt keine Lektionen, sie wirft keine moralischen Fragen auf, sie kennt keine Schuld, sie entlässt uns aus jeder Verantwortung, sie ist ein unverbindliches Nichts. Vor allem erlaubt sie uns zu glauben, das Heil sei zum Greifen nah und aus eigener Willensanstrengung realisierbar, sodass sich jeder die größte Freiheit davon versprechen darf, nämlich die Erfahrung, niemandem etwas zu verdanken zu haben außer sich selbst.

Die Abkehr von der Vergangenheit hat vieles entbehrlich gemacht. Im Heiligtum der Zukunft erhebt sich ein mächtiger Altar, auf dem unablässig zum Opfer gebracht wird, was bis gestern gültig war. Und die Priester dieses Heiligtums nehmen alles an, ohne den Wert der Dinge zu prüfen, die sie verbrennen. Sie verlangen nicht einmal den Nachweis, dass etwas ausgedient hat, solange »überholt« daraufsteht. Seitdem dieses Opferfeuer brennt, hat so ziemlich jede gesellschaftliche Veränderung Aussicht auf Erfolg. Die Wirklichkeit selbst ist in die reine Möglichkeitsform versetzt worden, wie die kurzgefassten Zukunftsvisionen in diesem Kapitel beweisen. Und wer gegen die eine oder andere Modernisierungsmaßnahme Widerspruch einlegen sollte, der wird in einer bezeichnenden Redewendung als »Gestriger« oder, noch schlimmer, als »Ewiggestriger« entlarvt.

Denn was da verbrannt wird, sind bloß die Zumutungen der Vergangenheit – Zumutungen wie Maß und Mitte, Überzeugungen und Grundsätze, Normen und Gewissheiten. Eben das, was sich nicht mehr mit der Freiheit verträgt, die uns die Zukunft schenkt. Wir sind daher – zur Freude der einen, zum Entsetzen der anderen – in grundsätzlichen ethischen Fragen zur Unverbindlichkeit verurteilt, ob sie Erziehung, Familie, Fortpflanzung, Sexualität oder die gesamte Lebensausrichtung, also Fragen von Sinn und Unsinn, Wert und Unwert betreffen. Da ist das eine mittlerweile genauso gut wie das andere oder besser, Richtig und Falsch lassen sich nicht mehr entscheiden, die Scheidelinie zwischen Gut und Böse verschwimmt. Alles, was in der Vergangenheit als moralische Orientierung und Richtschnur diente, hat sich damit erledigt, alles, was einmal gültig war, kann binnen kurzem ins Gegenteil umschlagen – am besten, man hält sich raus und bildet sich erst gar keine Meinung. Wo aber keine ethischen Grenzwerte mehr existieren, wird im Zweifelsfall alles zu einer Frage der Dreistigkeit, und der Erfolg entscheidet über Gut und Böse, Richtig und Falsch.

Wir haben es uns in einem ethischen Fatalismus bequem gemacht. Doch aus diesem schwammigen Stoff lassen sich keine Funken schlagen, keine Freudenfunken, keine Hoffnungsfunken, die zumal in den Jahren des frühen Erwachsenenlebens einen – ja, scheinbar unbegründeten – Enthusiasmus entzünden können. Das ratlose Erstaunen der jungen Frau im Restaurant könnte seinen Grund nicht zuletzt darin gehabt haben: Die grassierende Gleichgültigkeit in fundamentalen Lebensfragen setzt keine kämpferischen Energien mehr frei. Sie reduziert die seelische Grundspannung so weit, dass nur noch ein laues Einverständnis mit allen denkbaren Auffassungen und Moden übrig bleibt.

Im Übrigen zeigen die Erfahrungen des letzten Jahrzehnts überdeutlich: Das Problem des Bösen ist nicht dadurch zu lösen, dass man die Augen vor ihm verschließt. Wie Adam und Eva sich nach ihrem Experiment in der Wirklichkeit wiederfanden und die Konsequenzen zu tragen hatten, so werden auch wir uns über die Realität nicht hinwegsetzen können. Und in dieser Realität wirft man den Erfahrungsschatz der eigenen Geschichte nicht ungestraft über Bord.

13. ALL YOU CAN EAT

Ich sollte ein Interview geben. Wie üblich mussten vorher ein paar Dinge telefonisch geklärt werden, und zum Schluss stellte mir die Dame am anderen Ende eine Frage von privatem Interesse: Ich bekäme doch etwas für meine Bücher und Vorträge, was ich mit diesem Geld denn mache?

Offenbar erinnerte sie sich, von einem Armutsgelübde gehört zu haben. »Das Geld fließt in die Sanierung der Gebäude von Sant'Anselmo und in die Stipendien für Studenten aus armen Ländern«, antwortete ich. »Ja, haben Sie denn nicht das Bedürfnis, etwas davon für sich selbst zu behalten?«, wollte sie daraufhin wissen, und ihre Stimme hatte diesen zweifelnden, ungläubigen Unterton. Ich erklärte ihr, dass ich nicht einmal wüsste, was ich mit dem Geld anfangen sollte, das ich für mich auf Seite legen würde ... Leicht irritiert verabschiedete sie sich. Ganz geheuer werde ich ihr nicht gewesen sein. Vermutlich hielt sie es für ein Naturgesetz, dass sich der Mensch nach Geld und Besitz verzehrt. Nach meiner Erfahrung glauben das die meisten.

Ist es ein Naturgesetz?

2007 wurde ein gewisser Matthew Taylor, ehemaliger Topmanager der amerikanischen Investmentbank Goldman Sachs, wegen Verschleierung riskanter Termingeschäfte in Milliardenhöhe zu neun Monaten Haft verurteilt. Das New Yorker Gericht stellte in seinem Urteil fest, dass Taylor insgesamt 8,3 Milliarden Dollar an Wetten auf Termingeschäfte betrügerisch angehäuft und seinen früheren Arbeitgeber in einem falschen Bericht darüber getäuscht hatte. Der 34-Jährige Börsenhändler musste zudem eine Geldstrafe in Höhe der Verluste zahlen, die er Goldman Sachs mit seinen riskanten Geschäften zugefügt hatte; sie belief sich auf 18 Millionen Dollar.

Man erinnert sich. Es war die Zeit der ersten Bankenskandale und -zusammenbrüche. Wir Normalmenschen hatten bis dahin keine Ahnung gehabt, dass es hinter den Kulissen von Bankhäusern, Börsen, Investmentgesellschaften, der gesamten Finanzwelt eben, wie in einem Irrenhaus zuging. Wir mussten uns damals an unvorstellbare Summen gewöhnen, die anscheinend aus dem Nichts auftauchten und auch wieder im Nichts verschwanden, und fassungslos zur Kenntnis nehmen, dass es nicht nur *einen* Matthew Taylor sondern Hunderte, Tausende von seiner Sorte gab. Wir machten, vollends entgeistert, mit einem neuen Menschentyp Bekanntschaft: dem 25-Jährigen, der die Welt mit seinen wahnwitzigen Geldgeschäften um ein Haar in Schutt und Asche gelegt hätte und trotzdem nachts seelenruhig schlafen kann. Und mit einem Mal blickten wir in einen Abgrund von – ja, was denn? Verantwortungslosigkeit, Raffgier, Hybris? Sind diese Worte nicht viel zu schwach? Es war jedenfalls schwindelerregend.

Oder gehorchten auch diese Vorgänge einem Naturgesetz? Mit anderen Worten: War es schon immer so?

Ein kurzer Blick in die Vergangenheit belehrt uns zumindest, dass wir seit jeher mit einem gierigen Blick in die Welt schauen. Dem Alten Testament ist dieser Tatbestand ohne weiteres zu entnehmen. Die Erzväter Abraham, Isaak und Jakob zum Beispiel hatten es als Viehzüchter zu erheblichem Reichtum gebracht. Dieser Reichtum war ihnen nicht zugeflogen, und zumindest Jakob hatte den seinen auf ziemlich unsaubere Art erworben, nämlich durch Betrug. Auszusetzen war daran nichts, denn Reichtum galt in jedem Fall als ein Zeichen göttlichen Segens. Natürlich ging es dabei nicht wie an der New Yorker Börse zu. Kamele und Rinder lassen sich nicht aus dem Hut zaubern, sodass der Reichtum keine absurden Dimensionen annehmen konnte. Das schnelle Geld war damals nicht zu machen, und wer es trotzdem zu etwas brachte, genoss das Ansehen seiner Mitmenschen und durfte sich gesegnet fühlen. Das Alte Testament findet daher kaum scharfe Worte gegen Habsucht und Gier; allenfalls wird Kritik an den räuberischen Usancen der Mächtigen geübt.

Doch schon im Buch Kohelet (oder Prediger), also bereits im 3. Jahrhundert v. Chr., stoßen wir auf eine Reihe kritischer Reflexionen über das Thema Geld. In nüchternen Worten geht der Verfasser das Problem von der psychologischen Seite her an und trifft dabei so genau den Kern der Sache, dass es sich lohnt, einige Sätze daraus zu zitieren. »Wer Geld liebt«, schreibt er, »wird vom Geld niemals satt, und wer Reichtum liebt, wird keinen Nutzen davon haben ... Wer arbeitet, dem ist der Schlaf süß, er habe wenig oder viel gegessen, aber die Fülle lässt den Reichen nicht schlafen. Wie einer nackt von seiner Mutter Leib gekommen ist, so fährt er wieder dahin, wie er gekommen ist, und trotz seiner Mühe nimmt er nichts mit sich ... Alles Mühen des Menschen ist für seinen Mund, aber sein Verlangen bleibt ungestillt.«

Ein großartiger Text. Mehr gibt es kaum dazu zu sagen. Geld macht unersättlich? Die Gier danach wächst mit dem angehäuften Vermögen? Noch 2000 Jahre später wunderte sich der französische Aufklärer Montesquieu, dass Geld nicht unter das Gesetz der Knappheit fällt, nach dem eine

Sache umso größere Wertschätzung genießt, je weniger man davon hat. Noch erstaunlicher: Man kann und will das ganze Geld ja gar nicht ausgeben; wenn der Begüterte trotzdem weiter an der Vermehrung seines Vermögens arbeitet, muss er sich entweder für unsterblich halten – oder aber die Geldvermehrung ist zu einem Lebensinhalt geworden, der sich von jedem Lebenssinn gelöst hat. Und dann: Die Sorge ums Geld lässt den Reichen nicht zur Ruhe kommen. Ich muss dabei an Uli Hoeneß denken, der immer wieder in kurzen Abständen mit einem Blick aufs Handy prüfen musste, wie seine Aktien standen – ein Glücksspieler, der nicht an sein Glück zu glauben vermochte. Kaum hatte er sein Handy beiseitegelegt, war er wie ein Drogensüchtiger schon wieder auf Entzug; Hoeneß selbst bezeichnete seine gehetzte, friedlose Gemütsverfassung dann auch als die eines Süchtigen. Und schließlich: Der Reichtum hält nicht, was sich der Mensch davon verspricht – »sein Verlangen bleibt ungestillt«. Der Reiche nimmt also viel Aufwand und Ärger in Kauf für etwas, das zum Glücklichwerden dann eben doch nicht reicht, weil Geist und Seele unterversorgt sind. Alles in allem ein eher pessimistisches Resümee. Mit demselben trockenen Realismus würdigt der Verfasser des Kohelet aber kurz darauf auch die angenehme Seite des Reichtums, wenn er schreibt: »Man hält Mahlzeiten, um zu lachen, und der Wein erfreut das Leben, und das Geld muss alles zuwege bringen ...« Das heißt: Ohne Geld hätte man wahrscheinlich weniger Spaß – auch das soll nicht verschwiegen werden.

Im Neuen Testament wird der Ton schärfer. Man hatte inzwischen seine Erfahrungen mit Ausbeutung und rücksichtslosen Bereicherungspraktiken gemacht und sah die Macht des Geldes nun wesentlich kritischer. Jesus selbst bezog eindeutig Stellung – allerdings nicht gegen die Reichen oder den Reichtum an sich. Seine Warnungen galten der Habsucht, eben wegen ihres Suchtcharakters, eben weil sie den Willen unfrei macht und die Seele versklavt. In diesem Sinne dürfte auch sein berühmtester Ausspruch zum Thema Geld und Besitz zu verstehen sein: Für ein Kamel sei es leichter, durch ein Nadelöhr zu gehen, als für einen Reichen, ins Reich Gottes zu kommen. Wenn ich diesen Satz richtig verstehe, verteufelt Jesus nicht den Reichtum, erblickt aber in der blinden Gier, mit der sich der Reiche an seinen Besitz klammert, das größte Hindernis auf dem Weg zur inneren Freiheit. Mit anderen Worten: Wer seine geistigen und seelischen Energien einzig aufs Materielle konzentriert, verliert sein Lebensziel aus den Augen und stumpft ab.

Für die frühen Christen schied Reichtum folglich als Lebenszweck und Lebenssinn aus. »Denn die reich werden wollen, fallen in Versuchung ... und viele törichte und schädliche Lüste, welche die Menschen versinken lassen in Verderben und Verdammnis«, stellt der Verfasser des ersten Timotheusbriefs fest und formuliert das Ideal der christlichen Bescheidenheit so: »Wenn wir Nahrung und Kleider haben, so lasst uns damit zufrieden sein.« Kurz und knapp wird die christliche Einstellung in einem weiteren Satz dieses Briefs zusammengefasst: »Habsucht ist die Wurzel allen Übels.« Und dabei blieb es für lange Zeit – in der Theorie.

Immerhin, man konnte dagegen sein. Man konnte sich der Gier und dem Besitzstreben überhaupt verweigern. Der Mönchsvater Benedikt gehörte zu den Nein-Sagern, das gesamte Mönchtum gehörte dazu, und eine Lebensweise in frei gewählter Armut erschien vielen Menschen sogar attraktiv. Das verdient festgehalten zu werden, weil es heute unglaublich klingt und natürlich schon immer die Ausnahme war. Aber ich will hier keine Geschichte der Habsucht schreiben; sie würde Bibliotheken füllen, und außerdem werde ich später noch einmal darauf zu sprechen kommen. Bevor wir jedoch in die Gegenwart zurückkehren, möchte ich doch noch ein Beispiel für die merkwürdigste Eigenschaft der Habsucht anführen: die Tatsache, dass sie regelmäßig ausgerechnet jene befällt, die schon genug und mehr als genug haben.

Im 16. Jahrhundert stieg Antwerpen zur wohlhabenden Handelsmetropole auf, und darf man den Malern und Dichtern dieser Zeit glauben, dann griffen Gier und Geiz nun in der flämischen Hafenstadt wie eine Seuche um sich. In diesem Ausmaß hatte man das jedenfalls bis dahin nicht gekannt, und das Entsetzen der Zeitgenossen hat seine Spuren in zahlreichen Inschriften und Gemälden hinterlassen. Unter einem Kupferstich von 1558, der zwei streitende Tuchhändler zeigt, ist folgender Kommentar zu lesen: »Niemand, der nicht überall seinen Vorteil sucht. Niemand, der sich nicht selbst sucht in allem, was er tut ... Alle haben dieselbe Habgier.« Und auf einem Gemälde vom Anfang desselben Jahrhunderts sieht man zwei Wucherer (heute würde man »Banker« sagen), deren Physiognomien zu Fratzen grimmiger Genugtuung entstellt sind, von der Habsucht deformiert. Die Gesichter der beiden sind verkniffen und verschlossen wie verschnürte Geldsäcke, und ihr Ausdruck signalisiert: Wir sind nicht mehr ansprechbar. Wir haben uns in eine Welt zurückgezogen, in der außer diesem Berg von Geld, der vor uns liegt, nichts mehr von Belang ist ... Der Maler Quentin Massays durfte wohl sicher sein, ein Publikum zu finden, das seine Verachtung für derart unangenehme Zeitgenossen teilte.

Die Habsucht – ein Naturgesetz? So viel lässt sich nach diesem kurzen Rückblick immerhin sagen: Sie geht paradoxerweise mit dem Reichtum einher. Unersättlich scheint durchaus nicht jeder, unersättlich scheint nur der Satte zu sein. So absurd das klingt – es bestätigt die uralte Erfahrung, dass Geld süchtig, abhängig, unfrei macht. Nein, nicht Geld an sich, aber in großen Mengen genossen. Wobei in der ganzen Menschheitsgeschichte nie an derart astronomische Summen gedacht worden ist, wie sie nun auf uns zukommen.

»Ich bin dankbar für die Gelegenheit, erstmals öffentlich über meine Verbrechen sprechen zu dürfen.« So beginnt der amerikanische Börsenmakler Bernie Madoff die Erklärung, die er am Ende seines Prozesses vor Gericht abgibt. »Während ich meinen betrügerischen Aktivitäten nachging, war mir jederzeit klar, dass ich falsch, oder besser gesagt: verbrecherisch handelte ... Ich bin heute hier, um meine Verantwortung für diese Verbrechen zu übernehmen, indem ich mich schuldig bekenne.« Im Folgenden erklärt Madoff ausführlich, auf welche Weise es ihm gelang, bis 2008 etwa 4.800 Einzelpersonen, Wohltätigkeitsorganisationen, Konzerne und Hedge Fonds um insgesamt 65 Milliarden Dollar zu prellen: Statt das Geld seiner Kunden wie versprochen in Aktien und Optionen großer Unternehmen zu investieren, zahlte er es auf ein Bankkonto ein. Wollte jemand seine Gewinne ausgezahlt bekommen oder seine Einlagen zurückhaben, hob er die Summe einfach von diesem Konto ab, auf das unablässig neues Geld strömte. Er habe schon im ersten Jahr damit aufhören wollen, erklärte Madoff vor Gericht, sich aber immer nur weiter verstrickt. Am Ende liefen seine Manöver auf den größten Betrugsfall der Geschichte hinaus. 2009 wurde er dafür zu 150 Jahren Gefängnis verurteilt.

65 Milliarden Dollar! Angehäuft und verspielt von einem einzigen Menschen. Jeder Begrenzer war offenbar weggebrochen. Wer auch immer Geldgeschäfte tätigte, nicht allein in Amerika, schien nach der Devise zu handeln: Nach mir die Sintflut. Offenbar hatten – und haben – wir das irrationalste Wirtschafts- und Finanzsystem aller Zeiten. Und dieser Bernie Madoff war nicht einmal ein gewissenloser Gangster. Madoff hatte sich einen Namen als großzügiger Philanthrop gemacht, war ein hochangesehenes Mitglied der besten Gesellschaft. Konnte man für dieses Desaster überhaupt noch Einzelne verantwortlich machen? War nicht das ganze System faul? Ließ sich das kollektive moralische Versagen anders erklären? Angesichts des immensen Schadens darf man wohl sagen: In dieser ganzen Affäre um Banken und Börsen hatte sich das Böse in einem Ausmaß Geltung verschafft, das die Vorstellungskraft überstieg.

Und einen zweiten Aspekt des Bankenskandals finde ich nicht minder beunruhigend. Ich meine die Tatsache, dass viele Menschen, Amerikaner wie Europäer, sich bis heute von diesen Betrügern und ihren Verbrechen faszinieren lassen.

In seinem Film *Der Wolf der Wall Street* zeichnet der Regisseur Martin Scorsese die Verbrecherkarriere des Jordan Belfort nach. In einem Rausch von Gier, Egozentrik, Narzissmus und Skrupellosigkeit hatte dieser Belfort Tausende von Ahnungslosen mit wertlosen Papieren um ihr Geld gebracht, war dabei traumhaft reich geworden, schließlich aber doch überführt und zu einer Haftstrafe verurteilt worden. In den letzten Szenen des Films erlebt man Belfort bei einem Auftritt vor großem Publikum. Diese Menschen sind gekommen, weil sie sein »Erfolgsgeheimnis« erfahren wollen, und während der Großmeister des Betrugs sie in die Kunst des Betrügens einführt, hängen sie gebannt an seinen Lippen. Belfort ist für sie offensichtlich ein Held, eine Kultfigur. Man könnte diese Schlusssequenz für einen sarkastischen Kommentar des Regisseurs zu dem kulturellen Klima halten, in dem Leute wie Belfort aufsteigen und zu Stars werden. Aber diese Sequenz ist nicht erfunden. Sie entspricht der Realität. Belfort gibt seit seiner Entlassung aus dem Gefängnis tatsächlich Seminare in Betrug, und die Leute laufen ihm tatsächlich zu. Offenkundig möchte jeder von ihnen so werden wie er, so egozentrisch, so gierig, so narzisstisch, so skrupellos – und so erfolgreich. Sie alle träumen – anders kann ich mir das nicht erklären – von einer Verbrecherkarriere.

Und das ist schon etwas Neues. Da hat sich seit Adam und Eva offenkundig doch einiges geändert. Wenn das höchste Lebensziel das große Geld ist, wenn die Gier zur menschlichen Normalverfassung geworden ist, lässt sich kein Lebensgesetz mehr zur Erklärung heranziehen. Dann ist bei uns etwas grundsätzlich schiefgelaufen.

Dabei hatte es klein angefangen. Im Deutschland der Nachkriegszeit zum Beispiel mit einem harmlosen, einleuchtenden Motto. Wohlstand für alle, hatte der deutsche Wirtschaftsminister Ludwig Erhard in Aussicht gestellt und damit ein erstes, vordringliches Ziel formuliert, das im Prinzip für alle Länder Westeuropas galt, die am Ende des Kriegs wirtschaftlich darniederlagen. Der Einfachheit halber will ich mich hier auf Deutschland beschränken; die Entwicklung, auf die ich eingehen möchte, vollzog sich aber genauso in anderen Teilen der westlichen Welt. Sie stellt die praktisch-alltägliche Seite dessen dar, was ich im letzten Kapitel den Verlust der Vergangenheit, die Entscheidung für die Zukunft genannt habe, und führt uns ziemlich geraden Wegs an den Rand des Abgrunds, in den wir eben geblickt haben.

Der Anfang gehorchte noch der schieren Notwendigkeit: Der Wiederaufbau des zerstörten Landes musste in Angriff genommen werden, man stürzte sich in die Arbeit, man wollte für seinen Einsatz aber auch belohnt werden, man wollte Anschaffungen machen, konsumieren, am Fortschritt teilhaben und endlich ungestört genießen, ohne es hinterher wieder bereuen zu müssen. Die Welt der Wirtschaft und des Konsums war dafür ideal, weil sie wertfrei ist. Unbelastetes Terrain. Sie stellt keine Bedingungen, sie wirft keine moralischen Fragen auf, sie ist jenseits von Gut und Böse, und somit durfte man sich in der beruhigenden Gewissheit wiegen: zu produzieren, zu konsumieren kann keine Sünde sein. Hier eröffnete sich also nach dem Desaster der Vergangenheit ein unverdächtiges Betätigungsfeld.

Irgendwann hätte sie vorbei sein sollen, diese Aufbauphase. Irgendwann hätte man sich wieder sinnvolleren Beschäftigungen zuwenden müssen. Ludwig Erhard sah diesen Zeitpunkt 1957 gekommen. Da war man aus dem Gröbsten heraus und hätte sich Gedanken über das wahre Leben machen können. Doch wie wir gesehen haben: Die Gier wächst mit dem Wohlstand, und die Zukunft, der man sich nun zugewendet hatte, verhieß noch größeren Wohlstand. Die Zauberworte lauteten Fortschritt und Wachstum; was sollte daneben noch Platz haben? Unversehens war man in eine Wunschwelt geraten, die gegenüber der alten Welt den Vorteil hatte, dass sich die Wünsche in ihr tatsächlich erfüllten – warum also nicht dabeibleiben? Jetzt musste eine Bezeichnung für den Bewohner dieser neuen Welt gefunden werden. Eine Bezeichnung, die sein Wesen charakterisierte. Und so wurde der Konsument geboren. So wurden wir zu Verbrauchern.

Hätten wir nicht spätestens jetzt wach werden müssen? Wie konnten wir uns das gefallen lassen? Konsumieren heißt verzehren oder aufbrauchen; die Bezeichnung Konsument reduziert uns also auf die animalische Tätigkeit des Essens oder Verschlingens, deutlicher gesprochen: auf die Gefräßigkeit. Und der Verbraucher konnte uns doch genausowenig passen – auch er zielt auf das Einverleiben als Hauptmerkmal des Menschen, als würde sich unser Leben bloß ums Anschaffen und Verschleißen irgendwelcher Produkte drehen. Eigentlich hätte der Konsument längst zum Unwort erklärt werden müssen. Ist er aber nicht. Er hat sich durchgesetzt und ist zur Gattungsbezeichnung des modernen Menschen geworden. Und ich befürchte: Wir haben dieses Etikett verdient. Wir sind Konsumenten geworden. Jedenfalls haben wir uns seither im Großen und Ganzen wie Konsumenten verhalten. Und was ich noch bedenklicher finde: Wir scheinen in der Mehrzahl Konsumenten bleiben zu wollen. Damit geht die Geschichte, die mit dem harmlosen Motto »Wohlstand für alle« begann, in die nächste Phase.

In Gesellschaft sind immer häufiger Sätze wie diese zu hören: »Warum noch Theater? Wozu noch Opernhäuser? Wieso nicht endlich Schluss mit einer derartigen Geldverschwendung machen?« Als Begründung folgt dann: »Es geht ja sowieso kaum noch einer hin. Wir können uns diesen Luxus für eine verschwindende Minderheit nicht mehr leisten. Da stimmt das Preis-Leistungsverhältnis einfach nicht.«

Oft genug ernten solche Sätze beifälliges Kopfnicken. Man ist sich einig: Theater, Opernhäuser und ähnliche Einrichtungen sind ökonomisch sinnlos, da unproduktiv. Sie rentieren sich nicht. Sie werfen keinen wahrnehmbaren, das heißt in Zahlen nachweisbaren Gewinn ab. Der Nutzen einer Sache muss sich in handfesten, sichtbaren, am besten materiellen Vorteilen niederschlagen, sonst ist sie überflüssig ... In Momenten wie diesem erleben wir ein Denken, das in dieser Radikalität tatsächlich neu ist: Geistiges wird verrechnet und schlägt als Verlust zu Buche. Kultur ist für den Konsumenten keine wahrnehmbare Größe mehr. Sie hat keine Erfolgsgeschichte zu bieten, die sich in eben jenen handfesten, messbaren, am besten geldwerten Vorteilen niederschlägt. Und dieses Denken ist nicht nur verbreitet, es hat inzwischen auch alle Lebensbereiche erobert. Durch unseren Gedächtnisverlust moralisch wie intellektuell entwaffnet, haben wir uns völlig der ökonomischen Logik ausgeliefert, nach der gut ist, was sich auszahlt, und von Übel, was sich bloß auf dem unsichtbaren Konto unserer geistigen und seelischen Reife verbuchen lässt. Damit haben wir der Wirtschaft eine enorme Macht eingeräumt. Die Macht, uns nach ihrem Bild zu modellieren.

Denn die Wirtschaft hat uns Konsumenten längst die Gegenrechnung aufgemacht. Sie erwartet, dass wir uns ihren Wünschen beugen, nach ihren Regeln spielen, wenn sie unsere Wünsche erfüllen soll. Früher hätte das längere Arbeitszeiten oder ein geringeres Gehalt bedeutet. Heute bedeutet es, das Welt- und Menschenbild der Ökonomie zu übernehmen. Uns mit ihren Zielen zu identifizieren. Und ihren Verheißungen zu glauben.

Nehmen wir das Wort Effizienz, um die Macht des Ökonomischen über unser Denken zu verdeutlichen. Ursprünglich meinte Effizienz die begrüßenswerte Eigenschaft von Maßnahmen oder Maschinen, zum gewünschten Erfolg zu führen. Inzwischen wird dasselbe vom Menschen erwartet. Dafür hat er sich in ein karrierefixiertes, auf Erfolg getrimmtes Maßnahmenbündel zu verwandeln, das die Welt seinerseits ausschließlich durch die Brille der Effizienz sieht. Dass er sich für die Unternehmensinteressen aufopfert, ist selbstverständlich – das Siegerimage bekommt man nicht geschenkt –, aber auch der ganze Rest muss so perfekt wie er selbst funktionieren, von der Kaffeemaschine bis zum Freundeskreis.

Er hält sich dabei nicht mit Fragen auf, die keine eindeutige Antwort zulassen. Auf einem imaginären Punktekonto verzeichnet er, welche Begegnung ihm etwas gebracht, welche Ausgabe sich gelohnt, wie er abgeschnitten hat. Das ganze Leben wird nach solchen Bilanzen und Berechnungen ausgerichtet, und was sich nicht in Zahlen und Fakten ausdrücken lässt, verdient keine Beachtung. In diesem kontrollierten Dasein kommt dem Plan natürlich eine herausragende Bedeutung zu. Dem Lebensplan, der Organisation der notwendigen Erfolgsschritte, dem Kalkül der Selbstinszenierung, dem Styling des Erscheinungsbilds. Alles muss stimmen. Der effiziente Mensch will keine Überraschungen erleben, und auf sein Glück verlässt er sich schon gar nicht – er muss und will zum Manager seines Selbst werden. Letztlich ist er also nichts als ein besonders gut geschmiertes Rädchen im Getriebe des ökonomischen Universums.

Wann ist die Welt perfekt? Wenn meinem Fortkommen nichts mehr im Wege steht. Seit Jahrzehnten sickert dieses

Denken in unser Bewusstsein und imprägniert es gegen die Versuchung, das Lebensglück noch irgendwo anders als im wirtschaftlichen Erfolg zu suchen. Und da der Mensch nicht schnell genug aufs Karrieregleis gebracht werden kann, müssen Kindergarten, Schule, Ausbildung und Studium ebenfalls effizient und immer effizienter gemacht werden. Sollte sich jetzt jemand fragen, wie einer unter diesen Umständen menschliche Qualitäten wie Verständnis, Mitgefühl oder gar ein Gewissen entwickeln kann, darf er beruhigt sein, auch dafür ist gesorgt: Das lässt sich durch Coaching jederzeit nachholen. Soziale Kompetenz wird nun eben in Seminaren vermittelt. Denn für alles gibt es fertige Rezepte, und rudimentäre soziale Verhaltensweisen sind als Techniken vermittelbar, die lassen sich antrainieren …

Damit wären wir über das Stadium des Konsumenten hinausgewachsen. Der Konsument ließ sich gewissermaßen noch bedienen, der Effizienzmensch bedient sich selbst. Es fehlt jetzt nur noch ein Schritt bis zur dritten Phase, in der Menschen an den Schalthebeln der wirtschaftlichen Macht in einem Höhenflug wahnsinniger Selbstüberschätzung die Kontrolle über sich und ihr Handeln vollständig verlieren, wie es in der sogenannten Bankenkrise geschah. Es fehlt noch das passende Menschenbild, das uns die Lizenz zum Durchdrehen erteilt.

In seinem Buch *Ego – das Spiel des Lebens* erzählt der Journalist Frank Schirrmacher, wie in den letzten Jahrzehnten ein »neues soziales Monster« heranwachsen konnte, entstanden aus der Zusammenarbeit von Militärs, Ökonomen, Wissenschaftlern und den Börsenhändlern der Wall Street.

Ausgangspunkt war die Suche des amerikanischen Militärs nach einer allgemeingültigen Formel für menschliches Verhalten, zu dem Zweck, die Aktionen eines Gegners vorauszuberechnen. Die gesammelte Erfahrungen sämtlicher Akteure führte schließlich zu dem Ergebnis: Hinter allem menschlichen Tun steckt Eigennutz. Egoismus ist die gesuchte Formel. Egoismus ist die ausschlaggebende Motivation jedes Menschen, und mehr braucht man über ihn nicht zu wissen. Denn da hilft nichts. Bildung und Erziehung, Moral und Charakter, all dies verblasst vor der Macht menschlicher Selbstsucht. Man hatte es also gar nicht mit Individuen zu tun. Man hatte es mit einer simpel gestrickten Rasse zu tun, deren Angehörige alle gleich tickten, nach einem einfachen Reiz-Reaktions-Schema, nicht anders als Tiere. Auf zwei Dinge war bei ihnen Verlass: auf ihre Angst, etwas zu verlieren, und ihre Gier, etwas zu gewinnen.

Das war für das Militär interessant, das war aber vor allem für die Wirtschaft, insbesondere die Werbewirtschaft und die Finanzwelt interessant. Denn die Formel funktionierte. Wer sie anwandte, war seinen Konkurrenten überlegen, er war aber vor allem dort erfolgreich, wo es darum ging, Menschen zu manipulieren. Man konnte mithin nichts falsch machen, wenn man seinen Gegenspieler nach dieser Formel beurteilte. Man konnte genausowenig falsch machen, wenn man diese Formel auf sich selbst anwandte und nackten Egoismus an den Tag legte.

Und damit beginnt die dritte Phase.

Denn dieses zynische Menschenbild wurde durch eine Flut von Ratgeberbüchern in die Köpfe gepflanzt, auf Universitäten gelehrt, zu Unternehmensideologien verarbeitet und zum Grundgesetz des Marktes erhoben. Es wurde selbstverständlich auch zum Leitbild der mit Milliarden Dollars oder Euro jonglierenden Matthew Taylors, Bernie Madoffs und Jordan Belforts. Da saßen also Menschen im Datengewitter der Börsen und Kreditinstitute vor ihren Computern, die keine Hemmungen mehr kannten – entfesselte Spieler in einer entfesselten Finanzwelt. Unter solchen Umständen nach Verantwortung zu fragen wäre absurd. Der absolute Egoist ist so unschuldig wie ein Pokerspieler, der seine Gegner besiegt, weil er besser blufft. Aber – wer oder was ist dann schuld?

Es wird wohl doch so sein, dass wir den falschen Weg eingeschlagen haben. Denn wie gesagt: Die Zukunft ist ein unverbindliches Nichts, und wer sich ihr anvertraut, den höhlt sie aus. Genau davon sprechen die Zukunftsvisionen des letzten Kapitels: In der Welt der Selbstoptimierer und Selbstdarsteller herrscht der reine Egoismus. Sie ist von Menschen ohne Mitmenschen bevölkert, von Wesen ohne Individualität, jedes auf seinem eigenen kleinen Planeten in einem leeren All unterwegs. Müssen wir diesen Weg zu Ende gehen? In jedem Fall stecken wir in einem Dilemma. Es war der Londoner Bürgermeister Boris Johnson, der dieses Dilemma Ende 2013 unverblümt zur Sprache brachte. Machen wir uns nichts vor, lautete seine Botschaft – Neid, Gier und Egoismus sind die Grundlagen unseres Wirtschaftssystems. Sie sind die unverzichtbaren Antriebskräfte des Kapitalismus. Aber – so beschwichtigte er seine Zuhörer – dieser Kapitalismus hat die wunderbare Fähigkeit, niedrige Motive in Wohlstand zu verwandeln ...

Müssen wir uns also damit abfinden, in die nächste Katastrophe zu treiben? Wenn wir Konsumenten bleiben wollen, wenn uns Wohlstand weiterhin über alles gehen soll – ja. In diesem Fall, befürchte ich, werden wir in hellen Scharen in das aufgesperrte Riesenmaul der Ökonomie getrieben und laufen so schlafwandlerisch hinein wie die Repräsentanten der Gesellschaft, allen vorweg ein Bischof oder Papst, auf spätmittelalterlichen Gemälden in den weit geöffneten Höllenschlund wandern. Denn in diesem Fall wird sich der eigentliche Konstruktionsfehler unseres Wirtschaftssystems nicht beheben lassen: dass es die schlimmsten Charakterschwächen belohnt. Was uns zu anderen Zeiten als Untugenden erschienen wäre, als ein Versagen sämtlicher rationalen und moralischen Instanzen, verwandelt dieses System in Tugenden und persönlichen Vorteil. Es entwertet die herkömmlichen Werte, es fördert und prämiert die von Boris Johnson genannten Laster, und wenn wir genau hinschauen müssen wir feststellen: Was da zur Grundlage unseres Wirtschaftssystems geworden ist, hätte man früher als Todsünden bezeichnet. Aus ihnen schlägt es sein Kapital, und ohne sie würde es nicht funktionieren.

Damit haben wir einen neuen Anhaltspunkt für unser Nachdenken über das Böse gewonnen. Wir können ja davon ausgehen, dass die Todsünden nicht ohne Auswirkung auf andere Lebensbereiche bleiben, wenn sie im ökonomischen Bereich zu solcher Bedeutung gelangt sind. Wobei natürlich zunächst zu klären wäre: Können wir mit den Todsünden heute überhaupt noch etwas anfangen? Lässt sich ein derart altertümlicher Begriff auf unsere Zeit anwenden?

14. DIE TODSÜNDEN

Die Todsünden stammen aus einer anderen Zeit, gar keine Frage. Aus einer Zeit, als das Schicksal des Menschen noch nicht in den Genen und nicht in den äußeren Umständen saß. Sie stammen aus einer Vergangenheit, in der sich der Mensch sein Tun noch anrechnen lassen musste und sich der Kampf zwischen Gut und Böse als ganz großes Drama in der verborgenen, unbegreiflichen und geheimnisvollen Innenwelt abspielte, die das Entscheidende einer Person ausmachte. Sie sind altmodisch, das ist wahr, aber Sünden sind sie nicht.

Schade eigentlich. Denn auch, wer die Todsünden für den Inbegriff krankhafter kirchlicher Moralvorstellungen hält, wird zugeben: Es geht eine düstere Faszination von diesem Wort aus. Man verbindet damit Verruchtheit und ewige Verdammnis und versteht sofort, warum sie einen unverwüstlichen Fundus bilden, aus dem sich vor allem Maler und Schriftsteller zu allen Zeiten für ihre menschlichen Komödien, ihre menschlichen Tragödien bedient haben. Doch so schaurig-schön dieser Begriff sein mag – er weckt völlig falsche Vorstellungen. Es geht dabei weder um Tod noch um Sünde. Die Todsünden bezeichnen in Wahrheit seelische Deformationen – Persönlichkeitsstörungen, würden wir heute sagen – und waren nie als Drohmittel gedacht. Am besten versteht man sie als ein Frühwarnsystem, mit dem zerstörerische oder selbstzerstörerische Tendenzen erkannt werden können, bevor sie einen Menschen gänzlich aus dem seelischen Gleichgewicht bringen. Und ihre Entstehungsgeschichte verdient, erzählt zu werden.

Wir müssen dafür bis ins 4. Jahrhundert n. Chr. zurückgehen. In jener Zeit hat die Bewegung der Wüstenmönche in Ägypten und Syrien großen Zulauf. Diese Mönche leben isoliert in winzigen Zellen fernab der Zivilisation nach strengen asketischen Regeln, und was sie dazu treibt ist die Hoffnung, sich in der Abgeschiedenheit ganz auf Gott konzentrieren zu können, unbehelligt vom verführerischen Vorbild einer von Raffgier, Neid und Eitelkeit infizierten Gesellschaft. Wie sich zeigt, ist das gar nicht leicht. Viele machen die Erfahrung, dass es nicht genügt, jede Verbindung zur Zivilisation abzubrechen – auch und gerade in der Einsamkeit sind sie anfällig für die Versuchungen ihres alten Lebens. Offenbar schleppt der Mensch triebhafte Anlagen mit sich herum, die unter allen Umständen die Oberhand gewinnen wollen, und in ihrer Ratlosigkeit wenden sich diese Mönche an einen gewissen Evagrius Ponticus. Vor allem eins wollen sie von ihm wissen: An welchen Symptomen bemerke ich rechtzeitig, dass ich vom Weg der Befreiung und Selbstbeherrschung abweiche?

Dieser Evagrius Ponticus (346–399) ist sozusagen die graue Eminenz der Wüstenmönche, ein gebildeter Kopf und hervorragender Psychologe. Auf die Anfrage der Mönche hin stellt er einen Katalog von acht natürlichen Impulsen oder Triebkräften zusammen, die zu Obsessionen werden und infolgedessen zum Verlust der Selbstkontrolle führen können. Sein Katalog ist also kein Sündenregister, es geht ihm nicht um einzelne, womöglich unverzeihliche Verfehlungen; er will ja dem, was diese Mönche beunruhigt, auf den Grund gehen. Doch auch die Triebkräfte, die er als Ursache identifiziert, sind für sich genommen keineswegs böse; schon deshalb nicht, weil sie unwillkürlich, wie aus dem Nichts über einen kommen – kein Mensch, sagt Evagrius, ist gegen die spontanen Anwandlungen von Hochmut, Neid oder Eifersucht gefeit. Was sie dennoch gefährlich macht ist, dass sie sich mit der Zeit als Laster in der Seele festsetzen, falls man sich ihnen widerstandslos überlässt. Ich will seine Grundidee an einem Beispiel verdeutlichen.

Ein Punkt auf seiner Liste lautet »Völlerei«, und damit ist klar: Hier geht es nicht darum, uns den Genuss einer guten Mahlzeit zu verderben, wie ein beliebter Vorwurf gegen die Todsünden lautet. Hier geht es um Haltlosigkeit. Unkontrolliertes Essverhalten fällt unter Gier und erfüllt damit den Tatbestand der Maßlosigkeit. Wäre Evagrius mit den heutigen Verhältnissen vertraut gewesen, hätte er also schon den Diätwahn gekannt, er hätte unter diesem Punkt sicherlich das Begriffspaar »Völlerei – Magersucht« eingeführt, denn die permanente, zwanghafte Selbstkontrolle stellt eine ebensolche Zügellosigkeit wie die Gefräßigkeit dar. In der Psychologie würde man hier wohl von infantilen Regungen sprechen, denn beide Verhaltensweisen beweisen, dass man noch nicht gelernt hat, sich zu entscheiden, sich zu beschränken, sich nach der einen oder anderen Seite hin zu mäßigen. Und im selben Sinne, nämlich als Warnung vor Maßlosigkeit, sind auch die übrigen Punkte auf seiner Liste gemeint: die Wollust, die Habgier, der Zorn, die Traurigkeit (im Sinne von Frustration), der Lebensüberdruss (im Sinne von Depression), die Eitelkeit und der Hochmut.

Evagrius Ponticus macht also etwas sehr Kluges: Er entwirrt das turbulente Durcheinander der Seele, gibt den einzelnen Triebkräften Namen und verweist auf die Gefahren, die damit verbunden sind. Er leitet damit seine Mönche zur psychologischen Selbstdiagnose an, in der Überzeugung, dass sie diese Triebe durch Selbstbeobachtung und Willenskraft einzudämmen vermögen, bevor einzelne davon zur Besessenheit werden. Eine frühe Form der Psychoanalyse, könnte man sagen. Seine Liste stellt jedenfalls die Urform des Todsündenkatalogs dar; das Wort »Todsünde« allerdings nimmt Evagrius nie in den Mund – genauso wenig wie Papst Gregor der Große (540–604), der diesen Katalog später aufgreift, weil er sich ganz allgemein zur Diagnose seelischer Fehlentwicklungen eignet.

Lediglich zwei kleinere Veränderungen nimmt Gregor daran vor. Den Hochmut, der bei Evagrius an letzter Stelle rangierte, rückt er nach vorn – für ihn ist die Überheblichkeit, also die menschliche Neigung zum Größenwahn, die Wurzel allen Übels. Und dann reduziert er die Anzahl der Hauptlaster auf die mystisch aufgeladene Zahl sieben, indem er die seelische Trägheit von der Liste streicht. Die missverständliche Bezeichnung »Todsünden« aber bürgert sich erst im 12. Jahrhundert ein, gewissermaßen aus Gründen der Anschaulichkeit, nach dem Motto: Je drastischer, desto einprägsamer. Wobei auch weiterhin nicht an ewige Verdammnis gedacht ist – der Tod bezieht sich hier auf das Abstumpfen, das Veröden, das allmähliche Absterben der Seele, die von einer dieser Obsessionen beherrscht wird. In diesem Zustand allerdings richtet der Mensch unweigerlich Schaden an. Er wird zum Sünder.

Die Todsünden waren also seit jeher als eine Art Checkliste für verhängnisvolle Seelenzustände gemeint, für Symptome, die auf eine Persönlichkeitsstörung hindeuten. Eine moralische Verurteilung der Person war damit nicht zwangsläufig verbunden. Mithilfe der Todsünden ließen sich treffend und zeitlos gültig die Impulse benennen, die einen Menschen seelisch so weit deformieren können, bis er tatsächlich zu einer Gefahr für andere oder für sich selbst wird – darin bestand ihr Wert.

Dennoch wären sie wohl durch das viel differenziertere Instrumentarium der modernen Psychologie verdrängt worden, hätten sie sich nicht in unseren Tagen geradezu triumphierend in Erinnerung gerufen. Kaum zu glauben, aber – in einer Welt, die sich dem permanenten Wachstum verschrieben und Maßlosigkeit damit zu ihrem Prinzip erhoben hat, ist jener Katalog der Maßlosigkeiten eines antiken Wüstenmönchs aktueller denn je. Und diese Welt findet nicht einmal etwas dabei, sich offen zu den Todsünden zu bekennen. Sie kokettiert, sie schmückt sich sogar damit, wenn Unternehmen zum Beispiel den Geiz für geil erklären oder ihre Parfüms unter Namen wie »Arrogance« oder »Egoiste« vertreiben. Warum auch nicht? Die großen Laster von einst sind zu den großen Tugenden von heute geworden, unverzichtbar als Grundlage unseres Wirtschaftssystems. Damit sprechen wir nicht mehr von den Irrwegen, die Einzelne beschreiten. Wir sprechen von den Todsünden als Lebensform einer ganzen Gesellschaft. Und womöglich erklärt sich auf diese Weise auch die Attraktivität dieser Lebensform, denn einmal entfesselt, erzeugen die Todsünden einen mitreißenden Effekt – schließlich werden hier die ursprünglichsten Kräfte und Triebe freigesetzt.

Fassen wir einmal den großen Zusammenhang ins Auge. Jede Kultur muss gesellschaftliche Spielregeln aufstellen, wenn alle einigermaßen friedlich miteinander auskommen sollen. Aber Spielregeln allein reichen nicht aus. Auch jeder Einzelne muss mit sich selbst mehr oder weniger im Reinen sein, muss also mit sich selbst halbwegs in Frieden leben, sonst nützen die besten Spielregeln nichts. Und auch dazu müsste eine Kultur verhelfen, indem sie in etwa die Richtung zu einem sinnvollen Leben weist.

So sollte sie die Fähigkeit fördern, Gut und Böse zu erkennen und sich gegen das Böse zu entscheiden. Was die Sache außerordentlich schwierig macht ist der Umstand, dass die Kräfte, die das Böse auslösen, an sich weder gut noch böse sind, nämlich die Grundbedürfnisse von Körper und Seele. Nur wenn wir diesen Kräften erlauben, ein Eigenleben zu führen, wird es gefährlich, weil sie in unterschiedliche Richtungen streben und alle gewissermaßen Vorrang beanspruchen. Die große Herausforderung besteht darin, diese auseinanderstrebenden Triebkräfte irgendwie miteinander in Einklang zu bringen oder auszubalancieren und für alle Beteiligten fruchtbar zu machen.

Vier Impulse scheinen mir die beherrschenden zu sein. Da ist einmal der Wunsch, uns andere Menschen vom Leib zu halten – aus den unterschiedlichsten Gründen. Zum Beispiel, weil wir uns schützen wollen. Denn in der Gesellschaft anderer ist immer mit Angriffen auf unsere Seelenruhe, unseren Stolz, unsere Selbstgefälligkeit zu rechnen; ein guter Grund, auf Abstand zu gehen. Außerdem brauchen wir unsere Freiheit, einen Spielraum für unsere Experimente mit uns selbst, mit dem Leben, mit der Welt. Wir wollen unsere Unabhängigkeit wahren, unsere Selbständigkeit demonstrieren, also müssen wir die anderen in ihre Schranken verweisen, uns von ihnen absetzen.

Doch so schön es ist, Kapitän auf dem eigenen Schiff zu sein – ohne Mannschaft würde dieses Schiff gar nicht auslaufen. Wir sind auf die anderen eben auch angewiesen, deshalb ist es genauso lebensnotwendig, uns Menschen anzuschließen, uns ihnen sogar anzuvertrauen, dazuzugehören. Nicht nur unser Wunsch nach Geborgenheit wird auf diese Art erfüllt, auch unser ausgeprägtes Anerkennungsbedürfnis wäre anders nicht zu befriedigen. Davon abgesehen sind wir, wie schon erwähnt, auf Machtgewinn aus. Terrain erobern, Terrain verteidigen, das ist ein Urimpuls und schon deshalb von Vorteil, weil wir unsere Freiheit absichern müssen und eigene Ansprüche von einer Machtposition aus leichter durchzusetzen sind.

Kurzum: Wir sind hin- und hergerissen zwischen dem Wunsch, uns die Liebe der anderen zu verdienen und dem Bedürfnis, ihnen zu zeigen, dass wir gut und gern auf sie verzichten können. Die Lebenskunst besteht also nicht zuletzt darin, ein Gleichgewicht zwischen dem Unabhängigkeitsstreben und dem Wunsch nach Geborgenheit herzustellen. Darüber hinaus lässt sich aber noch ein weiteres, fundamentales und doch eher sonderbares Bestreben beobachten: Wir möchten herausragen. Wir möchten uns von der Masse gleichartiger Lebewesen absetzen. Wir wollen wichtig sein, eine Rolle spielen und zum Kreis der eindrucksvollen, von anderen mit Bewunderung und Neid betrachteten Menschen gehören. Jemand, den man nicht übersehen kann, der etwas zu sagen hat und dessen Meinung gefragt ist. Auch dieser Urimpuls könnte, wie die anderen, mit dem Selbsterhaltungstrieb zusammenhängen. Von Gewicht zu sein ist zweifellos ein Schutz gegen die Gefahr, vom Leben einfach weggeblasen zu werden und sang- und klanglos unterzugehen; in der Aura von Bedeutung haben wir um einiges weniger zu befürchten als jemand, den kaum einer kennt. Aber das scheint mir nicht alles zu sein. Es ist doch offenbar eine Lust damit verbunden, das Lebensexperiment weit über die eigene Selbstbehauptung hinauszutreiben und womöglich den Beweis anzutreten, dass man selbst nicht den gewöhnlichen Beschränkungen des gewöhnlichen Menschen unterliegt. Dass man sozusagen alle überragt. Und dieser merkwürdige Anspruch auf Einzigartigkeit wird uns im Zusammenhang mit den Todsünden besonders häufig beschäftigen.

Nun ist es so, dass sich diese gegensätzlichen Impulse in fast allen Lebenssituationen gleichzeitig regen und in Konflikt miteinander geraten, womit wir fortwährend vor der Frage stehen: Allein oder gemeinsam vorgehen? Miteinander oder gegeneinander agieren? Konkret zum Beispiel: Als Anlageberater mitmachen, wenn eine Bank ihre Kunden über den Tisch zieht, oder kündigen? Und diese Fragen werden nicht von Fall zu Fall und nach Gutdünken entschieden. Sie werden nach der persönlichen Grundhaltung beantwortet, die sich im Lauf der Jahre bei einem Menschen herausgebildet hat. Denn zumindest zu den fundamentalen Fragen haben wir ja längst eine Einstellung gewonnen, also zu Fragen wie: Welches Vertrauen verdient das Leben? Wie bedrohlich ist die Welt? Wie gefährlich sind meine Mitmenschen? Wie viel Angst muss ich haben, und wie lässt sich diese Angst bannen?

In unseren Antworten auf solche Fragen drückt sich unser Verhältnis zum Leben aus. Sie prägen unsere Überzeugungen und unser Verhältnis zu anderen und formen sich zu einer Lebenseinstellung aus, nach der sich unsere Entscheidungen weitgehend richten. Korrekturen sind dann kaum noch möglich, denn wie alle Gewohnheiten führen sie im Gehirn zu neuronalen Verknüpfungen, die sich bei häufiger Wiederholung verfestigen und stabilisieren. Deshalb sind solche Grundeinstellungen zäh und langlebig, und damit komme ich zu den Todsünden zurück.

Man kann sich vorstellen, welche Bedeutung das kulturelle Umfeld für unsere Lebenseinstellung hat. Es trägt entscheidend dazu bei, ob wir unsere widersprüchlichen Impulse zu bändigen und miteinander in Einklang zu bringen vermögen oder ob sich eine dieser Kräfte verselbständigt, überhand nimmt und das innere Gleichgewicht zerstört. Der Einzelne stände vor einer unlösbaren Aufgabe, wenn er sich nicht an kulturellen Vorgaben orientieren könnte, wenn ihm keine Traditionen und allgemeingültigen Wertvorstellungen zu Hilfe kämen. Was aber geschieht, wenn eine Kultur keine Maßstäbe für ein sinnvolles Leben mehr vermittelt? Wenn sie im Gegenteil sogar zerstörerische und selbstzerstörerische Grundhaltungen fördert und belohnt?

Ich befürchte, dass eine solche Lebensform sich einer breiten Zustimmung sicher sein kann, denn die Entfesselung einzelner Triebe wird stets als Befreiung empfunden, nicht selten als Lust. Ein Ventil wird geöffnet, und Erleichterung stellt sich ein. Die Mehrzahl der Todsünden sind solche Ventile, Gier, Zorn, Überheblichkeit und Eitelkeit beispielsweise. Ein System, das auf Todsünden basiert, muss demnach erfolgreich sein. Es hat diesen mitreißende Effekt, weil es Selbstbeherrschung überflüssig macht und alle Anstrengungen verpönt, die uns erlauben, im Frieden mit uns selbst und anderen zu leben. Denn auch das ist ein Effekt der Todsünden: Sie führen dazu, dass unser Interesse am Gegenüber abflaut, unsere Anteilnahme versiegt und eine rücksichtslose, ichbezogene Grundhaltung dominiert. Im Grunde beschreiben sie Zustände seelischer Betäubung.

Wir sehnen uns nach Selbstsicherheit. Wir wollen uns ein Leben lang in Sicherheit bringen, bis wir glauben dürfen, endlich den Zustand der Angstlosigkeit und der Mühelosigkeit erreicht zu haben, dieses glückliche Schweben über den Dingen. Wir lassen uns viel einfallen, um diesen Zustand zu erreichen, und wer die Selbstsicherheit nicht im eigenen Inneren findet, wird umso größere Anstrengungen unternehmen, die äußere Sicherheit zu erhöhen, sich unangreifbar zu machen, sich unbesiegbar zu wähnen, seinen Platz in der Welt mit allen Mitteln zu behaupten. In diesem Sinne kann man die Todsünden verstehen, als Strategien, Selbstsicherheit im Alleingang und meist auf Kosten anderer zu gewinnen.

Nachdem wir bis hierhin einiges über die Ursachen und das Wesen des Bösen herausgefunden haben, will ich mich jetzt diesen Strategien widmen. Von nun an wird es also um die Auswirkungen des Bösen gehen, wobei die Todsünden als Leitfaden dienen sollen. Das bietet sich schon deshalb an, weil sie sich unübersehbar im Bild unserer Zeit abzeichnen. Abgesehen davon haben sie seit jeher eine gesellschaftskritische Stoßrichtung gehabt – die Überheblichkeit war auf den Adel gemünzt, Geiz und Gier gingen an die Adresse der Reichen, Neid mussten sich die kleinen Leute vorhalten lassen. Die von Gregor dem Großen festgelegte Anzahl von sieben werde ich beibehalten, möchte aber den herkömmlichen Katalog an die modernen Gegebenheiten anpassen und deshalb nur fünf klassische Laster übernehmen, nämlich den Neid, die Raffgier, die Überheblichkeit, den Zorn und die Eitelkeit, in Narzissmus umbenannt. Die entstandene Lücke soll mit der Ungeduld und der Treulosigkeit gefüllt werden. Und was die Bezeichnung »Todsünden« angeht – ja, sie ist missverständlich, sie ist irreführend, das spricht gegen sie, aber sie ist bei weitem der kraftvollste Ausdruck unter denen, die sich sonst noch anbieten. Ich möchte deshalb dabei bleiben.

15. ALLER LASTER ANFANG – DER NEID

Die Sprengkraft des Neids … Einmal habe ich sie erlebt. Ein Cousin hatte das Testament meiner Tante verschwinden lassen, und nun saß die ganze Familie beisammen, mir gleich gegenüber die Frau dieses Cousins. Ich mochte nicht zu ihr hinüberschauen – der Neid war ihr ins Gesicht geschrieben, es war tatsächlich von Gier und Neid zerfressen. Konnten die beiden von der Hinterlassenschaft meiner Tante wirklich alles brauchen? Darum ging es nicht. Sie gönnten uns anderen nichts davon. Unter solchen Umständen sind Zerwürfnisse unausweichlich, und man fragt sich: Erzeugt der Neid noch etwas anderes als Bitterkeit?

Eine uralte Frage. Von allen Todsünden hat der Neid immer das größte Rätsel aufgegeben, weil ihm das Rauschhafte, Impulsive, fast möchte man sagen: Lebenspralle anderer Todsünden vollständig abgeht. Er ist ein einsames, trauriges Laster, eine Qual für alle, und am meisten für den Neidischen selbst. Niemand hat etwas davon. In Ovids *Metamorphosen* bietet die Göttin des Neids einen abstoßenden Anblick: Sie haust in einer ärmlichen Hütte, ernährt sich von Schlangen, hat schwarze Zähne und sondert Gallenflüssigkeit ab. Auf einem Gemälde des 17. Jahrhunderts frisst die allegorische Figur des Neids sogar ihr eigenes Herz, während ihr Blick wie ein Giftpfeil aus einem von Missgunst verzerrten Gesicht schießt. Was ist daran verführerisch, fragt man sich, worin besteht die Verlockung des Neids? – nur um bei weiteren Nachforschungen erstaunt festzustellen: So unsinnig der Neid erscheint – kein Laster dürfte weiter verbreitet und keines gefürchteter sein, als hätten wir es beim Neid mit dem Bösen in konzentrierter Form zu tun.

Der böse Blick etwa, der in der Magie eine so große Rolle spielt, ist nichts anderes als der neidische Blick, das begehrliche oder missgünstige Auge, das jemand auf mich und meine Habe wirft. Nach dem Volksglauben vermag schon dieser Blick Schaden anzurichten, man kann gar nicht genug auf der Hut davor sein, und bis heute schützt man sich in vielen Ländern mit Amuletten dagegen. In einigen Kulturen wird der Neid sogar als etwas Selbstverständliches, Naturgegebenes vorausgesetzt, dort gibt es gar keinen unschuldigen Blick. Etwas wahrzunehmen kann schon bedeuten, es besitzen zu wollen, weshalb beispielsweise im arabischen Raum das Lob für einen schönen Gegenstand leicht als Wunsch verstanden wird, diesen Gegenstand als Geschenk zu erhalten. »Was für ein herrlicher Ring«, sagt der Gast anerkennend, ohne jeden Hintergedanken, und der Hausherr versteht: Den hätte ich gern geschenkt ... Es kann dann durchaus vorkommen, dass dieser Ring tatsächlich den Besitzer wechselt. Der Neid wird von vornherein einkalkuliert, und Großzügigkeit ist eine Strategie, diesem allgegenwärtigen Neid die Spitze abzubrechen.

Sehen ist Begehren, das Auge erhebt Anspruch auf das Gesehene. Tatsächlich gilt der Neid als das visuelle Laster schlechthin. Während Zorn und Geiz blind machen, geht das Auge des Neidischen auf Jagd, und die Pfeile des neidischen Blicks sind vergiftet – wobei sie gar nichts erbeuten, nur zerstören sollen. Obendrein hat der Neid gute Ohren. »Wir antworten auf die Frage nach unserem Befinden niemals mit ›ausgezeichnet‹ oder ›hervorragend‹«, erzählte mir eine Italienerin vor Jahren. »Wir sagen: ›Es geht so einigermaßen.‹

Wir wollen keinen Neid wecken. Dass es einem anderen ausgezeichnet geht, hört niemand gern, das macht die Leute neidisch, und sie wünschen einem dann Schlechtes.«

Der böse Blick, der böse Wunsch, sie genügen. Dem Neidischen wird zugetraut, das Glück des anderen allein durch seine Willenskraft, ohne dass er aktiv werden müsste, zu ruinieren. Keiner anderen Todsünde wird eine so unheimliche Macht zugeschrieben. Keine andere ist so präsent, dass man ständig dagegen gewappnet sein müsste. Es scheint eine regelrechte Urangst vor dem Neid zu geben.

Dabei gehorcht der Neid einer absurden Logik. Man stelle sich vor: Wir haben es gut, wir sind zufrieden – so lange, bis es einem anderen besser geht als uns. Jetzt wollen wir es auch besser haben, mindestens so gut wie der andere, wenn nicht noch etwas besser. Da ist uns das Bisherige nicht mehr gut genug, da müssen wir unbedingt nachbessern, ranklotzen, Überstunden machen, damit wir es wieder gut haben ...

Wie ist es möglich, dass diese Logik uns plausibel erscheint?

»Die Leute ertragen es nicht, jemanden aufsteigen zu sehen«, sagt der spanische Schriftsteller Rafael Chirbes. Warum? Weil der Erfolgreiche mir die Show stiehlt? Weil er mich in seinen Schatten stellt? Aber unerträglich ist das doch nur, wenn ich mir selbst klein vorkomme. Wenn ich dauerhaft in dem Gefühl lebe, zu kurz gekommen zu sein. Und wenn ich darüberhinaus geradezu nach Gelegenheiten suche, mich zurückgesetzt und benachteiligt zu fühlen, indem ich mich und meine Verhältnisse unablässig mit anderen und deren Lebensumständen vergleiche – als würde ich zwanghaft nach einer Bestätigung dafür suchen, dass mir wirklich unentwegt eine Art höheres Unrecht widerfährt. Da stellt sich die Frage: Kommen wir schon als Benachteiligte auf die Welt? Gehört ein kapitaler Minderwertigkeitskomplex zu unserer Grundausstattung? Und hören wir erst dann auf, uns klein zu fühlen, wenn wir irgendwann endlich in den allerhöchsten Regionen angekommen sind?

Tatsache ist: Der Neidische unterstellt, dass es bei dem Erfolg eines anderen nicht mit rechten Dingen zugegangen sein kann. Er sieht nicht dessen Leistung, nicht dessen Talente, nicht dessen besondere Qualifikation, er sieht Manipulation, Gerissenheit, Schamlosigkeit und unverdientes Glück am Werk. Der Erfolgreiche muss mit falschen Karten gespielt haben, denn – wäre alles mit rechten Dingen zugegangen, wäre der Erfolg dem Neidischen zugefallen. Selbst wo das gar nicht möglich ist, sucht sich der Neid seine Opfer. Jeder, der im Licht der Öffentlichkeit steht, muss deshalb damit rechnen, dass sich beim ersten Fehltritt der Neid in Form von Schmähungen, Beschimpfungen und Häme über ihn ergießt und alle darauf warten, ihn stürzen zu sehen. Da setzt das aus, was sonst, bei Unseresgleichen, unter solchen Umständen einsetzt: das Mitleid. Weil es dem prominenten Pechvogel schon viel zu lange viel zu gut gegangen ist? Weil man ein Beispiel ausgleichender Gerechtigkeit zu erleben glaubt?

Wobei der Neid nicht nur im Falle fremden Erfolgs hochkocht. Die geheimste Unzufriedenheit gilt dem eigenen Aussehen, und noch häufiger womöglich als am Erfolg entzündet sich der Neid an der Schönheit eines anderen, als wäre auch hier Ungerechtigkeit im Spiel, als hätte der andere sein blendendes Aussehen genausowenig verdient wie man selbst sein Durchschnittsgesicht. Wie schon kleine Kinder beständig Ungerechtigkeit wittern, so regt sich offenbar auch beim

Erwachsenen der Verdacht, übergangen oder zurückgesetzt zu werden, und äußert sich in dem bohrenden Selbstzweifel: Was stimmt mit mir nicht, dass mir versagt wurde, was anderen in den Schoß fällt? Oder, um die quälende Kernfrage des Neids auf den kürzesten Nenner zu bringen: Warum er? Warum sie? Warum nicht ich?

Und wenn man sich jetzt anschaut, worauf der Neid hinausläuft, womit er sich dann schließlich doch zufriedengibt ... Mit zweierlei nämlich: entweder mit dem Übertrumpfen des Konkurrenten oder mit seinem Ruin. Der Neid will also gar nicht unbedingt hoch hinaus. Da das Übertrumpfen oft nicht gelingen will, begnügt sich der Neidische auch mit der Erfahrung, dass der Beneidete vom Pech verfolgt wird ... und hilft kräftig nach. Damit betreten wir das ureigene Territorium des Neids, das Reich der Intrige.

Zahllos sind die Beispiele aus Verwaltungen, Behörden, Ämtern, wo eine Abteilung gegen die andere arbeitet, ihre Vorschläge abschmettert, ihre Initiativen hintertreibt, ihre Pläne durchkreuzt, ihr Steine in den Weg legt wo immer es geht. Der Neid greift im Alltag zu Zermürbungsstrategien, er ist ein Meister der Machtausübung durch Verhinderung. Das Gleiche kann man sogar mit Freunden erleben. Man hat ein Projekt, man bittet sie, sich dafür einzusetzen und ihre Verbindungen spielen zu lassen, sie sichern ihre Unterstützung auch zu – und hinterrücks tun sie alles, um dich als Person lächerlich zu machen und dein Projekt zu sabotieren. Denn selbst unter Freunden ist die Furcht verbreitet, der andere könnte eine bessere Figur als man selbst abgeben, und jetzt gewinnt der Neid plötzlich an Reiz: durch die Genugtuung, die die gelungene Demontage eines Konkurrenten verschafft. Wer am Boden liegt, kann niemanden mehr in den Schatten stellen, und wie beglückend ist es, ihn sich winden und strampeln, verzweifeln und schließlich aufgeben zu sehen!

Es geht aber noch weiter. Hat der Neid sich tief genug eingefressen, kann er schon einsetzen, wenn mein Nachbar mit mir gleichzieht. Es kann dann dahin kommen, dass ich ihm lieber Schlechtes wünsche als mir selbst Gutes, dass ich ihn lieber unglücklich sehen würde als mich selbst glücklich. Der englische Theologe Johannes von Salisbury (1115–1180) treibt die Absurdität des Neids in folgender Fabel auf die Spitze: Ein König will zwei Männern – der eine geizig, der andere neidisch – je ein Bitte gewähren, und zwar in der Form, dass der anderen das Doppelte von dem erhält, was der eine sich wünscht. In der Erwartung des doppelten Anteils lässt der Geizige dem Neidischen den Vortritt. Der denkt lange nach und bittet dann darum, man möge ihm ein Auge ausreißen – damit der andere beide verliert ...

Johannes von Salisbury bekommt hier das Wesen des Neids sehr gut zu fassen. Der Neid dringt nämlich nicht nur als Gift in alle menschlichen Beziehungen ein – in letzter Konsequenz nimmt er Züge einer irrwitzigen Rache an. Einer Rache für etwas Entgangenes, das der Beneidete dem Neidischen niemals schuldig war. Dennoch verknüpft der Neidische sein Schicksal mit dem des anderen bis hin zu dem Punkt, an dem er den eigenen Untergang in Kauf nimmt, wenn nur der andere ebenfalls Schiffbruch erleidet. Eine Art teuflischer Energie scheint sich im Neid zu konzentrieren, etwas, das sinnloser Böswilligkeit sehr nahe kommt. Und keine Vernunft der Welt könnte hier Einhalt gebieten, denn der Neidische hält seinen Neid für gerechtfertigt, er ist tatsächlich davon überzeugt, Opfer eines höheren Unrechts, einer schicksalhaften Benachteiligung geworden zu sein. Aber –

welches merkwürdige Gerechtigkeitsgefühl macht sich da eigentlich bemerkbar? Woher leitet sich der Anspruch des Neidischen ab, in den Genuss desselben Glücks – und äußerstenfalls desselben Unglücks – wie der Beneidete zu kommen? Und – worum geht es eigentlich bei diesem sonderbaren Wettstreit?

In dem bereits erwähnten Scorsese-Film *Der Wolf der Wall Street* gibt es unter vielen anderen auch diese bemerkenswerte Szene: Der FBI-Ermittler, der auf den Betrüger Jordan Belfort angesetzt ist, stattet diesem einen Besuch auf dessen luxuriöser Jacht ab. Belfort sonnt sich auf Deck in seinem Besitzerglück und lässt sich die Beschuldigungen des Ermittlers gut gelaunt gefallen – was kann dieser kleine Polizist einem Mann anhaben, dem alles gelingt? Selbst persönliche Beleidigungen steckt Belfort locker weg, da ist er gar nicht zu treffen, davor schützt ihn der Panzer seines Erfolgs. Doch dann passiert es: Der Ermittler lässt es an Bewunderung für seine Jacht fehlen, und Belfort verliert die Fassung. Die Geringschätzung seines Prunkstücks trifft ihn ins Herz. Warum? Nicht nur, weil damit das ganze Lebensmodell der Erfolgsgier infrage gestellt wird, vermute ich. Sondern weil dieser kleine Beamte ihm obendrein die Anerkennung als Glückskind verweigert, als – um ein altmodisches Wort zu benutzen – Liebling der Götter.

Denn die Jacht erfüllt Belfort nicht bloß mit Stolz. Sie ist für ihn auch mehr als ein Statussymbol. Sie ist in diesem Augenblick, da in der Gestalt des Betrügers und des Ermittlers zwei gegensätzliche Lebensentwürfe aufeinanderprallen, der Ausdruck für die besondere Gunst des Schicksals, der sich Belfort bis eben noch sicher gewesen ist. Sie ist das Wahrzeichen seines geradezu metaphysischen Rangs, der ihn weit über die ordinäre Welt des Ermittlers und ihre kleinlichen Vorstellungen von Recht und Moral erhebt. Den Erfolg kann ihm niemand absprechen. Aber man kann sein Selbstbild eines vom Schicksal Ausgezeichneten und Gesegneten zerschlagen, und das ist dem kleinen Polizisten gerade gelungen. Damit wären wir bei der Erzählung von Kain und Abel angekommen, dem klassischen Drama um Neid und Eifersucht.

Die Geschichte vom Brudermord steht in der Genesis zwischen Sündenfall und Sintflut. Hier am Anfang des Alten Testaments herrscht eine Zeitraffer-Dramaturgie, da wird die seelische Entwicklungsgeschichte des Menschen in kurzen, prägnanten Episoden zu ihren entscheidenden Momenten verdichtet. Die erste menschliche Regung, von der wir erfahren, ist die Scham, durch die das Gewissen nach dem Sündenfall spricht. Und unmittelbar darauf folgt der Neid, durch den die Erfahrung spricht, den Anspruch auf die göttliche Gunst verwirkt zu haben, und der verzweifelte Wunsch, diese Gunst zurückzugewinnen. Die Geschichte spielt sich folgendermaßen ab:

Kain und Abel, die Söhne des ersten Menschenpaars, bringen Gott ein Opfer dar, jeder auf seinem eigenen Altar. Kain ist Ackerbauer und opfert Feldfrüchte, Abel ist Schafzüchter und opfert Jungtiere. »Und der Herr sah Abel und sein Opfer gnädig an, aber Kain und sein Opfer sah er nicht gnädig an«, heißt es dann lakonisch – was nichts anderes bedeutet als: In Abels Fall erfüllt das Opfer seinen Zweck, Gott schenkt ihm den erhofften Erfolg, wohingegen Kain vergeblich opfert, ihm bleibt ein vergleichbarer Erfolg versagt. Da überläuft es Kain heiß, fährt der Erzähler fort, alles bäumt sich in ihm gegen die vermeintliche Ungerechtigkeit Gottes auf, und in maßlosem Zorn erschlägt er seinen Bruder Abel …

Wieder einmal wird hier, am Anfang der Genesis, ein grundlegendes Motiv menschlichen Handels freigelegt, und der Neid ist ein solches Motiv. Die eigentliche Pointe dieser Erzählung besteht aber darin, dass die unausweichliche Verbundenheit des Menschen mit Gott ausgerechnet in einer Todsünde zum Ausdruck kommt. Damit ist klar: Beim Neid, der sich so heftig an den Dingen der sichtbaren Welt entzündet, geht es am allerwenigsten um diese Dinge. Es geht nicht einmal darum, dass Kain seinem Bruder den wirtschaftlichen Erfolg – oder die Liebe seiner Frau, seinen Kinderreichtum – missgönnen würde. Was er ihm aber aus tiefstem Herzen missgönnt ist seine Vorrangstellung bei Gott, seine Bevorzugung durch die himmlischen Mächte, deren augenfälliger Ausdruck der Erfolg ist. Auf die Gegenwart übertragen könnte man sagen: Was man dem anderen neidet ist nicht sein Ferrari, es ist das – unverdiente – Glück, sich einen Ferrari leisten zu können. Der erste Mord geschieht mithin aus Eifersucht auf einen Mitbewerber, der in der göttlichen Gunst höher rangiert als man selbst. Kain stellt sich die ewige Frage des Kindes, das Grund zu haben glaubt, sich zurückgesetzt zu fühlen: Warum wird der da mehr geliebt als ich? Womit hat *er* sein Glück, womit habe *ich* mein Pech verdient?

Im Grunde also empört sich Kain gegen Gott. Das Glückskind Abel zu erschlagen ist eine Notlösung, eine Kurzschlussreaktion aus der unerträglichen Enttäuschung darüber, von Gott ignoriert zu werden. Den erfolgreicheren Mitbewerber um die göttliche Gunst aus dem Weg zu schaffen liegt gleichwohl in der Logik des Neids: Man hofft, bei

Gott an dessen Stelle zu rücken und das Erbe seines Erfolgs anzutreten. Und auch, wenn wir heute keinen Blick mehr dafür haben – unser Selbstwertgefühl ist unvermindert stark von solchen Gunstbeweisen des Schicksals abhängig. Solange wir im Leben den Kürzeren ziehen, müssen wir an eine höhere Ungerechtigkeit glauben, um weiterhin an uns selbst glauben zu können.

Wobei der Neid nicht einmal denen erspart bleibt, die es für unseren Geschmack bis sehr hoch oben geschafft haben. Denn auch in den höchsten Wirtschaftskreisen, dort, wo die Luft schon dünn wird, findet sich immer noch einer, der ein Stüflein höher steht, und deshalb zählt auch dort immer noch jeder Meter, den eine Segeljacht länger, und jeder Quadratmeter, den eine Villa oder das dazugehörige Grundstück größer ist. Immer ziehen wir den Kürzeren. So erklärt sich die Allgegenwart des Neids und auch die Kraft der Verzweiflung, die in ihm steckt.

Neid und Gier seien die Triebkräfte unseres Wirtschaftssystems, wie der Londoner Bürgermeister Boris Johnson sagte. Der Neid zumindest ist eigentlich zu destruktiv, als dass man sich für ein Wirtschaftssystem viel davon versprechen dürfte. Dennoch hat Johnson recht, denn der Neid besitzt noch eine zweite, der Wirtschaft hochwillkommene Seite: Auch der Erfolgreiche bedarf des Neids. Er bezieht sein Glück ja nicht zum wenigsten aus der Schadenfreude, die anderen im Wettstreit um die göttliche Gunst abgehängt und auf die Plätze verwiesen zu haben, und sein Besitzerstolz nährt sich oft mindestens ebenso aus dem Neid der Zukurzgekommenen wie aus dem Bewusstsein der eigenen Tüchtigkeit. Ich bin mit den Schicksalsmächten im Bunde, ich bin zum Liebling der Götter qualifiziert – von solchen Gefühlen wird ein Jordan Belfort bei seinem Höhenflug getragen, solange kein biederer FBI-Ermittler auftritt, der ihm die gewohnte Huldigung der Neidischen verweigert.

Ich gebe gern zu: Es muss ein erhebendes Gefühl sein, sich des Neids seiner Mitmenschen sicher sein zu dürfen. Nichtsdestoweniger liegt ein Grundirrtum vor, wenn man einen Zuwachs an Macht oder Reichtum für die ersehnte Bestätigung seiner Einzigartigkeit hält. Und aus diesem Irrtum leitet sich ein zweiter Denkfehler her, nämlich der, ein beneidenswertes Leben für erstrebenswerter zu halten als ein glückliches. Denn beneidenswert zu sein ist nicht dasselbe wie glücklich zu sein; das eine wird in unserer Zeit nur allzu leicht mit dem anderen verwechselt.

»Mein Mann und ich, wir führen ein Leben, von dem andere nur träumen können. Wir sind glücklich.« Diese Sätze las ich in einem Interview mit zwei Erfolgreichen, die sich auf Fotos vor einer in der Tat imposanten Kulisse von Reichtum präsentierten. Schon der Artikel als solcher bewies, dass die beiden auf Anerkennung, auf neidvolle Bewunderung schielten, und mein Eindruck ist: So wie diese zwei Erfolgsmenschen stellen sich heute auch viele andere ein beneidenswertes Leben vor, wenn sie an ein glückliches Leben denken. Ein Irrtum, wie gesagt.

Denn um ein beneidenswertes Leben zu führen, muss man punkten, protzen, prahlen, mit einer makellosen Karriere, einer makellosen Figur und makellosen Kindern, man muss dick auftragen und zeigen, was man hat, und erst einmal ordentlich viel haben, was wiederum bedeutet zu schuften, zu scheffeln und anzuschaffen. Irgendwann mag es dann tatsächlich eintreten, dass man auf andere Eindruck macht und sich in ihren neidischen Blicken sonnen kann. Damit wäre man am Ziel, und gewöhnlich ist das Glück dabei auf der Strecke geblieben.

Denn um glücklich zu sein, braucht man das alles nicht. Neidvolle Blicke können beglückend sein, aber sie sind teuer erkauft. Man hat sich von der Beurteilung seiner Mitmenschen abhängig gemacht und muss ihnen jetzt stets das gleiche Schauspiel liefern, muss unter Aufbietung aller Energien immer dieselbe Fassade des Glücks aufrechterhalten, egal, wie düster es dahinter aussieht. Damit verliert man sich selbst aus den Augen. Es geht dann nur noch darum, den Anschein zu wahren, das Schicksal auf seiner Seite zu haben, und so wird das Streben nach Glück zu einer Farce, einer Vorstellung für die billigen und selbstverständlich auch für die teuren Plätze – nicht von ungefähr erwecken alle Bilder, die aus der Welt der Reichen und Schönen zu uns dringen, den Eindruck von Kulisse, Theater und Schauspielerei. Wahres Glück aber ist: Nichts vorspielen zu müssen. Wahres Glück ist die Unabhängigkeit vom Urteil des Publikums, ist der Luxus, sich selbst und anderen gegenüber ehrlich sein zu dürfen. Und im Übrigen: Der Glückliche kennt keinen Neid. Bei ihm verfängt das Theater des beneidenswerten Lebens nicht. Er führt sein Leben für sich selbst, nicht für ein Publikum.

In einem Punkt kommt diese merkwürdige Todsünde des Neids der Wahrheit allerdings sehr nah. Denn das ersehnte Glück des Neidischen geht über das hinaus, was man aus eigener Kraft erreichen kann, es ist nur als Geschenk möglich, als Augenblick der Erfüllung. Diese Ahnung beweist, dass der Neidische eigentlich auf dem richtigen Weg ist, denn um beglückend zu wirken, muss das Glück tatsächlich unerwartet kommen. Was geplant und verdient ist, was gefordert oder eingeklagt werden kann, macht nicht glücklich, aus dem einfachen Grund, weil es nicht dankbar macht. Glück und Dankbarkeit aber sind eins, und der Augenblick der Dankbarkeit ist der Augenblick der Erfüllung.

So gesehen war der Traum des Neidischen von einem geschenkten, unverhofften Glück für meinen Cousin und seine Frau mit der Erbschaft in Erfüllung gegangen. Sie hätten zufrieden sein können. Doch der Neid gibt sich so leicht nicht zufrieden. Kaum ist das Ziel in greifbarer Nähe, schlägt er in Missgunst um gegen alle, die das geschenkte Glück streitig machen könnten. Unfähig zur Dankbarkeit, besteht er auf der Exklusivität seines Glücks, und so verwandelt der Neid seit jeher Glück unweigerlich in Unglück.

16. WER ÜBERTRUMPFT BILL GATES? – DIE GIER

Der Neid ist aller Laster Anfang. Er muss nämlich nicht für alle Zeit diese klammheimliche, seelenverfinsternde Empörung darüber bleiben, dass man den Schicksalsmächten gleichgültig ist. Der Neid kann ausbrechen, wie eine Krankheit nach einer bestimmten Inkubationszeit ausbricht, und dann zur Gier werden. Insofern hat Boris Johnson recht: Ohne Neid keine Gier. Und auf die Gier ist nun wirklich Verlass. Sie ist eine ansteckende Krankheit.

In der Gier wird der Neid aktiv. Das beklemmende Lebensgefühl, allem Anschein nach auf nichts Anspruch zu haben, schwingt sich höchstens zu Gehässigkeiten auf, lähmt aber im allgemeinen die Kräfte. Unter bestimmten Umständen jedoch kann diese Verbitterung in ihr euphorisches Gegenteil umschlagen, nämlich die rauschhafte Gewissheit, im Grunde auf buchstäblich alles Anspruch zu haben und diesen grenzenlosen Anspruch auch gegen alle Widerstände, gegen alle Regeln und gegen alle Vernunft durchsetzen zu dürfen. In Einzelfällen ist das zu allen Zeiten vorgekommen. In der Vergangenheit gehörten zur Gier allerdings die Macht und die Gelegenheit, sie äußerte sich dann zum Beispiel im Goldrausch von Konquistadoren und kalifornischen Goldgräbern, in der Plünderung eroberter Städte und Territorien oder in der Prunksucht weltlicher Herrscher und Kirchenfürsten.

Aber noch nie hat die Gier eine ganze Gesellschaft, eine gesamte Kultur erfasst. Unser Entsetzen über die Vorgänge, deren Zeugen wir seit etwa einem Jahrzehnt werden, rührt von dem Eindruck her: Mittlerweile zocken alle. Die Welt hat sich in eine einzige riesige Glückspielhalle verwandelt, und es scheinen keine Regeln oder Grundsätze mehr zu gelten, nach denen man den Anspruch aller auf alles bestreiten könnte. Zur Regel geworden ist vielmehr, sich in den oberen Etagen solange traumhafte Gehälter zu gönnen, bis man den Bogen überspannt hat, dann noch einmal kräftig abzukassieren und anschließend den Staat um die Steuer zu betrügen. Und kaum hat die Verärgerung über solche Praktiken in den unteren Etagen nachgelassen, avancieren die Täter zu Vorbildern.

Oder darf man in diesem Fall gar nicht mehr von Tätern sprechen? Hat sich auch hier das Böse aufgelöst, weil es gang und gäbe geworden ist, von allen akzeptiert? Und wie war das noch mit dem dramatischen Aspekt des Bösen? Es fasziniert uns, es erregt uns, sobald wir es als Zuschauer erleben. Könnte es sein, dass wir in unserer von Medien beherrschten Welt tatsächlich alle zu Zuschauern geworden sind und jene unersättlichen Manager, Banker und Börsenhändler uns bloß ein Schauspiel liefern, indem sie uns das Urlaster des Neids in seiner dramatischsten und mithin attraktivsten Form präsentieren – eben als Gier? Dann wären sie also keine Täter. Dann würden sie den Namen, unter dem sie sich offenbar am wohlsten fühlen, zu recht tragen. Dann wären sie tatsächlich Player, also Spieler, Schauspieler und Glücksspieler in einem. In diesem Fall wäre es sinnlos, noch zwischen Gut und Böse unterscheiden zu wollen. So gesehen würde es allein darum gehen, ob man die Bühne als Gewinner oder Verlierer verlässt.

Wenn wir ehrlich sind, müssen wir zugeben: Wir sind gar nicht so undankbar für dieses Spektakel der Gier. Deutsche

Spitzenmanager, die nach London reisen, um ihre astronomischen Bonusvergütungen einzuklagen, mögen wir verächtlich finden, aber Abscheu und Faszination dürften sich aufs Ganze gesehen die Waage halten, denn wie der Hochmut gehört die Gier zu den grandiosen Todsünden, und im Unterschied zum Neid sind wir leicht von seinen Vorteilen zu überzeugen. Auch wir glauben nämlich – nein, nicht unbedingt an das Glück, das der Reichtum verheißt, aber an die Aussagekraft des Reichtums. Und abgesehen davon könnte es uns schmeicheln, in das Schauspiel der Gier einbezogen zu sein, denn uns, dem Publikum, gilt ja der ganze Aufwand.

Natürlich hat es seine lächerlichen Seiten, dieses Stück mit dem Titel: Ich hab's geschafft, ich habe euch überflügelt. Wo es gar nicht mehr um die Freude an einzelnen Stücken oder Dingen geht, sondern bloß noch ums Imponieren – ob die Kunst an den Wänden, ob die brandneue Küche, ob die Motorjacht im Hafen von Monaco, Hauptsache teuer. Aber es ist nun einmal so: Geld muss durch das, was ich mir leisten kann, sichtbar gemacht werden. Solange es auf der Bank liegt, ist es unsichtbar, mithin fürs Publikum nicht vorhanden und somit beinahe wertlos. Sobald es jedoch die Form einer Motorjacht annimmt, wird es lebendig, da betritt es die Bühne, da geht der Vorhang über meinem Reichtum auf, das Stück beginnt ... und wir Normalmenschen ertappen uns dabei, brav mitzuspielen und die Jacht flugs wieder in Geld umzurechnen: Aha, da schwimmen zwei Millionen. Und wenn wir jetzt noch von dem geschätzten Preis des Alten Meisters, der Hochleistungsküche, der Luxusjacht auf die überragenden Qualitäten des Besitzers schließen, wenn wir diese Dinge nicht nur als Statussymbole verstehen sondern als Potenzsymbole, als Kraft- und Hoheitszeichen, die ihren Besitzer als einen exzellenten, wahrhaft überragenden Menschen ausweisen – dann haben wir als Publikum unseren Zweck erfüllt.

Sicher, seinesgleichen kann der Global Player nur mit Zahlen beeindrucken. Da geht es um den Platz auf der Rangliste, in der Stellung innerhalb der Hierarchie der Superreichen, also um die Frage: Wer übertrumpft Bill Gates? Im Hinblick auf alle anderen aber besteht der Sinn des unsinnigen Reichtums in der Selbstdarstellung, der Selbstoffenbarung des Reichen, weshalb der neu erworbene Maserati möglichst vielen ins Auge fallen muss – seht her, den kann ich mir nebenbei auch noch leisten! Und es funktioniert. Wahrscheinlich haben noch nie so viele an die Aussagekraft des Reichtums geglaubt. Leichter denn je lassen wir uns durch die äußeren Attribute des Erfolgs von der Außergewöhnlichkeit und dem Glück eines Menschen überzeugen. Erstaunlich, denn ich bin sicher: An unserer tiefsten Sehnsucht wird sich nichts geändert haben – dem Wunsch, durch uns als Person zu überzeugen. Um unserer selbst willen geliebt zu werden.

Es ist doch unsere ewige Hoffnung, die anderen mögen in uns etwas entdecken. Etwas Außergewöhnliches, über das wir uns vielleicht selbst nicht im Klaren sind. Ein einzigartiges Talent, eine einzigartige Fähigkeit oder auch einen besonders sympathischen Wesenszug. Irgendetwas, das uns attraktiver macht, als wir uns womöglich selbst vorkommen, unser wahres Ich sozusagen – das im Übrigen auch unter den angetroffenen Lebensverhältnissen, an der von außen aufgezwungenen Kleinformatigkeit leiden kann. In jedem Fall würde sich unser wahres Ich als sehr viel größer, üppiger und prächtiger entpuppen, wenn es nur aus den Fesseln der vorgefundenen Lebensumstände und seiner engen, oft als hässlich empfundenen Haut befreit würde – mit anderen Worten: Wenn wir den Durchbruch schaffen würden.

Dieser Durchbruch kann als beruflicher Erfolg eintreten. Als Anerkennung unserer Qualitäten auf einem besonderen Gebiet, auch als Aufnahme in exklusivere Kreise und Klubs, mit allen Entfaltungsmöglichkeiten, die sich daraus ergeben. Ein Gewinn an Achtung, Macht und Geld wird damit einhergehen und nicht zuletzt ein neues Selbstbild: Ich bin der, der es geschafft hat. Dagegen wäre überhaupt nichts zu sagen. Diesen Aufstieg hätten wir uns durch Arbeit und Leistung verdient, und die Chancen stehen nicht schlecht, dass wir auf diesem Weg zu Selbstgewissheit und Zufriedenheit gefunden haben und mit ziemlicher Sicherheit auf alle spektakulären Formen der Selbstdarstellung verzichten können. Unser wahres Ich käme durch unsere ganzes Leben schon zur Genüge zum Ausdruck.

Die Versuchung ist allerdings groß, es mit den augenfälligen Attributen des Reichtums zu versuchen, sobald der Durchbruch geschafft ist, um erst gar keinen Zweifel an unserem prächtigen wahren Ich aufkommen zu lassen. Die Versuchung ist groß, weil diese Attribute des Reichtums die effizienteste Form der Selbstdarstellung sind und wir inzwischen alle auf Effizienz und Durchschlagskraft getrimmt sind. Mit innerem Reichtum etwa ist nichts zu gewinnen, wenn man die prompteste Wirkung auf seine Mitmenschen erzielen möchte; Geistreichtum zum Beispiel bedarf der Worte, er erfordert eine ausdauernde, womöglich anstrengende Auseinandersetzung mit der Person und entfaltet sich überhaupt nur für den, der einen Sinn dafür hat. Da lässt sich nichts auf einen Blick in Euro umrechnen, und überhaupt: Der Verstand ist sehr viel schwerer zu überzeugen als das Auge. Mit der Aussagekraft des Reichtums komme ich schneller weiter, auch weil diese Sprache mittlerweile von allen verstanden – und von allen gesprochen wird. Meine sündhaft teuren Schuhe beweisen nun also, was in mir steckt. In meinem Besitz tritt mein Innenleben zutage, und mein Maserati ist ein Abbild meines Selbst. Nun gut, es sind tote, zur Fassade erstarrte Bilder meines Innenlebens – aber wohl trotzdem der Ausdruck meines wahren Ich.

Was ich mich frage: Muss sich der Mensch in diesem Fall darauf gefasst machen, seinerseits in Euro oder Dollar umgerechnet zu werden? Und – würde es ihn stören?

»Dieses Laster muss mit der Wurzel aus dem Kloster ausgerottet werden ... Keiner habe etwas an Eigentum, überhaupt nichts, kein Buch, keine Tafel, keinen Griffel, gar nichts ... Stellt sich heraus, dass einer an diesem sehr schlimmen Laster Gefallen findet, werde er einmal und ein zweites Mal ermahnt. Wenn er sich nicht bessert, treffe ihn eine Strafe.«

So heißt es mit seltener Unerbittlichkeit in der Klosterregel des heiligen Benedikts, unseres Ordensgründers. Wer ins Kloster eintrat, musste auf jeden Besitz verzichten; das war für Benedikt gar keine Frage, das trifft auch auf alle anderen Orden zu, bis heute. Die Gier in all ihren Erscheinungsformen stellte für ihn das Hauptübel der Menschheit dar und gleichzeitig das Kennzeichen der Zivilisation. Als echter Sohn der Antike war ihm alles Ausufernde, Maßlose, Exzessive zuwider, ein Ausdruck triebhafter Haltlosigkeit und des Menschen als Gottes Ebenbild nicht würdig – die Geld- und Besitzgier aber galt ihm als Inbegriff aller Irrwege, die ein Mensch beschreiten kann. Als er seine Regeln für das

Klosterleben aufstellte, schwebte ihm eine gottgefällige und gleichzeitig menschenwürdige Gegenwelt vor, deren oberster Grundsatz Mäßigung lautete. Die Gier sollte erst gar keine Chance bekommen.

Das Vorbild für seine Klostergemeinschaften fand er übrigens in der normalen Gesellschaft, und zwar in der Familie. Er schätzte an ihr das Gemeinschaftsgefühl, das sich in einer Gruppe von überschaubarer Größe am ehesten einstellt, er sah in der Familie aber gewiss auch einen der wenigen Bereiche, in dem Sachen und Leistungen nicht gegen Geld verrechnet werden. Erstaunlicherweise ist das bis heute so geblieben. In unserer Zeit dürfte die Familie der letzte Ort überhaupt sein, an dem uns der Zusammenhang zwischen Preis und Leistung noch nicht zwingend logisch erscheint. Gerade deshalb lässt sich an ihr hervorragend zeigen, wie das Geld in die menschlichen Beziehungen eingreift, und ich will das an einem Beispiel versuchen.

Das Preis-Leistungs-Verhältnis darf man getrost für den letzten, gewissermaßen endgültigen Wertmaßstab halten, und mittlerweile lässt sich buchstäblich die ganze Welt danach berechnen. Dessen ungeachtet käme es uns doch niemals in den Sinn, unserer Mutter Geld hinzulegen, nachdem sie uns die Schuhe geputzt oder das Essen serviert hat. Außerhalb des Familien- und Freundeskreises wäre das eine normale Dienstleistung und müsste bezahlt werden, aber die Dienstleistung der Mutter hat in diesem Sinne keinen Preis. Sie hat einen Wert, aber dieser Wert lässt sich nicht beziffern. Es käme uns unangemessen, geradezu beleidigend vor, die Mutter dafür zu bezahlen, und wir merken: Hier hat das Geld seinen Tauschwert vollständig eingebüßt. Warum?

Weil hier Gefühle ins Spiel kommen, emotionale Beziehungen. Und es rastet in uns eine Sperre ein, wenn das Geld Anstalten macht, in unsere Gefühlswelt einzudringen. Plötzlich merken wir nämlich: Geld ist mehr als ein Zahlungsmittel. Es ist beispielsweise auch ein Mittel, mich von dem Gefühl der Dankbarkeit oder Verbundenheit freizukaufen, das ich jemandem schulde, der mir einen Dienst erwiesen oder eine Freude bereitet hat. Geld entbindet mich von jeder emotionalen Verpflichtung, es versachlicht menschliche Beziehungen, es verlagert sie in den unpersönlichen Bereich des Kosten-Nutzen-Denkens, und jetzt verstehen wir, warum die Mutter fürs Schuheputzen kein Geld bekommt und auch keines nimmt: Eine emotionale Beziehung auf diese Weise zu versachlichen wäre brutal, eine Beleidigung, eine Erniedrigung sogar.

Nun erleben wir, dass sich das Geld als Tauschmittel in beinahe alle Lebensbereiche eingeschlichen hat. Fast alles hat seinen Preis, fast alles ist für Geld zu haben. Grundsätzlich ist das praktisch – wer wollte seinem Metzger für jedes Kotelette aus Dankbarkeit um den Hals fallen? – mal abgesehen davon, dass er es für eine Umarmung nicht abtreten würde. Gleichwohl wird eine solche Welt des Kalküls unablässig kälter, gefühlloser, man darf ruhig sagen: roher – was uns meist nur noch dann auffällt, wenn sich ein Vorgesetzter für seine herablassende Art gegenüber seinen Untergebenen mit den Worten rechtfertigt: »Aber ich bezahle die Leute doch dafür.« Ich für meinen Teil halte mich aus diesem Grund gern in Weltgegenden auf, die noch nicht allein vom Geld regiert werden, und besonders gern in Afrika. Gewohnt, für alles gleich sein Portemonnaie zu zücken, kann es für einen Menschen aus dem Westen dort zu irritierenden Begegnungen kommen.

Stellen Sie sich vor: Sie fahren über eine afrikanische Landstraße auf ein Dorf zu und erblicken vor sich am Straßenrand eine Frau, die Ihnen, die Sie im Auto sitzen, zuwinkt und Gesten macht, die man als Einladung in ihr Haus verstehen kann. Sie halten an und tatsächlich: Sie und Ihre Begleiter sind zum Tee eingeladen, völlig unbekannterweise. Und während sie den Tee zubereitet, überlegen Sie: Was will diese Frau? Warum macht sie das? Aus Gastfreundschaft vermutlich, und weil es sicherlich etwas Besonderes ist, europäische Gäste zu haben; Europäer verirren sich selten in diese Gegend. Offenbar genießt sie die Gemeinschaft mit uns und freut sich, uns mit ihrem Tee einen Gefallen tun zu können. Aber – kann sie sich das überhaupt leisten? Die Hütte, in der ich sitze, sieht ärmlich aus ... Hinterher, beim Abschied, bieten Sie ihr etwas Geld an, für den leckeren Tee, für die angenehme Stunde unter ihrem Dach. Da verschwindet das Lächeln aus ihrem Gesicht, und sie lehnt kühl ab.

Ja, in dieser Welt gibt es noch ein Gespür für die brutale, erniedrigende Eigenschaft des Geldes. Es ist noch eine Welt der Gefälligkeit, keine Welt der Berechnung, keine Welt des Eine-Hand-wäscht-die-andere. Der Gründer des afrikanischen Klosters Abang sagte mir einmal: Besitzstandswahrung kennen wir Afrikaner nicht. Afrikanisch ist es, zu teilen ... Die Einladung dieser Frau war jedenfalls als ein Akt der Freundlichkeit gemeint, ein Akt des Teilens eben, und diese Freundlichkeit wird entwertet, wenn sie in Geld aufgewogen wird. Noch fallen hier die Momente emotionaler Verbundenheit stärker ins Gewicht als die Aussicht auf ein paar schnelle Dollar, noch kann man hier zwischen dem Wert und dem Preis einer Sache unterscheiden. Sehr viel häufiger als bei uns jedenfalls.

Mir fällt dazu das Foto eines alten schwarzen Amerikaners ein, vermutlich in den 30er-Jahren des letzten Jahrhunderts aufgenommen. Ich fand es in einem Buch des französischen Philosophen Roland Barthes, und es ist mir aus dem gleichen Grund unvergesslich, aus dem Barthes es in sein Buch aufgenommen hatte. »Keine Spur von Machtstreben ...« – nur diese vier Worte hatte er dem Foto als Kommentar beigefügt, aber sie bringen seine – wie auch meine – Verblüffung auf den Punkt: Dieser Mann sieht uns mit einem Blick an, der nichts fordert. Das fällt sofort auf. Aus dem umfriedeten Raum seines eigenen Inneren heraus schaut er in die Kamera, völlig eins mit sich, völlig eins mit der Welt, völlig genügsam, völlig anspruchslos und zu vollkommener Ruhe gekommen. In diesem Gesicht ist die Bescheidenheit als seelische Kraft deutlich zu spüren, und so unauffällig dieser Mensch sonst ist – dieser Blick prägt sich ein, weil er im krassen Widerspruch zu der üblichen Art steht, die Welt wahrzunehmen.

Vor nicht allzu langer Zeit kamen mir die Briefe eines Mannes zu Gesicht, eines Deutschen, der in den 50er-Jahren einige Monate in New York verbracht hatte. Die Briefe waren an seine Frau gerichtet und New York war neu für ihn gewesen, es hätte folglich allerhand zu berichten gegeben, doch siehe da – er hatte gar kein Auge für diese aufregende Stadt gehabt. Das häufigste Wort in seinen Briefen war »Chance«. Situationen und Menschen, das ganze fremde Leben in New York beurteilte er allein nach der jeweiligen Möglichkeit, geschäftliche Verbindungen anzuknüpfen. Er nahm diese Welt ausschließlich durch den engen Sehschlitz seiner finanziellen Interessen wahr. Der Rest, das reale New York, muss ihm überflüssig erschienen sein, Aussagekraft besaßen für ihn offenbar nur die verwertbaren Aspekte dieser Stadt.

Gier macht tatsächlich blind, denn der gierige Blick betrachtet nicht. Er lässt kein Bild auf sich wirken, er will keinen Gesamteindruck gewinnen, er will schon gar nicht hinter die Dinge schauen – er begnügt sich mit der Oberfläche und sortiert seine Eindrücke lediglich nach nützlich und nutzlos. Der gierige Blick streicht über die Welt, ohne irgendwelche anderen Informationen zu liefern als die, die Gewinn abzuwerfen versprechen. Nützliches wird registriert und gespeichert, nutzloses übersehen. Alles wird im Hinblick auf die Gewinnchancen erkundet, die die Verhältnisse ihm bieten, und stets begleitet einen solchen Menschen die Frage: Wie kann ich eine vorgefundene Situation zu meinen Gunsten verändern? Auf diese Weise, nämlich mit gierigen Augen betrachtet, dürfte einem zum Bild des schwarzen Amerikaners nur Unterwürfigkeit einfallen, bestenfalls Schicksalsergebenheit und ein bedauerlicher Mangel an Ehrgeiz und Tatkraft. Doch was würde dieser Mann umgekehrt von Menschen halten, die ganz aufs Eingreifen und Chancenauswerten gepolt sind? Deren Sehschlitz sich immer weiter verengt?

Kommen wir abschließend zu der entscheidenden Frage, ob Geld glücklich oder unglücklich macht. Sie ist leicht zu beantworten. Geld kann glücklich machen, wenn man nichts oder wenig davon hat. Aber Geld entwertet die Welt. Je mehr Geld ich habe, desto billiger wird die Welt, desto wertloser wird sie, desto sinnloser wird sie, bis mir alles zur Verfügung steht und nichts mehr mich reizt. Im Übrigen – wenn ein hohes Einkommen für die persönliche Zufriedenheit von Bedeutung wäre, müsste unter Mönchen und Nonnen die furchtbarste Unzufriedenheit herrschen. Alle meine Erfahrungen sprechen allerdings dagegen, und alle Umfragen zeigen, dass die Unzufriedenheit in den reichsten Ländern am größten ist. Das Glückspotential des Geldes scheint sich irgendwann und allem Anschein nach ziemlich rasch zu erschöpfen, und insofern legt der Gierige ein sinnloses Verhalten an den Tag. Aber was treibt ihn dann?

Nehmen wir die Völlerei, ein klassisches Versagen der Selbstkontrolle. Man lässt sich gehen, man verliert jedes Maß, man füllt sich den Teller sechsmal, bloß weil es nichts kostet oder alles zum Sondereinheitspreis von 6 Euro 50 zu haben ist, also: all you can eat und wann immer es einen überkommt. Wer das macht, will ja nicht seinen Hunger stillen. Er will das Glück auskosten, in den Genuss einer Vergünstigung gekommen zu sein. Es geht hier folglich gar nicht um die Sache selbst, die Freude an einer schmackhaften Speise etwa. Unwiderstehlich wirkt vielmehr der Umstand, nichts oder deutlich weniger bezahlen zu müssen und damit ein unverdientes Glück zu erleben – was wiederum bedeutet, vom Schicksal bedacht und berücksichtigt worden zu sein. Selbst in einem so unbedeutenden Fall ist mit dem geschenkten Glück also eine kleine, erhebende Aufwertung der eigenen Person verbunden; die Gelegenheit muss deswegen ausgiebigst genutzt werden.

Um wie viel mehr wird das geschenkte Glück beim Zocker, beim Global Player, bei dem mit Milliarden von Dollar oder Euro spielenden Börsenhändler einen wahren Glücksrausch auslösen: Dieser ungeheure Gewinn, dieser immense Reichtum – ich habe ihn nicht verdient! Er ist mir zugefallen, ein Geschenk des Himmels! Ich habe die Ordnung der Welt auf den Kopf gestellt, ich habe das Leistungsprinzip außer Kraft gesetzt, ich kann Geld auf mich regnen lassen, ohne einen Finger zu krümmen – welch ein Gefühl der Freiheit, der

Überlegenheit, der Allmacht muss diese Erfahrung schenken. Da geht es nicht mehr um die Freude an irgendwelchen Dingen, da geht es auch nicht mehr um Lebensgenuss, da geht es jetzt nur noch um den Selbstgenuss und ums Berauschen an der eigenen Großartigkeit als Liebling der Götter. Die Gier hat sich hier verselbständigt und ist zum eigentlichen Lebenssinn geworden.

Wir bewegen uns hier offenkundig in einer Welt, die wahnsinnig geworden ist. Es mag rührend naiv erscheinen, doch noch einmal die Vernunft zu bemühen, aber – es ist eigentlich gar nicht viel, was wir zum Glücklichsein brauchen, und es ist auch nicht der Besitz, an dem unser Herz wirklich hängt. Was würden die allermeisten aus ihrem brennenden Haus als Erstes retten? Die Fotoalben. Jene Dinge, die unsere Erlebnisse und Erfahrungen enthalten, die sich mit unwiederbringlichen Glücksmomenten verbinden und uns deshalb unbezahlbar erscheinen, weil sie ihren Wert nie verlieren. Unser Bedarf an materiellen Gütern ist eben begrenzt, und unsere Zufriedenheit hängt viel stärker von dem ab, was man als inneren Reichtum bezeichnen könnte. Nüchtern betrachtet kann einem das Schauspiel grenzenloser Gier also wirklich nur irrsinnig vorkommen. Aber – und das ist das erschreckendste daran: Dieser Irrsinn ist in sich völlig logisch.

Denn Zufriedenheit bedeutet, irgendwann genug zu haben und zu wissen, wann dieser Punkt gekommen ist. Sie bedeutet, früher oder später den Druck aus unserem Leben zu nehmen und zu genießen, was da ist. Und genau das wäre der Untergang eines Wirtschaftssystems, das permanentes Wachstum verspricht – und dieses Versprechen unter allen Umständen halten muss. Zufriedenheit würde dieses System zusammenbrechen lassen. Es darf kein »genug« geben. Je besser es uns geht, desto bedrohlicher wird die Lage, und vielleicht besteht die letzte Chance eines solchen Wirtschaftssystems tatsächlich darin, in völlig irrationale Dimensionen vorzustoßen, das Leistungsprinzip abzuschaffen und den ultimativen, unwiderstehlichsten Anreiz zu bieten: die Selbstberauschung des »Masters oft the Universe«. Den Exzess mit seiner Verlockung des Größenwahns und der totalen Verantwortungslosigkeit. Oder anders gesagt: Das Glück, das gänzlich unverdient über mich kommt – als eine schicksalhafte Auszeichnung, die nicht mehr meiner Leistung sondern allein meiner Person gilt. Womit wir schon das Gebiet der dritten Todsünde betreten.

17. DAS LEBEN ALS CASTINGSHOW – DER NARZISSMUS

»Mein Sohn braucht in der Klasse kein Papier aufzuheben. Selbst dann nicht, wenn er es runtergeschmissen hat.« Sagt eine Mutter zur Klassenlehrerin.

Auch dieser Fall ist nicht ausgedacht. Und soweit ich weiß, bekommen Lehrer dergleichen immer häufiger von Eltern zu hören. Man möchte mit einem Kopfschütteln darüber hinweggehen. Doch das Gehörte verfolgt einen, und man stellt sich Fragen. Zum Beispiel: Wünscht sich diese Mutter ein kleines, verantwortungsloses Monster als Sohn? Oder sieht sie eine Art Halbgott in ihrem Sprössling? Ein gewöhnlicher Mensch kann er in ihren Augen wohl nicht sein. Fühlt sie sich vielleicht selbst als Halbgöttin, die kurzerhand von ihren Sonderrechten und Sondervollmachten Gebrauch macht, wenn sie mit der lästigen Wirklichkeit konfrontiert wird? Irgendetwas Besonderes muss es mit Mutter und Sohn jedenfalls auf sich haben.

Es ist gar nicht leicht, genau zu bestimmen, wonach die beiden eingangs zitierten Sätze schmecken. Nach Selbstüberschätzung? Selbstgefälliger Ignoranz? Egozentrik? Selbstverliebtheit? All dies lässt sich der Äußerung der Mutter entnehmen, aber wahrscheinlich passt kein Wort besser darauf als Narzissmus. Denn in diesem Begriff fließt alles zusammen, was unter die klassische Todsünde der Eitelkeit fällt, und außerdem – kein anderer Begriff taugt besser zum Markenzeichen der Gegenwart, es wird auch keiner so häufig verwendet, um unsere Zeit zu charakterisieren.

Wenn die alten Griechen gewusst hätten, welche Karriere dem Mythos von Narziss rund zweieinhalbtausend Jahre später beschieden sein würde ... Für welche Exzesse der Selbstgefälligkeit er würde herhalten müssen ... Aber es steckt in dieser kleinen Geschichte tatsächlich alles drin: Narziss, jung und schön, befindet sich auf der Jagd, als er im Wasser eines Teichs sein Spiegelbild erblickt. Er ist entzückt, er versenkt sich in dieses Bild, er trinkt die eigene Schönheit gewissermaßen in sich hinein, vergisst darüber die Welt und kann sich von sich selbst nicht mehr losreißen, bis eine Göttin ihn aus seiner selbstverliebten Erstarrung erlöst und in eine Blume, eine Narzisse eben, verwandelt. In einer anderen Version des Mythos weist Narziss, von der eigenen Unvergleichlichkeit durchdrungen, alles Liebeswerben zurück – das Urbild des liebes-und bindungsunfähigen Menschen, sich selbst genug, für alle anderen zu gut. Im Palazzo Barberini in Rom hängt er, von Caravaggio als ein perfekt geschlossenes System gemalt: Gesicht und Arme des realen Narziss gehen dort nahtlos in sein Spiegelbild im Wasser über, die Selbstverliebtheit zirkuliert in einem ewigen Kreislauf durch seinen Körper. Ein großartiges Gemälde.

Und nun Bühne frei für den Zirkus der Selbstvergötterung, den Markt der Eitelkeiten, den Narzissmus unserer Tage.

Fangen wir mit der Eitelkeit des Sich-sehen-Lassens an – in Bayreuth, in Salzburg und Wien, in Monaco beim Formel-1-Rennen und vor der Kulisse des Baur au Lac am Zürichsee –, die Schönen, Reichen und Wichtigen feiern sich an solchen Stätten selbst. Sollen sie. Erstaunlich finde ich immer, was man bei öffentlichen Empfängen so alles am Revers trägt, wie viel Wert hinterher auf ein Foto von sich in der Zeitung gelegt wird und vorher darauf, in der Begrüßungsansprache erwähnt zu werden – und dann die Unart, sich am Ende eines Vortrags aus dem Publikum mit einem eigenen Vortrag zu Wort zu melden ... Aber gut, das ist das alte Geltungsstreben, das hat es zu allen Zeiten gegeben, es muss einen Menschen auch gar nicht unsympathisch machen. Eitelkeit ist für mein Empfinden kein schwerwiegendes Laster; allerdings bin ich auch aus Rom gewöhnt, dass irgendwer immer seinen unsichtbaren Lorbeerkranz streichelt. Auf einen Punkt möchte ich in diesem Zusammenhang aber hinweisen: Die Uneitelkeit andererseits ist eine großartige, eine überragende Tugend, und gerade bei Menschen, die etwas können, nötigt sie Hochachtung ab. Indem man ein kleines Laster vermeidet, kann man sich also eine große Tugend aneignen, die umso wertvoller ist, als sie sehr selten vorkommt.

Das eigentliche narzisstische Universum betreten wir aber erst mit der Beziehung von Eltern zu ihren Kindern. Wann immer ich mit Lehrern, Erzieherinnen, auch Eltern und aufmerksamen Beobachtern unsers Alltags spreche, dängt sich mir der Eindruck auf: Das Erziehungsideal vieler Eltern ist die rücksichtslose Mimose. Jedenfalls wird eine Erziehung, die das eigene Kind vor dem Zusammenprall mit der Wirklichkeit bewahren soll, kaum zu einem anderen Ergebnis führen. Drei Beispielfälle aus dem deutschen Alltag dafür sollen genügen.

Um den Faden vom Anfang aufzunehmen und weiterzuspinnen: »Mein Kind braucht nicht zu stehen«, sagt eine Mutter in der Straßenbahn zu einem alten Mann, der Mühe hat, sich auf den Beinen zu halten. Ihr Kind, ein etwa zehnjähriges Mädchen, bleibt sitzen; an seiner Stelle bietet eine Frau türkischer Herkunft, ein Kleinkind auf dem Arm, dem

Mann ihren Platz an ... Weiter: Ein Vater, dessen Sohn jeden Unterricht stört, wird von der Klassenlehrerin gebeten, mäßigend auf ihn einzuwirken. Der Vater lehnt das mit der Begründung ab, sein Sohn habe ein Recht auf freie Entfaltung. Und als letztes Beispiel, wiederum dem Schulbetrieb entnommen: Immer häufiger kommt es vor, dass Kinder ohne jede Selbstbeherrschung, Kinder, die dem Unterricht nicht folgen können oder wollen, von ihren Eltern zu intellektuellen Überfliegern erklärt werden, weil deren Verhalten nur durch Hochbegabung zu erklären sei ...

Das soll genügen. Man könnte sagen: Solche Eltern haben vergessen, dass ihre Kinder ihnen zur Erziehung anvertraut sind, und in einer Welt, die sich dem Vergessen verschrieben hat, braucht das nicht zu überraschen. Es überrascht allerdings trotzdem, denn offenbar leben diese Eltern obendrein in einer Welt der Illusion – einer Welt, in der das eigene Fleisch und Blut ein ganz außergewöhnliches Fleisch und Blut ist und daher einfach nur bestaunenswert. Ich vermute, dass es sich hier um die Welt der auf Erfolg programmierten Gewinner handelt, in der sich, wie wir gesehen haben, die Frage nach Gut und Böse gar nicht mehr stellt. Nach einer sehr sonderbaren Abstammungslehre kämen die Kinder solcher Eltern schon mit der Aura des Erfolgsmenschen zur Welt. Eine steile Karriere wäre ihnen demnach sicher, sofern ihnen von einer beschränkten und missgünstigen Gesellschaft keine Steine in den Weg gelegt werden. Steine in Form von Schulnoten und Verhaltensregeln zum Beispiel.

Nun mussten Kinder schon immer dafür herhalten, die – geplatzten – Träume ihrer Eltern zu verwirklichen. Die eigene Größe sollte sich dann eben in der nächsten Generation beweisen – so viel Zeit hatte man früher. Neu ist etwas anderes. Nachdem die Parole bisher hieß: Unsere Kinder sollen es einmal besser haben, lautet sie heute: Mein Kind soll es so leicht wie möglich haben, und zwar von Anfang an. Also freie Bahn für das Glück meines Kindes – und wer seinen Ausnahmestatus nicht anerkennt, wird bekämpft.

Damit erleben wir jetzt, wie der Unernst des Global Players alles erfasst, wie er selbst in die privatesten Verhältnisse eindringt: das ganze Leben ein Spiel, das nur Sieger und Verlierer kennt, und das unverdiente Glück als schönste – und einzig erstrebenswerte – Belohnung. Da muss die Wirklichkeit natürlich ausgeblendet werden, denn der ersehnte Zustand der Selbstberauschung ist nur in einer Welt der Illusion möglich. Wieder hören wir die Stimme von Gordon Gekko aus Oliver Stones Film *Geld schläft nicht,* sie erschallt mittlerweile von überallher: »Versteht doch endlich! Es geht nicht ums Geld (um Leistung, um konkrete Ziele, um benennbare Wünsche, müsste man hier ergänzen) – es geht ums Spiel!«

Es ist das Spiel des Narziss, der sich an seiner eigenen Vollkommenheit berauscht, der die Welt um sich her vergisst und alle anderen im Grunde als störend empfindet. Aus dem Verhalten der Eltern in den angeführten Beispielen spricht für mich die selbstverliebte Arroganz von Menschen, die sich in ihren Kindern spiegeln wie Narziss im Wasser des Sees. Man könnte eine psychologische Erklärung dafür heranziehen und zum Beispiel vermuten: Je mehr die Familie ihre Selbstverständlichkeit verliert, auch ihre rechtliche Sonderstellung einbüßt, desto stärker wird sie mit einem verklärenden Glanz überzogen. Möglich, dass sie gefühlsmäßig beinahe schon in einer Sphäre außerhalb der Wirklichkeit angesiedelt wird. Allerdings spricht auch einiges dafür, dass die moderne Auffassung von Familie ganz im Gegenteil eine ökonomische Wirklichkeit spiegelt, die – um Boris Johnson ein letztes Mal zu zitieren – vor allem auf Neid und Gier basiert.

»Ich brauche mir keine Sorgen zu machen. Mein Vater steht mit seinem Portemonnaie immer hinter mir.«

Sätze wie dieser Ausspruch einer Vierzehnjährigen lassen befürchten, dass die Familie in vielen Fällen zu einer Schule des Narzissmus geworden ist. Denn der Narzisst geht grundsätzlich davon aus, dass ihm die Welt seine Wünsche erfüllt, ohne dass er eine Leistung erbracht oder Verantwortung übernommen hätte. Die anderen schulden ihm einfach ihre Liebe, er ist ja perfekt auf die Welt gekommen, er braucht seine Einzigartigkeit nicht unter Beweis zu stellen, er kann sich jede Anstrengung sparen. Aber ausstellen muss sich der Narzisst. Zur Schau stellen muss er sich, damit die Welt Gelegenheit bekommt, ihn zu bewundern. Und das ist sein eigentlicher Daseinszweck: Bewunderung und Applaus. Ohne Applaus wäre er nichts. Ihm geht die Luft aus, sobald er keine Blicke auf sich zieht.

Deshalb bietet sich der heranwachsende Narzisst an. Stellt sich im Internet oder den Casting- und Selbstentblößungsshows im Fernsehen wie eine Ware ins Schaufenster und sinnt unablässig auf Verschönerungsmaßnahmen, auf dass der Applaus niemals ende. Zeige, was du zu bieten hast – so heißt eine Maxime der Ökonomie, und danach wird gelebt: Lass sehen, zieh dich aus, präsentier dich. Die ganze Halbnackt-Kultur des Westens folgt diesem Gesetz. Im fortgeschrittenen Stadium suggeriert der Narzissmus dann, das Leben insgesamt als eine einzige Castingshow zu betrachten, und damit sind wir an dem Punkt angelangt, wo er zur Todsünde wird.

Wobei ich zugeben muss: Es fällt in diesem Zusammenhang gar nicht so leicht, von Todsünde zu sprechen. Schwerer jedenfalls als bei Neid oder Gier, ganz offensichtlichen, durchaus ärgerlichen Lastern, und auch der Narziss des antiken Mythos ist ja in keiner Weise böse oder gefährlich. Aber er ist lebensuntüchtig. Er verfällt einer Illusion, die ihn letzten Endes seines Lebenswillens beraubt. Er verliert den Bezug zur Realität und stirbt innerlich ab – nichts rührt ihn mehr, nichts ergreift ihn mehr, nichts zählt für ihn mehr außer: er selbst. Und wenn wir uns erinnern, dass es sich bei den Todsünden um die grundsätzlichen Irrwege handelt, die der Mensch bei seiner Suche nach dem Glück beschreiten kann, dürfte dem Narzissmus ein Ehrenplatz im Katalog der Todsünden gebühren, weil er unfehlbar unglücklich macht. Auf diesen Aspekt will ich jetzt eingehen.

Der narzisstische Mensch braucht eine maßgeschneiderte Umwelt. Zwar nimmt er sich heraus, sich einem Publikum mit seiner ganzen Unvollkommenheit aufzudrängen, zwar leistet er sich einen absurden Stolz auf seine Fehler, Neurosen und Unausstehlichkeiten. Gleichzeitig aber empfindet er jede Kritik als einen Angriff auf seine Persönlichkeit, denn seine Selbstzufriedenheit ist nur Fassade. Er hat ja nie gelernt, Widerstand zu leisten und Niederlagen einzustecken; sein Selbstbewusstsein hängt von der Gunst des jeweiligen Publikums ab, und bei Gegenwind gibt er auf. Der narzisstische Mensch lässt sich deshalb nicht gern im Gefühl seiner Großartigkeit beeinträchtigen durch Leute, die ihn nur eingeschränkt großartig finden. Darüber hinaus kränkt ihn aber auch alles, was seinen Vorstellungen widerspricht – harte Arbeitsbedingungen, lange Arbeitszeiten und andere Menschen beispielsweise.

Um ihn glücklich zu machen, müsste sich alles seinen Wünschen fügen. Menschen tun das in der Regel nicht ohne weiteres. Der Narzisst ist aus diesem Grund zu einer dauerhaften Liebesbeziehung nicht in der Lage – früher oder später wird er mit jedem Partner unzufrieden sein und die Lust an ihm verlieren. Dieser bindungsunfähige, bindungsunwillige Einzelgänger ist auf gutem Weg, zum Prototypen unserer Zeit zu avancieren, und wie es seine Art ist, hält er sein Versagen für Stärke, als wäre ihm ein besonderer Sinn für Freiheit und Unabhängigkeit zu eigen. Dabei hat er nur die Fähigkeit verloren, Zusammenhalt zu stiften – er erträgt nicht, was ihm unähnlich ist, und sich zu ändern kann man von ihm nicht verlangen. Im Grunde hat er panische Angst vor allem Fremdartigen, er kann nichts damit anfangen, er will das ewig Gleiche – er will sich selbst. Der Narzisst verkörpert den unfruchtbaren, sterilen Menschen, und er vermehrt sich rasant.

1953 fragten Psychologen junge Menschen in Deutschland, ob sie sich für wichtig halten. 12 Prozent bejahten damals die Frage. Als der Test 2007 wiederholt wurde, hielten sich 88 Prozent der jungen Deutschen für wichtig. Die gleiche Erfahrung machten die beiden Psychologen Twenge und Campbell in den USA. Mit einer Langzeitstudie wollten wie herausfinden, ob sich Studenten außergewöhnliche Begabungen zuschreiben – der Katalog möglicher Selbsteinschätzungen gipfelte in der Aussage: »Würde ich die Welt regieren, wäre sie besser.« Bis zum Jahr 2000 ließen die Antworten auf ein realistisches Selbstbild schließen; seither ist die Zahl derer, die sich fast jede Großtat zutrauen, sprunghaft angestiegen. »Der Narzissmus«, schreiben Twenge und Campbell, »hat zugenommen wie die Fettsucht.«

Infantile Allmachtsgefühle breiten sich aus. Die ganze westliche Gesellschaft weist mittlerweile die Züge des Narzissten auf, also Selbstüberschätzung kombiniert mit einem Selbstzweifel, der nur durch ständige Anerkennung von außen gelindert werden kann. Damit begibt sich der moderne Mensch in eine nie gekannt Abhängigkeit von allem, was ihn attraktiv oder beneidenswert erscheinen lassen könnte. Er verliert sich dabei zunehmend selbst aus dem Auge und führt ein Leben im Irrealis, anfällig für jede Selbsttäuschung. Zu den Folgen gehört ein unerbittlicher ästhetischen Vergleichswettkampf, bei dem immer mehr Menschen ihre Hässlichkeit entdecken.

Der Selbstoptimierungswahn, der verzweifelte Abwehrkampf gegen das Alter, das ganze Repertoire von Stylingmaßnahmen, durch die man sich aus einem unauffälligen in ein auffälliges Wesen zu verwandeln hofft – alles sind Anzeichen für eine unglückliche Gesellschaft, die sich dem unerreichbaren Ideal körperlicher Vollkommenheit unterworfen hat. Dabei nimmt dieses Aufbegehren gegen das Schicksal tragische Züge an, denn nach jeder Schönheitsoperation fallen die übrigen körperlichen Mängel noch stärker ins Auge, und keine Anti-Aging-Creme vermag den Verfallsprozess des Alters je aufzuhalten. Warum geht der Körperkult dann trotzdem weiter?

Nicht aus Selbstverliebtheit, vermute ich, eher aus tiefer Ratlosigkeit. Der bewunderungssüchtige Narzisst gerät nämlich zwangsläufig in einen Zwiespalt mit sich selbst: Er muss seinen Körper vom eigenen Ich abtrennen und zum Objekt degradieren; er betrachtet ihn von außen, durch die Augen der anderen, und fragt sich unablässig: Ist er für meine Mitmenschen wertvoll oder wertlos? Kann ich ihn anderen zumuten oder nicht? Sein Lebensglück hängt eben zu großen Stücken davon ab, ob er gefällt. Da der Körpervergleichskampf jedoch nie zu gewinnen ist, führt diese Betrachtungsweise unweigerlich dazu, dass immer weniger Menschen sich in ihrer Haut zu Hause fühlen. Ärzte und Psychologen beobachten jedenfalls, dass die Abneigung gegen den eigenen Körper bei Männern wie bei Frauen in erschreckendem Maß zunimmt.

Es gibt aus dieser Falle aber kein Entkommen. Man kann sich Narziss nun einmal nicht als gebeugten alten Mann vorstellen. Solange wir ernsthaft von einem Elysium träumen, in dem Alter und Krankheit abgeschafft sind, in dem alle auf immer schön, begehrenswert und erfolgreich bleiben, solange werden wir Narziss am Ufer des Teichs Gesellschaft leisten müssen.

Die Zeit aufhalten. Sich ans Hier und Jetzt klammern. Alles unter Kontrolle bringen, vor allem seinen Körper, sein Alter, seine Lebenszeit. Ich sehe darin das Kennzeichen einer Kultur, in der der Tod das letzte Wort hat. Jetzt erweist sich die Zukunft, auf die wir uns mit allen Konsequenzen eingelassen haben, als das Schreckgespenst schlechthin: Wir erblicken einen Totenschädel – und unternehmen panische Anstrengungen, das verlorene Paradies aus dem Jenseits in die diesseitige Welt zu holen. Vielleicht wünschen wir uns tatsächlich nichts sehnlicher, als uns in Halbgötter zu verwandeln, in Wesen, die im Klassenraum kein Papier vom Boden aufzuheben brauchen und nie lernen müssen, ihre Falten im Spiegel zu ertragen. Oder könnten wir uns vorstellen, sie gelassen zu ertragen?

18. AUF, LASST UNS EINEN TURM BAUEN – DIE HYBRIS

Die Hybris hat im Deutschen viele Namen: Hochmut, Herrschsucht, Ruhmsucht, Größenwahn, Vermessenheit und Hoffahrt, ein heute ungebräuchliches Wort. Bei milderen Formen der Hybris spricht man von Selbstüberschätzung, Überheblichkeit oder Arroganz. Diese Charakterzüge sind uns schon im letzten Kapitel begegnet, und tatsächlich gehen Narzissmus und Hybris ineinander über. Dennoch unterscheiden sie sich grundsätzlich.

Während der Narzissmus lange Zeit das Laster relativ weniger war und seine große Karriere erst vor etwa zwei Jahrzehnten begann, ist die Hybris seit jeher aufs engste mit der Geschichte der Menschheit verbunden. Mehr noch: Sowohl für den griechischen Mythos als auch für das Alte Testament ist die Hybris der Kern des Übels schlechthin – und gleichzeitig die alles bewegende Kraft. Der Kirchenvater Augustinus hält die Hybris für untrennbar mit dem Wesen des Menschen verbunden – nach dem Sündenfall, sagt er, sei sie ihm zur zweiten Natur geworden. Und der Schriftsteller Egon Friedell (1878–1938) stellt in seiner monumentalen *Kulturgeschichte der Neuzeit* kategorisch fest: »Der Grundinstinkt des Menschen ist Herrschsucht. Er will herrschen über Totes und Lebendiges, Körper und Seelen, Zukunft und Vergangenes.«

Ganz so unangefochten, wie es hier klingt, scheint die Hybris den Menschen allerdings doch nicht zu dominieren. Bisweilen nämlich wird sie noch von der Gier in den Schatten gestellt, und je nach dem Charakter der Zeit wechselten in der Vergangenheit Hochmut und Habsucht ihre Plätze an der Spitze der Todsündenliste. Wann immer über die Frage gestritten wurde, bei welcher seelischen Antriebskraft wir es mit der beherrschenden zu tun haben, drehte sich die Debatte jedenfalls um die Hybris, für die die großen Herrscher und Tyrannen das Anschauungsmaterial lieferten, und um die »allesverzehrende Gier nach Gold«, wie sie sich zum Beispiel in der Gestalt des Konquistadors manifestierte. Aber – lässt sich diese Frage überhaupt entscheiden? Und wenn ja, mit welchen Argumenten?

Wie wir gesehen haben, empfand das frühe Christentum eine besondere Abneigung gegen die Habsucht – wohl hauptsächlich deshalb, weil die Geld- und Besitzgier den Menschen am stärksten an die materielle Welt fesselt, die es zu überwinden galt. Außerdem dürfte sie zunächst einmal eine größere Versuchung dargestellt haben als der Hochmut – die Gemeinden bestanden ja überwiegend aus einfachen Leuten, und ihre prekäre Situation im Römischen Reich bot dem Hochmut wenig Nahrung. Als das Christentum im 4. Jahrhundert jedoch zur anerkannten Religion wurde, änderten sich die Verhältnisse. Offenbar schien die Gier auf Posten, Ansehen und Macht, die Karriere- und Geltungssucht die christlichen Ideale jetzt noch stärker zu gefährden als die Habgier, jedenfalls rückte die Hybris nun unter dem Einfluss bedeutender Kirchenlehrer wie Augustinus und Gregor dem Großen unter den Todsünden auf den ersten Platz, den sie bis zum 13. Jahrhundert behauptete. Dann aber, als Begleiterscheinung des wirtschaftlichen Aufschwungs in Europa, rief sich die Habgier wieder machtvoll in Erinnerung und nahm derart abstoßende Formen an, dass sie erneut als die noch größere Gefahr für die Seele angesehen wurde – der Widerwille, den die grassierende Habsucht seinerzeit auslöste, drückt sich nicht zuletzt in der Person des heiligen Franz von Assisi und der Gründung von Bettelorden aus. Beim Vorrang der Habsucht blieb es dann; die Entwicklung der folgenden Jahrhunderte bot offenbar keinen Grund, eine abermalige Korrektur vorzunehmen.

Und heute? Es fällt schwer, sich zu entscheiden. Das zwanzigste Jahrhundert darf wohl als das Jahrhundert der Hybris bezeichnet werden, die Epoche, in dem der Größenwahn die schauerlichsten Triumphe feierte; das einundzwanzigste hingegen verspricht das Jahrhundert der Raffgier zu werden. Vielleicht ist es tatsächlich so, dass sich im Lauf der Geschichte mal der Hochmut, mal die Habgier in den Vordergrund drängt. Aber bevor wir die Frage auf sich beruhen lassen, will ich noch einmal den griechischen Mythos und die Bibel zu Rate ziehen. Wenn es um fundamentale Fragen geht, finden wir hier zumindest klare Positionen.

Was die Griechen des Altertums mehr als alles andere alarmierte, war nicht die Habsucht, sondern die Hybris, der Griff nach den Sternen. Denn dort begann das Revier der Götter, die auf Abstand zu den Menschen bedacht waren, das irdische Treiben deshalb mit Argwohn verfolgten und den Ehrgeizigen unter den Sterblichen unerbittlich ihre Grenzen aufzeigten. Von der beständigen Sorge getrieben, die Menschen könnten in ihrem Drang nach oben zu weit gehen, »durchwandeln die Götter Länder und Städte, dass sie den Frevel des Menschen und ihre Frömmigkeit schauen«, wie es in der Odyssee heißt – oder anders gesagt: Sie kontrollierten fortwährend, ob die Menschen ihre hochfliegenden Ambitionen einigermaßen bezähmten, insbesondere den tollkühnsten Wunsch von allen, ihr Schicksal den Göttern zu entreißen und in die eigenen Hände zu nehmen. Dasselbe, nämlich einen Dammbruch menschlichen Eigensinns, befürchtete ja auch der Gott des Alten Testaments, nachdem Adam und Eva vom Baum der Erkenntnis gegessen hatten. »Siehe, der Mensch ist geworden wie unsereiner …«, stellte er fest, und ihrer Verbannung aus dem Paradies lag die Absicht zugrunde, die Menschen wieder in ihre Schranken zu verweisen.

Wie es aussieht, herrscht in beiden Fällen ein wechselseitiges Misstrauen zwischen den Menschen und den himmlischen Mächten. Die Menschen verbitten sich die Einmischung von oben und trachten danach, ihr Schicksal allein zu bestimmen – die himmlischen Mächte wollen genau dies verhindern und unterbinden jeden Ausbruch allzu großer Eigenmächtigkeit. Warum? Die alten Griechen vermuteten, aus Eifersucht auf die Menschen würden die Götter sie an der Verwirklichung ihrer großartigen Pläne hindern. Und erstaunlicherweise richtet der moderne Atheismus genau denselben Vorwurf gegen jede Form von Glauben: Gott bevormunde den Menschen, enthalte ihm seine Freiheit vor und hindere ihn daran, sich zu voller Größe aufzurichten.

Das ist nicht einmal falsch. Wir berühren hier tatsächlich den Kern jeder Religion, nämlich die Einsicht, dass es dem Menschen nicht bekommt, zu viel Macht über sich und seinesgleichen zu gewinnen. Da schlägt sich eine gesunde, aus leidvoller Erfahrung gewonnene Skepsis gegenüber der Fähigkeit des Menschen nieder, sich selbst Grenzen zu setzen. Einmal im Besitz der Macht – egal welcher, der politischen, der wirtschaftlichen, der geistigen – neigt er zu einem verantwortungslosen Gebrauch seiner Freiheit, setzt sich über alle Gebote der Menschlichkeit hinweg und schreckt vor keiner Wahnsinnstat zurück. Wer soll ihn zur Ordnung rufen – wenn nicht die Götter, wenn nicht Gott? Psychologisch gesprochen verdankt sich also jede Religion dem Erschrecken vor der eigenen Maßlosigkeit und dem Vertrauen auf eine höhere Macht, die dem Menschen jene vernünftigen Grenzen zieht, die er sich selbst nicht zu setzen vermag. So gesehen lassen sich die Religionen als eine vorbeugende Maßnahme gegen den Größenwahn verstehen – und die Hybris ihrerseits als die zentrale Antriebskraft des Menschen, so machtvoll, dass gegen sie das massivste Bollwerk errichtet werden muss.

Die Hybris überragt alle Todsünden. Sie hat nichts von der Banalität des Neids, der Gier und des Narzissmus. Sie stimuliert den Menschen, über sich hinauszuwachsen, nach den Sternen zu greifen und, wie es in der Genesis heißt: Gott gleich zu sein. Wie alle Triebfedern menschlichen Handelns ist sie für sich genommen weder gut noch böse, aber nur die Hybris hat diese mitreißende, weltbewegende Kraft, die dem Publikum ehrfürchtige Bewunderung abnötigt. Als wäre dem Machtinstinkt eine heilige Großartigkeit zueigen, verehren wir die Mächtigen auch wider Willen, und die Aura von Entschlossenheit und Kühnheit scheint einen Alexander den Großen, einen Napoleon fast in ein Jenseits von Gut und Böse zu versetzen.

Ein gewisser Hochmut gehört zu jeder Initiative, und ein hohes Maß davon stimuliert einzelne Menschen zu staunenswerten oder ungeheuerlichen Taten. Als Belohnung erwartet sie der Ruhm. Wer Großes leistete, dem ging es seit jeher um die Verehrung seiner Mitmenschen und das Andenken der

Nachwelt, und auf einen winzigen Zipfel des Ruhms spekuliert heute noch die wachsende Zahl gewöhnlicher Menschen, die im Alter ihre Lebenserinnerungen verfassen. Geradezu monströse Formen nahm die Ruhmsucht im Barock an. Der französische König Ludwig XIV. bekannte, er habe sich bei allen Kriegen und Regierungsmaßnahmen einzig von dem Wunsch nach Ruhm leiten lassen; der preußische König Friedrich der Große gestand in seinen Memoiren, allein die Ruhmsucht habe ihn zu seinen Kriegen gegen Österreich getrieben. Und genau dieser Aspekt macht die Hybris den einfachen Menschen seit jeher besonders verhasst.

»Stolz geht dem Sturz vorher, und Hochmut kommt vor dem Fall« – dieser Satz aus dem biblischen Buch der Sprüche ist zum geflügelten Wort geworden, aber es dürfte sich dabei eher um einen frommen Wunsch als eine Feststellung handeln; ganz sicher aber drückt dieser Satz die verzweifelte Hoffnung eines kleinen Volkes aus, das immer wieder zwischen die Mühlsteine der benachbarten Großmächte geriet. Das Alte Testament ist streckenweise ein einziger Aufschrei gegen den Hochmut der Mächtigen, der Ägypter, Assyrer und Babylonier, die mit den kleinen Königreichen Judäa und Israel oft kurzen Prozess machten, und gegen die Unerbittlichkeit, mit der sich die Großen jeder Zeit über alles hinwegsetzen, was dem einfachen Menschen kostbar und heilig ist. Entsprechend dramatische, geradezu hymnische Formen nimmt das befreite Aufatmen dann zum Beispiel beim Propheten Jesajas nach dem Untergang des babylonischen Königs an: »Das Totenreich drunten erzittert vor dir, wenn du nun kommst ... Deine Pracht ist herunter zu den Toten gefahren samt dem Klang deiner Harfen. Gewürm wird dein Bett sein und Würmer deine Decke. Wie bist du vom Himmel gefallen, du schöner Morgenstern! ... Du aber dachtest in deinem Herzen: Ich will in den Himmel steigen und meinen Thron über die Sterne Gottes erhöhen ... Ich will auffahren über die hohen Wolken und gleich dem Allerhöchsten sein. Ja, hinunter zu den Toten fuhrst du, zur tiefsten Grube.« In solchen Sätzen bebt das maßlose Leiden nach, das die Hochmütigen mit ihren Großtaten über die Menschheit bringen, weshalb die Sehnsucht nach Gerechtigkeit an vielen Stellen des Alten Testaments in dem Stoßseufzer gipfelt, Gott möge am Tag des Gerichts allen menschlichen Hochmut zunichtemachen.

In der Vergangenheit war die Politik das ureigene Reich der Hybris. Hochmut und Arroganz waren die Kennzeichen des Adels. In letzter Konsequenz haben uns Diktatoren wie Adolf Hitler, Josef Stalin und Pol Pot die teuflische Seite dieser Todsünde vor Augen geführt. Und seither, urplötzlich, ist die Hybris aus der Politik weitgehend verschwunden – allerdings nur, um in der Wirtschaft, aber auch dem großen Komplex von Naturwissenschaft und Technik wieder aufzuleben. Die Napoleons von heute heißen Bill Gates oder Mark Zuckerberg. Damit hat der Ruhm seine Bedeutung als Anreiz weitgehend verloren. Das Geld hat seine Stelle eingenommen und, wie mir scheint, auch der Nachweis, dass der Mensch es besser kann als Gott.

Ansehnliche Spuren von Hochmut, ja Größenwahn, lassen sich aber ebenso im Denken vieler Intellektueller nachweisen. Ich erinnere mich, wie der führende Kopf der Achtundsechzigerbewegung, Rudi Dutschke, in einem Fernsehinterview mit leuchtenden Augen sagte: »Wir haben heute die Möglichkeit, die ganze Erde zu befreien.« Da spürte man diese Wonne, das ganze Leben, die ganze Welt als Projekt betrachten zu dürfen und sich selbst als Treibriemen in einem dynamischen Prozess von schier universalen Ausmaßen – und schwankte, wie es bei der Hybris häufig der Fall ist, zwischen respektvollem Staunen über so viel überschüssigen Edelmut und Kopfschütteln über das Ausmaß der Selbstüberschätzung.

Ähnlich ging es mir bei einem Vortrag des Philosophen Jürgen Habermas Anfang der 70er-Jahre in Rom. Da von objektiven moralischen Normen in unserer Zeit nicht mehr die Rede sein könne, erklärte Habermas damals, müssten diese Normen nun eben demokratisch ausgehandelt werden. Das war schon ein besonderer Augenblick. Es wird ja ein neues Kapitel der Menschheitsgeschichte aufgeschlagen, wenn einer die Verallgemeinerung des Größenwahns, die Demokratisierung des Strebens nach Gottähnlichkeit proklamiert. Denn es liegt auf der Hand: Wenn es in unserem Belieben steht, Normen festzusetzen, steht es genauso in unserem Belieben, die selbstgesetzten Normen jederzeit wieder aufzuheben. Oder sollen die Regierungen die Moral in Gesetze fassen? In diesem Fall bekämen wir den Sittenpolizeistaat ... Sollte über Normen abgestimmt werden, sagte ich Habermas, könnte man demokratisch entscheiden, dass Adolf Hitler recht hatte.

In einem Punkt allerdings hat sich nichts gegenüber der Vergangenheit geändert: Monumentale Bauwerke waren schon in frühester Zeit Ausdruck und Metapher für Hochmut und Vermessenheit, und heute, da es nachgerade als Todsünde gilt, etwas für undurchführbar zu halten, und als undenkbar, es nicht durchzuführen, sind sie es ironischerweise mehr denn je – wie es aussieht sind wir nämlich in die Epoche der nicht mehr beherrschbaren Bauprojekte eingetreten. Die Elbphilharmonie in Hamburg und der Hauptstadtflughafen von Berlin sind die bekanntesten Beispiele dafür, aber sie werden noch in den Schatten gestellt durch ein Bauprojekt an der finnischen Küste: das größte Atomkraftwerk der Welt, und womöglich die teuerste Ruine aller Zeiten. Der sagenhafte Betrag von acht Milliarden Euro ist bislang in dieses Vorhaben geflossen, und nach allem, was ich höre, ist es zum Scheitern verurteilt. Der Vergleich mit dem Turmbau zu Babel liegt aber nicht nur deshalb nahe; das absehbare Scheitern hat auch ähnliche Gründe wie damals in Babylon. Erinnern wir uns:

Die Sintflut hat sich verzogen, die Erde sich wieder bevölkert, und als Nächstes finden wir nun in der Genesis eine Reminiszenz an die gewaltigen Stadtbauprojekte im Dreistromland. In der wunderbar anschaulichen Sprache des Alten Testaments heißt es da: »Sie ... nahmen Ziegel als Stein und Erdharz als Mörtel und sprachen: Wohlauf, lasst uns eine Stadt und einen Turm bauen, dessen Spitze bis an den Himmel reiche, damit wir uns einen Namen machen ...« Man geht also ans Werk, und Gott zieht aus diesem Treiben zunächst einmal den gleichen Schluss, zu dem er nach dem Sündenfall gelangt war, als wäre dort in Babylon ein zweites, künstliches Paradies im Entstehen begriffen: »... dies ist erst der Anfang; von nun an wird ihnen nichts mehr verwehrt werden können von allem, was sie sich vorgenommen haben.« Mit anderen Worten: Hier entsteht ein Machtzentrum, wie es die Erde noch nie gesehen hat, und wie von allen Machtzentren wird Unheil davon ausgehen. Gott sieht sich also genötigt einzuschreiten, doch interessanterweise zerstört er diese Stadt nicht, wie er später Sodom und Gomorrha zerstört. Er schafft vielmehr die Voraussetzung für das Gelingen eines derart ehrgeizigen Werks ab: »Es ist einerlei Volk und einerlei Sprache unter ihnen allen ... Wohlauf, lasst uns herniederfahren und ihre Sprache verwirren, dass keiner des anderen Sprache verstehe.«

So geschieht es. Die Organisation des gigantischen Gemeinschaftsprojekts bricht zusammen, und die Arbeiten an der Stadt und dem Turm müssen eingestellt werden ... Und nun dieselbe spektakuläre Szene aus dem Orient an die Küste der Ostsee versetzt, einige Jahrtausende später: die Baustelle eines gewaltiges Atomkraftwerks. Zwei der größten Technikkonzerne Europas sind mit der Durchführung betraut, Hunderte von Ingenieuren und Arbeitern aus allen Teilen Europas hier zusammengeströmt, ein phantastisches Fachwissen konzentriert sich an diesem Ort – aber das Ganze ist nicht mehr koordinierbar. Die einheitliche Sprache, Englisch, führt auf der Planungsebene bereits zu Missverständnissen, von den meisten Arbeitern wird sie gar nicht verstanden, es herrscht buchstäblich ein babylonisches Sprachengewirr, und darüber hinaus gibt es im Grunde keine Verantwortlichen mehr, weil alle den Überblick verloren haben und folglich einer am anderen vorbeiplant und vorbeibaut wie seinerzeit in Babylon.

Die Dimensionen zu groß, die Technik zu kompliziert, der finanzielle Verlust katastrophal – der Mensch hat sich übernommen. Und dennoch ... Das Scheitern der Hybris ist zumindest spektakulär. Und welcher Anblick eignet sich besser zum Sinnbild für beides, für menschliche Tatkraft und die Vergeblichkeit aller Anstrengungen, als die Turmbaustelle zu Babel? Die Maler der Renaissance und des Barock haben dieses Thema deshalb geliebt und der Hybris eindrucksvolle Denkmäler gesetzt: Fiebrige Energie durchpulst ihre Bilder vom Turmbau im unteren Teil, wo Flammen aus den Ziegelbrennöfen schlagen, grauer Rauch aus den Kalköfen quillt und Pferdegespanne die Steinblöcke, die ein Heer von Steinmetzen in den Bauhütten zuschlägt, auf Karren zur Baustelle fahren, während sich Baumeister und purpurgewandete Herrscher im Vordergrund über die Baupläne beugen. Und hoch über dieser Szene brodelnder Geschäftigkeit und unaufhaltsamen Tatendrangs thront in seiner ganzen Pracht dieser halbfertige Turm, der von Gott zur Ruine bestimmt ist ...

Natürlich, Hybris sieht heute anders aus. So anschaulich fallen die Ergebnisse des Größenwahns nur noch selten aus. In rasendem Tempo und gleichzeitig schleichend, unsichtbar und unhörbar verläuft jetzt der Prozess, in dem jeder Mensch und alle Lebensbereiche unter die Kontrolle derjenigen Mächte gebracht wird, die sich die göttliche Macht heute untereinander aufteilen: Wirtschaft, vor allem Werbewirtschaft, Internetkonzerne, Staat, Geheimdienste, Biotechnologie, Psychiatrie etc. Mit Hilfe der digitalen Technik ist alles möglich geworden. Jeder unserer Schritte lässt sich nachvollziehen und zurückverfolgen und vorausberechnen, Sequenziermaschinen spucken unser Erbgut aus, Computer unser Konsumverhalten. Wir stehen unter permanenter Beobachtung und sind auf dem besten Weg, vom Individuum zum Versuchskaninchen zu mutieren – einem hilflosen, verbesserungsbedürftigen Wesen, das keine Minute allein gelassen werden darf. Als Beispiel dafür sei hier nur der Versuch der Psychologie erwähnt, sich unseres Seelenlebens zu bemächtigen.

Fast jedes Verhalten, das vom Idealbild des reibungslos funktionierenden Arbeits-Konsum-Roboters abweicht, wird inzwischen als krankhaft eingestuft – so geschieht es jedenfalls in der neusten Ausgabe des amerikanischen Handbuchs für Psychiater. Die alltäglichsten Leidenszustände werden dort dramatisiert und zur Behandlung empfohlen. Wer länger als zwei Monate um einen geliebten Verstorbenen trauert, ist demnach gestört, und Störungen müssen umgehend wegmedikamentiert werden – die Pharmaindustrie löst alle seelischen Probleme. Keine einschneidende Erfahrung kann da mehr ausgelebt und in die Lebensgeschichte integriert werden, jeder Reifungsprozess wird im Ansatz gestoppt. Alles ist reparierbar, alles beherrschbar, alles machbar – das Credo der technischen Welt, der wir nun ungefragt zugeschlagen werden. Ein Ergebnis dieser Entwicklung: Nach einer Studie der TU Dresden von 2011 leiden 38 Prozent aller Europäer an neurophysiologischen Störungen, am häufigsten unter Angstzuständen, gefolgt von Schlaflosigkeit und Depression.

Mehr als ein Drittel aller Europäer gestört? Ich frage mich, ob solche Befunde irgendeiner Realität entsprechen. Entscheidend ist wahrscheinlich nur, dass auch auf diesem Gebiet, im Bereich der menschlichen Psyche, die Welt- und Menschenverbesserer ungehindert zum Zuge kommen.

Der Hybris wohne die Gefahr inne, über das Ziel hinauszuschießen und dann von einer kreativen zu einer destruktiven Kraft zu werden, hieß es einmal. Doch wo es kein Ziel mehr gibt, kann es gar kein Halten mehr geben. Das oberste Gesetz, dem wir uns unterstellt haben, heißt: weitermachen, weiterstürmen, weiterforschen, weiterentwickeln, nur nicht anhalten, nur nicht stehen bleiben, nur nicht nachdenken – lieber mit dem Missglückten glücklich werden, lieber sich mit dem Bedrohlichen anfreunden als innezuhalten. »Nichts ist derzeit so verpönt wie Skepsis gegenüber unserer Lebensform« – so kommentiert der Schriftsteller Martin Mosebach die unbegreifliche Selbstzufriedenheit und Selbstsicherheit der Fortschrittsgläubigen.

Oder verfolgen wir doch ein Ziel? Liegt die Selbstabschaffung des Menschen vielleicht in der Logik seines Größenwahns? Spüren wir, dass sich der alte Menschheitstraum von einem Dasein außerhalb der bedrückenden irdischen Wirklichkeit durch die Digitalisierung verwirklichen lässt? Es scheint ja – seit Adam und Eva, möchte man sagen – unser sehnlichster Wunsch zu sein, allen natürlichen und gesellschaftlichen Bedingungen enthoben unser Schicksal frei zu gestalten; wir scheinen auch bereit zu sein, jeden Preis dafür zu bezahlen. Könnte es sein, dass mit dem Übergang in eine vollständig virtuelle Existenz unser Ziel erreicht wäre, Gott vollkommen gleich zu sein?

19. »DER VORGANG KANN MEHRERE SEKUNDEN DAUERN« – DIE UNGEDULD

»Das stressfreie Weihnachtsfest« lautete die Schlagzeile in einer großen deutschen Boulevardzeitung zwei Wochen vor Weihnachten. Der dazugehörige Artikel ging über eine ganze Seite und lief darauf hinaus, dass man sich die Arbeit mit dem Weihnachtsfest komplett sparen könne, weil es alles, was dazugehört, im Internet gibt: die Geschenkideen, die Geschenke, den Weihnachtsbaum (fertig geschmückt), die Plätzchen, den Festschmaus, die Weihnachtsmusik und die Weihnachtsgeschichte im Lukasevangelium – alles aus dem Netz. Also nur ein paar Knöpfe gedrückt und die Haustür geöffnet, wenn's klingelt – schon rauscht Weihnachten an einem vorbei ... Warum dann überhaupt Weihnachten feiern?, dachte ich mir. Dann lieber gleich etwas ganz anderes in diesen Tagen unternehmen. Oder besteht der Witz dieses »stressfreien Weihnachtsfests« darin, dass man auf diese Art zwei Sachen gleichzeitig machen kann, zum Beispiel Weihnachten feiern und für die Firma daheim durcharbeiten? Der einzige Gewinn dieses Fests aus dem Internet bestände dann darin, dass man Zeit gespart und mithin Zeit gewonnen hätte.

Zeit gespart? Zeit gewonnen? Ist Zeit denn Geld? Zumindest reden wir über die Zeit wie über Geld. Wir nutzen die Zeit, verlieren Zeit, vergeuden Zeit, investieren Zeit, gewinnen Zeit, sparen Zeit und holen Zeit heraus. Kann man Zeit besitzen? Und – macht der Besitz von Zeit glücklich? Ist es am Ende auch in diesem Punkt wie mit dem Geld – dass die

Zeit glücklich macht, wenn man keine oder wenig davon hat, aber unglücklich, wenn man zu viel davon hat?

Die nächste Frage wäre dann: Gibt es Zeitgier, wie es Geldgier gibt? Dafür müsste man die Zeit vermehren, sprich: verlängern. Aber wie soll das gehen?

Es scheint machbar zu sein. Das probate Verfahren, die Zeit zu verlängern ist, sie zu verkürzen. Also die Zeit, die ein bestimmter Vorgang dauert – Wäsche waschen oder Weihnachtsfest vorbereiten – abzukürzen. Jetzt hat man Zeit gewonnen und kann gleich die nächste Sache in Angriff nehmen. Je kürzer die einzelnen Vorgänge sind, desto mehr davon passen in eine Stunde, einen Tag, ein Jahr. Der Effekt der Zeitverlängerung durch Zeitverkürzung ist: Man erlebt mehr, man schafft mehr, man bekommt mehr in derselben Zeit unter, die Zeit wird schneller. Aber Zeit, die schneller wird, ist auch schneller vorbei. Durch Zeitsparen verliert man mithin Zeit. Je voller die Zeit ist, desto weniger Zeit hat man, denn – was soll man mit der gewonnen Zeit anfangen? Ja, man hätte sie, wenn man gar nichts damit anfangen würde. Aber dafür, fürs Nichtstun, spart man ja keine Zeit, sonst kann man sich das Zeitsparen gleich sparen.

Zeit ist dafür da, etwas hineinzustopfen, da dürften wir uns einig sein. Zeit will gefüllt, ausgefüllt werden. Nur vollgepackte Zeit macht glücklich. Mit anderen Worten: je weniger Zeit einer hat, desto glücklicher muss er sein, und am glücklichsten folglich, wer gar keine Zeit hat.

Nichts scheint schlimmer zu sein als Zeit zu haben. Offen gesagt, wir stehen auf Kriegsfuß mit der Zeit. Sie ist unsere größte Feindin. Sie ist gnadenlos, sie raubt uns die Lebenszeit. Also bloß nicht untätig mitansehen müssen, wie die Zeit ihr schreckliches Vernichtungswerk an unserem Leben verrichtet, indem sie ungerührt verrinnt. Deshalb – sollten wir wirklich einmal Zeit haben, hilft nur ein dichtes Programm, hilft ein Bündel sinnvoller oder sinnloser Aktivitäten, hilft das Vollstopfen und Verplanen und Strukturieren und Managen der Zeit. Um sie wenigstens zu nutzen, um sie zur Not totzuschlagen, damit wir möglichst nicht bemerken, wie sie vergeht. Im Zustand der Atemlosigkeit bemerken wir es am wenigsten.

Besonders schrecklich ist die Zeit des Wartens. Diese Zeit, in der sich kein Wunsch erfüllt und nichts in unserem Sinne weitergeht, diese Zeit, die nur ungenutzt verstreicht, die einfach nur ungehindert ihrer einzigen Beschäftigung nachgeht, davonzulaufen. Nein, wir hassen die Zeit. Und hätten gern mehr davon. Viel mehr. Zeit zu haben wäre das größte Glück. Sich nicht beeilen zu müssen, die Sachen langsam angehen zu dürfen, die Zeit nach Lust und Laune einteilen zu können, sie gewissermaßen auszukosten ... Das Problem ist nur: Wir besitzen die Zeit nicht. So wenig wie unser Leben. Der Zeit sind wir völlig egal, sie läuft stur ab, und uns bleibt höchstens, sie auszupressen und so viel wie möglich aus ihr herauszuholen, sie zu füllen und so viel wie möglich in sie hineinzupacken.

Die Zeit läuft mir davon ... Früher passierte das allenfalls Kaufleuten und militärischen Befehlshabern, heute passiert es jedem. Das ist schon etwas Neues, und auch das, was in der Folge die ganze Gesellschaft erfasst, ist ein relativ junges Phänomen: die Ungeduld. Der Gestaltungszwang im Hinblick auf die Zeit. Die Zeitoptimierung gewissermaßen, passend zu allen anderen Optimierungsbestrebungen. Und dieser Zwang ist so stark, dass man ihn heute beruhigt den natürlichen Antriebskräften an die Seite stellen darf. Ja, man kann sagen: Dem Geld, das vor etwa zweihundert Jahren zum neuen Gott ausgerufen wurde, muss ein zweiter, gleichrangiger Gott an die Seite gestellt werden: das Tempo.

Und wie wir gesehen haben, verlangt auch dieser Tempogott, unsere Vernunft zu opfern. Unser Verhältnis zur Zeit ist paradox, geradezu widersinnig, ein Selbsttäuschungsmanöver im Grunde mit tiefgreifenden Folgen für unser Leben: Anstatt die Zeit auf uns zukommen zu lassen, leben wir gegen die Zeit an, wie ein Rennfahrer gegen die Uhr fährt. Ich habe mir deshalb erlaubt, die Ungeduld als neue Todsünde einzuführen. Auch in der Vergangenheit ist der Lasterkatalog immer wieder mal abgeändert und neuen Zeiterscheinungen angepasst worden, und die Auswirkungen der Ungeduld scheinen mir diese Eigenmächtigkeit zu rechtfertigen. Zum Beispiel diese Merkwürdigkeit: dass wir schon über wenige Minuten Zeitgewinn eine Genugtuung empfinden, die genauso maßlos übertrieben ist wie unser Ärger über wenige Minuten Wartezeit.

Tatsächlich erleben wir während des Wartens den Augenblick der Wahrheit. Mit einem Mal haben wir nämlich Zeit, ganz unverhofft, und zwar Zeit, die sich nicht ohne weiteres füllen lässt – und jetzt bekommen wir das verhasste Vergehen der Zeit plötzlich mit. Das heißt: Wir spüren, dass wir die Kontrolle über die Zeit verloren haben, dass wir die Lebensvernichterin nicht wie sonst zum Schweigen und Verschwinden bringen können, und in solchen Momenten werden wir uns mit wachsendem Unbehagen unserer Machtlosigkeit bewusst – welch kindische Illusion zu glauben, man könne Zeit gewinnen oder verlieren, abkürzen oder verlängern, eben irgendwie beherrschen!

Diese Ohnmacht wäre für eine kurze Weile womöglich noch zu ertragen. Doch das Warten hält eine noch verletzendere Erkenntnis für uns bereit: Wir stellen fest, dass wir auf einem Abstellgleis stehen – und kein Hahn danach kräht. Man lässt uns dort einfach stehen, ausrangiert, und die Welt dreht sich ohne uns weiter. Nicht nur, dass wir keineswegs der Dreh- und Angelpunkt dieser Welt sind, für den wir uns halten – wir sind im Augenblick offenkundig schlichtweg überflüssig! Die narzisstische Kränkung schlechthin. Es geht also gar nicht um die paar Minuten oder Stunden, die man gewinnt oder verliert. Die Wut kocht beim Warten hoch, weil wir die tiefste denkbare Demütigung erleben. Und die Euphorie stellt sich im Fall eines Zeitgewinns ein, weil wir uns in der Illusion bestärkt fühlen, dass die Zeit doch zu beherrschen sei. Eine offenbar lebensnotwendige Illusion.

Und deshalb – kaum haben wir Zeit, beginnen wir sie zu verkürzen und zu vertreiben. Eine Studie besagt, dass der statistische deutsche Durchschnittsmensch kaum fünf Minuten wartet, wenn jemand nicht pünktlich zu einer Verabredung erscheint. Die Erfahrung lehrt, dass junge Leute keine 30 Sekunden zögern, bevor sie in einem öffentlichen Verkehrsmittel ihr Smartphone zücken – bei älteren Menschen dauert es etwas länger. Und meine Erfahrung zeigt, dass selbst 5 Sekunden Warten anscheinend nicht mehr zumutbar sind. Bei der Flugticketbestellung im Internet las ich jedenfalls während eines Suchvorgangs folgenden Satz: »Bitte haben Sie etwas Geduld, der Vorgang kann mehrere Sekunden in Anspruch nehmen.« Mehrere Sekunden freie Zeit, leere Zeit, also verlorene Zeit? Da darf man wohl eine Entschuldigung erwarten.

Wer sich dem Tempodiktat unserer Zeit unterwirft, leidet darunter zunächst einmal selbst, denn ein ständiges Mehr an Aktivität bedeutet Hetze. Zeit hätte man nur, wenn man nichts oder wenig damit anfangen würde, aber das ist undenkbar. Mehrmals täglich stehen wir vor der Frage: Gewähren lassen oder Einhalt gebieten? Sich abfinden oder einschreiten? Sich fügen oder aufbegehren? Geschehen lassen oder in die eigenen Hände nehmen? Und im Verein mit der Hybris flüstert uns die Zweckrationalität jedesmal ein: Du kannst es besser! Also das Schicksal in die eigene Hand nehmen und eingreifen, lenken, beschleunigen! Die Lebenszeit ist das wertvollste Kapital, das wir besitzen, folglich darf man sie keinen Augenblick unbeaufsichtigt lassen ...

Das Metier der Ungeduldigen und Zeitgierigen ist deshalb das Forcieren, oftmals getarnt als elterliche Fürsorge oder Aufopferung für eine Sache. Die Optimierungssucht trifft Söhne und Töchter schon im Kleinkindalter. Bereits im Kindergarten muss der Grundstein für die Karriere gelegt werden, und wenn der Nachwuchs mit der ersten Fünf nach Hause kommt, werden gleich alle Nachhilferegister gezogen. Wie in der Arbeitswelt, wie in der Politik wird auch bei jungen Menschen das Heil immer häufiger in Sofortmaßnahmen und Programmen gesucht, und wie dort werden auch hier programmgemäße Ergebnisse erwartet. Und so pflanzt sich die Ungeduld fort – die erste Enttäuschung reicht, um mit der neuen Freundin Schluss zu machen, und wenn jemand nach ein paar Tagen immer noch nichts von sich hören lässt, wird er fallen gelassen. Ungeduld bedeutet: Einem Menschen nicht gerecht werden. Kein Verständnis für ihn aufbringen, ihn als eigenständiges, eigensinniges Individuum nicht gelten lassen.

Denn um einen anderen zu verstehen, müsste man hinhören. Sich geduldig mit ihm abgeben und zuhören. Ein zeitraubendes Verfahren. Der weltbekannte Physiker und Finanzexperte Emanuel Derman hat einmal in einem Zeitungsartikel ausgeführt, welche Selbstüberwindung dazu gehört, auf einen anderen einzugehen, und in welchem Maße man sich selbst zurücknehmen muss. Wenn ich einen Menschen verstehen will, sagt er, dann muss ich im Gespräch mit ihm bereit sein, mich selbst zum Schweigen zu bringen, weder Kritik noch Zustimmung zu äußern und einfach nur zuzuhören. Bisweilen sei es sogar nötig, sich den lächerlichsten Unsinn geduldig anzuhören, ohne auch nur den Mund zu verziehen. Es gehe nämlich gar nicht darum, die Ansichten des anderen kennenzulernen, sondern Zugang zu seinem innersten Wesen zu finden, und um es dahinzubringen, müsse man sein Gegenüber zunächst einmal auf sich wirken lassen. Ich finde es gut, sich das gelegentlich in Erinnerung zu rufen: Andere ernstzunehmen verlangt uns einiges an Zeit und Nerven ab.

Geduldiges Hinhören, geduldiges Hinschauen. Niemanden abwürgen, nichts besserwisserisch oder abfällig kommentieren ... In diesen Zeiten erlebt man das selten. Viel häufiger ist der millionenfache Empörungsschrei, im Internet, in den Medien. Es genügt, wenn eine Aussage für den flüchtigen Hörer etwas Anstößiges enthält, schon tritt das Kartell der Sittenwächter in Aktion und sieht das Schlimmste kommen. Es war weder so gesagt worden noch so gemeint gewesen? Eine Öffentlichkeit im Zustand permanenten Alarmiertseins nimmt sich nicht die Zeit, genau hinzuhören. Im Klima nervöser Gereiztheit steht das Verständnis nicht hoch im Kurs. Womit wir zu einem weiteren, sehr deutschen

Grund für Ungeduld kommen: der Rechthaberei. Dem Perfektionismus, auch dem moralischen.

Hier in Rom herrscht Gelassenheit. Da regt sich trotz des Verkehrsgewühls keiner im Straßenverkehr auf. Man gibt sich ohnehin gern mit der zweitbesten Lösung zufrieden, man erwartet keine Vollkommenheit, und dieses aufgebrachte »Aber das gibt es doch nicht, das darf der doch gar nicht!« ist nie zu hören. In Deutschland hingegen wird schnell unerträglich, was anderswo ganz erträglich gefunden wird, und dann heißt es: Tabula rasa! Alles umstrukturieren! Das ganze System erneuern – oder wir treten aus! Aus dem ADAC zum Beispiel, und zwar scharenweise, weil sich nach 50 Jahren unkoschere Usancen eingeschlichen haben ... Also, es trägt sehr zur Entspannung in einer Gesellschaft bei, wenn nicht jeder immer gleich ein Zeichen setzen muss – und die Wurzel des Übels auch mal im Boden stecken bleiben darf.

Letztlich, so scheint mir, wächst die Ungeduld auf dem Nährboden des Pessimismus. Man vermag nicht mehr an ein gutes Ende zu glauben, man sieht stets das Schlimmste kommen. Der Ungeduldige ist allergisch gegen Fehler und Pannen, und erst das eigene Eingreifen erlöst ihn von der Qual, einem sicheren Scheitern beiwohnen zu müssen. Deshalb kann er nichts auf sich beruhen, nichts seinen Gang gehen und sich entwickeln lassen. Pläne und Programme haben bei ihm alles ersetzt, was unter anderen Umständen der Lauf der Dinge, die natürliche Entwicklung – oder womöglich ein Abenteuer wäre. Ich könnte mir denken, dass sich in diesem Kontrollzwang derselbe Pessimismus äußert wie in den schwarzen Zukunftsvisionen der Künstler und Intellektuellen.

Muss man die Ungeduld deshalb unter das Böse rechnen? Nicht unbedingt. Die Ungeduld ist im Prinzip genauso wenig böse wie alle bisherigen Todsünden. Sie kann, wie die Hybris, eine positive Kraft sein, die Kraft zur Veränderung unhaltbarer Zustände, eine Kraft des Widerstands gegen Unzumutbares. Aber wo sie überhand nimmt, wo sie schon zur Grundhaltung geworden ist, wird sie zur Plage. Dieser irrwitzigen Zeitgier fällt dann nämlich zum Opfer, was als Lebensgesetz immer gegolten hat und weiterhin gilt: dass alles, was gut werden soll, seine Zeit braucht. Oder, um es mit einem afrikanischen Sprichwort zu sagen: »Das Gras wächst nicht schneller, auch wenn man mit den Zähnen dran zieht.«

20. EIN BELEBENDES GEFÜHL – DER ZORN

Zorn. Wut. Was fällt einem dazu nicht alles an Bildern ein. Jugendliche Hooligans zweier gegnerischer Mannschaften, die nach einem Fußballspiel mit Gebrüll übereinander herfallen. Molotowcocktails werfende, vermummte Chaoten, die sich in Berlin Straßenschlachten mit der Polizei liefern. Aufgeregte Menschenmassen bei einer Demonstration auf dem Kairoer Tahir-Platz. Die Wutausbrüche von Hitlers oberstem Richter Roland Freisler am Volksgerichtshof. Der Rachemord zweier Muslime, die einen britischen Soldaten am hellichten Tag auf einer Londoner Straße mit Machete und Beil zerhacken. Mose, der beim Anblick des Goldenen Kalbs die Gesetzestafeln in einem Anfall heiligen Zorns zerschmettert. Der Amokläufer, der während des Unterrichts in eine Schule eindringt und Schüsse auf Lehrer und Schüler abfeuert. Und, ein Bild aus meiner ganz persönliche Erinnerung: ein Denkmal auf der Piazza einer kleinen norditalienischen Stadt. Der Bildhauer Carlo Santachiara hat hier auf zwei Bronzetafeln Krieg und Frieden dargestellt. Die eine zeigt wohlbestellte Äcker und Gärten in einer sanft geschwungenen Landschaft, Ordnung, Fleiß und stilles Glück sind buchstäblich mit Händen zu greifen, und auf der anderen Tafel hervorbrechende gepanzerte Reiter, das Gewoge der Kämpfenden, das Toben der Völker, wie es im Alten Testament heißt. Warum verweilt man länger vor der Darstellung des Kriegs als der des Friedens? Weil der Krieg uns aufwühlt? Weil die Seele aufgewühlt werden will?

Auf jeden Fall erregen wir uns gern, von Ausnahmen abgesehen. Es muss ja nicht gleich Wut sein, es muss nicht gleich heiliger Zorn sein, die Skala der Vorstufen ist lang, und in eine flüchtige Rage versetzen kann einen praktisch alles – ein Türenknallen, laute Musik in der Nachbarschaft, ein Langsamfahrer auf der Überholspur. Das Ich ist ein enges Gefäß, und die demütigende Erfahrung der eigenen Ohnmacht entlädt sich schon bei geringfügigen Anlässen in heftigen, viel zu heftigen Reaktionen. Sich dann gehen zu lassen darf man wohl als einen beseligenden Zustand beschreiben, auch wenn nur Verwünschungen dabei herauskommen. Wirklich erstaunlich ist aber etwas anderes: Der verbreitete Wunsch, die Wirklichkeit möge mich beleidigen.

Wenn ich an meine Jugend zurückdenke, erinnere ich mich an Unterhaltungen im Verwandtenkreis, wo alle Nichtanwesenden mit abfälligen, ungnädigen Urteilen bedacht wurden. Ich erinnere mich auch, seither vielen anderen Leuten begegnet zu sein, die ihr Leben ebenfalls durch ein Sieb schütteln in der Hoffnung, auf eine Kränkung zu stoßen, die ihre Empörung rechtfertigt. Da können die bösen Absichten noch so an den Haaren herbeigezogen sein – sie werden unterstellt, als wäre die Vorstellung, im Fadenkreuz der Bosheit zu stehen, unwiderstehlich verlockend. Offenbar will man sich partout ereifern. Offenbar braucht der Zorn in solchen Fällen ständig neue Nahrung. Aber warum? Wozu?

Ich vermute: Damit man sich stark und im Recht fühlen kann. Erst der Zorn berechtigt einen solchen Menschen, ermächtigt ihn geradezu, entschieden aufzutreten und eine moralisch begründete Machtposition einzunehmen, die das wohlige Gefühl von Überlegenheit verschafft. Zorn macht mutig, Wut macht stark. Man unterstellt also Berechnung, um aus der – scheinbar – gerechtfertigten Empörung Lebensenergie für sich zu schöpfen, weshalb einem alles lieber ist als wohlgesinnte Mitmenschen – eine Wirklichkeit, die nicht beleidigend ist, lässt einen kraftlos zurück; sie erlaubt es nicht, sich zu einer Position der Stärke aufzuschwingen. Mit anderen Worten: Das Haar in der Suppe ist reine Seelennahrung, und schon die kleinste Gehässigkeit hat eine belebende Wirkung auf Menschen, denen es sonst nicht gelingt, sich als Person zur Geltung zu bringen. Und das sind viele, ungeheuer viele. Vor allem dort, wo man sein wahres Gesicht zeigen kann, ohne sein Gesicht zeigen zu müssen: im Internet.

Hier offenbart sich in zahllosen Kommentaren eine Ungnädigkeit des Urteils, die nichts anderes mehr gelten lässt als die eigene Beschränktheit. Was selbstgerechten Sarkasmus angeht und einen überheblichen Ton bis hin zu nackter Verachtung sind Internetforen wohl unübertroffen, und die Anonymität begünstigt eine Unbeherrschtheit, die in früheren Zeiten das Kennzeichen der Hetzmasse, des Lynchmobs war. Aufschlussreich sind diese Ergüsse immerhin – man spürt hier, welches Glücksgefühl damit verbunden sein muss, die Kontrolle über sich zu verlieren und sich ungestört in seinem Hass auf alles zu ergehen, was anders denkt und anders fühlt. Von Ungeduld kann hier jedenfalls nicht mehr die Rede sein, eher von einer wütenden Grundstimmung und einer Art gnadenloser Nahkampfmoral, wie sie überall dort um sich greift, wo zwischenmenschliche Beziehungen hauptsächlich per Internet oder Handy abgewickelt werden. Es sieht beinahe so aus, als würden immer mehr Menschen, vor allem junge Menschen, Wut und Hass als Energiequelle für sich entdecken. Und was vom Gewissen übrig geblieben ist, wird vom inneren Triumphgeheul übertönt, nachdem man seine Überlegenheit ausgiebig demonstriert hat, an Schwächeren zumeist.

Wahrscheinlich fällt es bei keiner Todsünde schwerer als beim Zorn, sich selbst Grenzen zu ziehen. Einmal, weil der Zorn einen Menschen oft anfallartig überkommt, sich also nicht wie andere Todsünden einschleicht, um irgendwann zum Charaktermerkmal zu werden, und weil er obendrein den Körper in die Wucht des Ausbruchs mit hineinreißt – der Herzschlag beschleunigt sich, der Blutdruck steigt, das Blickfeld verengt sich. Zum anderen, weil der Zorn zur ziellosen Wut werden kann, wenn er nicht bald verraucht, und die Wut auf Dauer zu einer Mischung aus Ressentiment, Groll und Hass, die sich jederzeit wie ein explosives Gas entzünden kann – jeder, der mir im Weg steht, kann in diesem Zustand zum Feind erklärt und als Feind behandelt werden. Eine Gesellschaft, die die Triebbefreiung großschreibt, die religiöse und gesellschaftliche Normen als ungebetene Einmischung ins Privatleben ablehnt, die womöglich noch den Schlachtruf der Achtundsechziger – »Macht kaputt, was euch kaputt macht!« – im Ohr hat, eine solche Gesellschaft bietet Zorn und Wut einen idealen Nährboden. Allerdings ist der Zorn nicht auf unsere Breiten beschränkt. Nach allem, was Ethnologen dazu herausgefunden haben, darf er als die einzige wahrhaft universelle Todsünde gelten.

Zorn – oder im weiteren Sinne Aggressivität – ist etwas Elementares. Anders als Neid, Gier oder Narzissmus tritt er in allen Kulturen dieser Erde auf und ist überall vom frühesten Alter an zu beobachten. Aber ebenfalls im Unterschied zu allen anderen Lastern gibt es beim Zorn etwas Merkwürdiges: einen winzigen Augenblick des Zögerns im ersten Moment, wo sich das Aufwallen des Zorns bereits anbahnt, seine mitreißende Wirkung aber noch nicht eingesetzt hat. Wenige Sekunden lang spürt man, dass die Würfel noch nicht gefallen sind, dass eine Entscheidung zugunsten der Vernunft und der Selbstbeherrschung noch möglich ist. Wenn man diesen Augenblick nicht nutzt, ist es vorbei. Aber es gibt diese letzte Sperre, man rastet nicht zwangsläufig automatisch aus – auch wenn es immer häufiger danach aussieht. Vor allem junge Leute scheinen gar keine Hemmschwelle mehr zu bemerken, so als wäre diese letzte Sperre weggefallen, so als wäre die Möglichkeit einer Entscheidung gegen die berauschende Energiezufuhr des Zorns überhaupt keiner Überlegung mehr wert.

Um mir alle Beispiele für Vandalismus, Gewalt und Enthemmtheit an dieser Stelle zu ersparen, möchte ich nur aus einem Interview mit dem Polizeipräsidenten von Tokio zitieren. Im Jahr 2013 belief sich die Verbrechensbilanz in sämtlichen japanischen U-Bahnen auf 350 Fälle von Taschendiebstahl. Im selben Jahr war es in deutschen U-Bahnen zu 2300 schweren Gewalttaten gekommen, einschließlich mehrerer Fälle von Totschlag. Nach dem Grund für diese Diskrepanz befragt, fiel dem Polizeipräsidenten nur eine Erklärung ein. »Wir erziehen unsere Kinder zu Respekt und Höflichkeit«, erwiderte er prompt und trocken.

Wir sind dem Zorn verfallen. Menschen von kühlem Temperament, Menschen, die es in der Selbstbeherrschung weit gebracht haben, genießen vielleicht unseren Respekt, aber nicht unbedingt unsere Sympathie. In Zorn zu geraten ist menschlich, und im Verein mit anderen ist der Zorn schöner. Außerdem sorgen Wut und Empörung für eine dramatische Note, die mancher in seinem Leben schmerzlich vermisst. Und schließlich sind wir in der Mehrzahl für Zorn, Wut und Gewalttaten dankbar, solange sie uns nicht zu nahe rücken, also in Form von Filmen, Romanen oder Videospielen. Alles, was im zweiten Kapitel über die dramatische Dimension des Bösen gesagt wurde, bezieht sich ja in erster Linie auf die Früchte des Zorns und die elementare, zerstörerische Wucht, mit der die entfesselten Energien über das Leben hereinbrechen. Der aufflammende Zorn des Gerechten, der Rachefeldzug eines Erniedrigten, die erbitterte Familienfehde, der tödliche Bruderzwist, dies alles gehört auf die Bühne, auf die Leinwand, zwischen Buchdeckel, denn keine andere Todsünde hält so schauerliche Attraktionen bereit wie der Zorn, und die Seele will aufgewühlt werden. Wobei uns der Zorn als Publikum auf sehr unterschiedliche Weise berührt.

Der Zornige kann sich wie Rumpelstilzchen lächerlich machen, weil der Anlass für seinen Ausbruch lächerlich ist. Er kann Abscheu erregen, wenn er in kalter und blinder Wut wahllos zugeschlagen hat. Er kann aber auch eine einschüchternde und ehrfurchtgebietende Wirkung erzielen, falls er für seinen Ausbruch einen guten und schrecklichen Grund hat. Laut und dramatisch geäußerter Zorn soll andere wachrütteln und ihnen die Tiefe einer Verletzung oder die Größe eines Unrechts vor Augen führen; man kann Menschen so auf seine Seite bringen, und in der Regel ist dem Rebellen unsere Sympathie gewiss. Der Zorn hat daher oft eine schauspielerische Komponente. Mose etwa, der zornentbrannt die von Gott persönlich beschriebenen Gesetzestafeln zerschmettert, als er nach seiner Rückkehr das Volk beim Tanz um das Goldene Kalb antrifft – sein Zorn ist zweifellos echt, aber wirkt die ungeheuerliche Geste des Zerschmetterns nicht wie ein bewusster dramatischer Effekt? Oder Jesus, der über die Händler im Tempel in Zorn gerät, Stricke zusammenbindet und damit auf die Verkäufer und Geldwechsler losgeht – seine Empörung ist zweifellos echt, aber weist diese Szene nicht Züge einer bewussten Inszenierung auf? Der Spanier Baltasar Gracián (1601–1658), der mit seinem *Handorakel* das scharfsinnigste Buch über Lebensklugheit verfasst hat, rät sogar dazu, den Zorn im öffentlichen Leben kalkuliert einzusetzen, um seinem Standpunkt jenseits aller Argumente Nachdruck zu verleihen. Sich von seinem Zorn mitreißen zu lassen, das allerdings hält er für die größte Torheit überhaupt.

Wie Gier und Hybris nach Attributen verlangen, nach sichtbaren Zeichen, die den Gierigen und Größenwahnsinnigen verherrlichen, so hat auch der Zorn bei uns ein bestimmtes Erscheinungsbild angenommen: das des Motorradrockers us-amerikanischer Prägung. An der Attitüde und der Ausstattung von Rockerbanden wie den Hell's Angels zielt alles darauf ab, die Vorstellung von Zorn, Wut, Verachtung und Brutalität hervorzurufen, jedes Detail kündet vom Glauben an das Recht des Stärkeren, und man darf wohl so weit gehen zu sagen: Hier erhält die unterschwellige Aggressivität unserer Zeit ein repräsentatives Gesicht. In diesem Milieu werden schwerste Gewalttaten mit besonderen Auszeichnungen gewürdigt, und der Zulauf, den solche Gruppen seit Jahren bei uns haben, ist für mich eines der deutlichsten Krisensymptome.

Ein interessanter Aspekt dieser Rockerbanden ist die Abwesenheit von Frauen. Es ist eine männliche Welt, und tatsächlich spielen Frauen in der Geschichte des Zorns überhaupt eine Nebenrolle. Neuerdings holen sie auf, und inzwischen haben Film und Wirklichkeit Frauengestalten hervorgebracht, die sich in ihrer rücksichtslosen Brutalität nicht mehr von Männern unterscheiden – allenfalls gehen diese Frauen dabei kälter und sachlicher vor als männliche Gewalttäter, weniger ungestüm sozusagen. Doch immer noch wird Frauen eher ein besänftigender Effekt auf die männliche Wut zugeschrieben, und einen unerwarteten Verweis auf die traditionelle Rolle der Frauen als Streitschlichter fand ich ausgerechnet in der skandinavischen Mythensammlung der Edda: Auch bei den ausschweifenden Gelagen der germanischen Götter in Walhall, liest man da, war es an Freya und den anderen Göttinnen, beherzt dazwischenzugehen und das Schlimmste zu verhüten, wenn die männlichen Götter im Rausch aneinandergerieten und zum Schwert griffen. Sie bewährten sich übrigens in dieser keineswegs leichten Rolle hervorragend ...

Der Zorn ist männlich, und er möchte als Machtdemonstration verstanden werden. »Nur Sklaven geraten niemals in Zorn«, sagt Aristoteles. Seine erste Ursache aber ist fast immer ein verzweifeltes Ohnmachtsgefühl, die Erfahrung, nicht gehört, nicht verstanden, nicht zur Kenntnis genommen zu werden, kurz: sich anders nicht mehr Geltung verschaffen zu können. Den grauenvollsten Ausbrüchen von Hass und Rache liegt dieses Ohnmachtsgefühl zugrunde, so weit hier Erklärungen überhaupt reichen – dem Massenmord an 77 Jugendlichen, die der Norweger Anders Breivik 2011 auf einer Ferieninsel wahllos niederschoss, wie dem Völkermord in Ruanda, dem 1994 ungefähr eine Million Tutsi zum Opfer fielen. Aus demselben Ohnmachtsgefühl dürfte sich auch die Wut- und Gewaltstimmung bei uns speisen, wie sie im zunehmenden Vandalismus, in immer häufigeren Attacken auf Schiedsrichter bei Jugendspielen oder in der sprunghaft gestiegenen Zahl brutaler Angriffe auf Polizisten zum Ausdruck kommt, um nur einige Beispiele zu nennen.

Der erschütterndste Effekt des Zorns ist, dass seine Folgen selten wiedergutzumachen sind. Jeder, der sich einmal zu einem wütenden Brief hat hinreißen lassen, kennt die Erfahrung, dass von einem Augenblick auf den anderen sehr viel Porzellan zerschlagen und kaum wieder gekittet werden kann. Schon aus diesem Grund sollte sich eine Gesellschaft überlegen, ob sie jeden Triebverzicht weiterhin verteufeln will – und ob es wirklich einen Gewinn an Freiheit bedeutet, wenn alle moralischen Kontrollinstanzen wegbrechen. In diesem Zusammenhang fallen mir wieder Simeon und Levi ein, jene beiden Söhne des Erzvaters Jakob, die das früher erwähnte Blutbad in Sichem zu verantworten hatten.

Es sah ja so aus, als ob Jakob die Schändung ihrer Schwester als Entschuldigung gelten lassen würde. Es sah so aus, als ob Jakob an ihrer Wahnsinnstat nichts weiter als Unbesonnenheit, als Kurzsichtigkeit auszusetzen hätte. Demnach wäre das Gemetzel unter den Einwohnern von Sichem aus seiner Sicht nicht verwerflich gewesen. Und dann, sehr viel später, liegt Jakob auf dem Sterbebett. Er ruft seine Söhne zu sich, hebt ihre Vorzüge und Verdienste hervor, sagt jedem seine Zukunft voraus, und da geschieht es. Jakob gerät außer sich, als die Namen von Simeon und Levi fallen. »Ihre Schwerter sind mörderische Waffen!«, ruft er aus. »In ihrem

Zorn haben sie Männer gemordet ... Verflucht sei ihr Zorn, weil er so heftig ist, und ihr Grimm, weil er so grausam ist! Ich will sie ... zerstreuen in Israel.« Also doch. Was uns Lesern als himmelschreiender Frevel erschienen war, hat Jakob genauso empfunden – und schließlich bestraft.

21. NACH ALLEN SEITEN OFFEN – DIE TREULOSIGKEIT

In alten Filmen hört man manchmal noch den Satz: »Ich warte auf dich«, wenn zwei Abschied nehmen, wenn der Geliebte in den Krieg zieht oder die Geliebte sich anschickt, an Bord eines Überseedampfers zu gehen. »Ich warte auf dich«, sagt dann einer zum anderen – und wartet tatsächlich.

Hört man diesen Satz heute noch? Oder fragt man sich in diesen mutlosen Zeiten nicht eher: Wie hat man es früher bloß ertragen, nur in Gedanken verbunden zu sein, nur hin und wieder einen Brief als Lebenszeichen zu erhalten, sonst aber nichts in Händen zu haben und im Herzen nur Hoffnung, Sehnsucht und den Mut zur Treue? Ich selbst bewahre als besondere Kostbarkeit einige Briefe auf, die mein Vater während des Kriegs an meine Mutter geschrieben hatte, von Kreta aus. Beide waren damals erst seit kurzem verheiratet und verloren sich dann für beinahe sieben Jahre aus den Augen – nur zweimal kam mein Vater in dieser Zeit auf Heimaturlaub, ansonsten schrieb man sich, aber ihre Liebe hatte darunter nicht gelitten: Ich erinnere mich sehr deutlich, wie sich beide nach der Rückkehr meines Vaters um den Hals fielen. Waren das früher stärkere, kühnere Herzen oder bescheidenere, anspruchslosere Herzen? Es waren auf jeden Fall kompromisslosere Herzen. »Ich wollt diesen Mann oder keinen. Ich wusste, dass er der Richtige war, und er war es«, sagte eine alte Schauspielerin in einem Interview; ich habe ihren Namen vergessen – und zwischen der ersten Gewissheit und der letzten Gewissheit lagen 60 Jahre. Wer sich so sicher ist, der wartet. Er kann nichts Besseres tun, denn ihn erwartet nichts Besseres ...

Damals wurde auch viel idealisiert? Mag sein. Aber wenn der realistische Blick dazu führt, dass etwas so Großartiges wie die Treue kontinuierlich an Ansehen verliert, dass etwa so Verächtliches wie die Treulosigkeit zunehmend gesellschaftsfähig wird, dann ziehe ich den idealisierenden Blick vor.

Natürlich gehört die Treulosigkeit so wenig zum klassischen Todsündenkatalog wie die Ungeduld. Aber zum einen sind beide miteinander verwandt, zum anderen berührt sich die Treulosigkeit mit der Verlogenheit und der Mutlosigkeit; das rechtfertigt für mein Empfinden ein eigenes Kapitel. Und ihre Aufnahme unter die Todsünden verdankt sie vor allem einer Erfahrung, die ich seit langem und auch im Bereich meines Ordens mache: Man möchte sich nicht mehr festlegen. Treueschwüre kommen vielen nicht mehr über die Lippen, und sie wirken ja auch anachronistisch in einer Zeit, die uneingeschränkte Flexibilität und Mobilität verlangt. Treue ist unter diesen Umständen ein Mangel an Unternehmungsgeist, denn – wer will die Chance zum ökonomischen und sozialen Aufstieg verpassen? Wer möchte sich ein Erlebnis entgehen lassen? Und wer möchte sich nachsagen lassen, nicht grundsätzlich für alles offen zu sein?

Für alles offen ... Man stelle sich das bildlich vor. Ein Mensch wie ein Sieb; was sich über ihn ergießt, fließt gleich wieder ab. Er hat nichts davon, und seine Umwelt hat nichts von ihm. In der Vergangenheit wurde bei uns im Orden darüber nachgedacht, den »Mönch auf Zeit« einzuführen, als Lösung für den Nachwuchsmangel in unseren europäischen und amerikanischen Klöstern. Ich hatte Bedenken. Wie die Ehe erfordert das Mönchtum eine entschlossene Konzentration aller Kräfte auf ein Ideal. Man kann es nicht als zeitweiliges Experiment betreiben, es verliert dann seinen Sinn, es ist eine Lebensaufgabe.

Schwer war es allerdings immer, eine lebenslange Verpflichtung einzugehen. Wenn es heute noch viel schwerer fällt, dürfte es daran liegen, dass man mittlerweile überall dort der Bewährungsprobe ausweicht, wo es nicht um Karriere, Geld und gesellschaftlichen Aufstieg geht. Wo es um ein ganz anderes, sehr viel größeres aber auch ferneres Glück geht, das deshalb einen langen Atem und beharrliches Bemühen erfordert. Auf die allgemeinen Verhältnisse übertragen könnte man hier von der Bewährungsprobe sprechen, die der gemeinsame Alltag für jede Liebesbeziehung, für jedes Zusammenleben bedeutet, denn auch der verlangt außer einem starken Durchhaltewillen ein hohes Maß an Verlässlichkeit.

Zu etwas stehen, zu einem Menschen, einer Überzeugung. Sein Wort geben und es halten. Treu sein. Warum sollte man das überhaupt tun? Warum sich nicht im Alleingang selbstverwirklichen und die anderen als Trittbrett oder Sprungbrett benutzen? Ein kleiner Verrat an seinen Ideen hier, ein kleiner Verrat an einem Freund dort, und schon spielt man mit den richtigen Leuten im richtigen Club Golf … warum also nicht?

Weil jede menschliche Beziehung auf Vertrauen basiert. Erst das Vertrauen ermöglicht jene Arglosigkeit, jene Unbefangenheit und Gutgläubigkeit, die die einzigartige Qualität jeder intimeren Beziehung ausmachen. Vertrauen ist die Grundlage des Zusammenhalts einer Gemeinschaft, und der Treulose unterminiert diese Grundlage. Er hat die teuflische Macht, Vertrauen in Misstrauen zu verwandeln. Er reißt die tiefsten seelischen Wunden. Treulosigkeit und Verrat sind folglich nicht als verzeihliche Leichtfertigkeit abzutun, und in der Regel weiß das auch jeder. Wieso kommt es trotzdem immer wieder dazu?

Ich glaube: Jeden Verräter beflügelt der Glaube, im Licht des eigenen Vorteils betrachtet gäbe es nichts Heiliges. Die Aussicht auf ein neues, größeres Glück setzt nach seinem narzisstischen Empfinden Bindungen und Verpflichtungen, die er eingegangen ist, außer Kraft. Man nennt es auch Skrupellosigkeit, und natürlich kann man weit damit kommen, im Geschäftsleben. Überall sonst aber gibt es nichts, was einen Menschen in den Augen anderer so deklassiert wie der Verrat, das Benutzen und Ausnutzen seiner Mitmenschen, der Vertrauensbruch. Nicht ohne Grund wird der Verrat in bestimmten Organisationen als besonders schwerwiegendes Vergehen angesehen und besonders gnadenlos bestraft. Er zieht dort zumindest den Verlust der Ehre nach sich, und mit einer abgemilderten Form von Verachtung muss der Treulose wohl heute noch zumindest in seinem Freundes- und Bekanntenkreis rechnen. Es geht dabei eben um Fundamentales. Um das Urbedürfnis des Menschen. Um die Sehnsucht nach Verbundenheit. Sie ist das Heilige, gegen das sich der Verräter um seines Vorteils willen versündigt, das der Treulose mutwillig entweiht.

Ich glaube, dass der irdische Zustand der Spaltung und Zersplitterung, des Zerwürfnisses und des Unfriedens von jedem Menschen intuitiv als unnatürlich empfunden wird. Als etwas, das uns fremd ist, so wie uns das Böse fremd ist. Jedem moralischen Empfinden, jeder ernstzunehmenden Glücksvorstellung dürfte der Eindruck zugrunde liegen, in einem uns wesensfremden, gestörten Zustand zu leben. Und beides, das moralische Empfinden wie die Glücksvorstellungen, dürften sich aus der Gewissheit speisen, dass es nicht so sein müsste, dass die Welt ursprünglich anders gemeint war. Diese Gewissheit ist rätselhaft, irrational; es gibt für sie keinen Anhaltspunkt in der Wirklichkeit – eher spricht alles dafür, Unfrieden und Zersplitterung für die natürliche und selbstverständliche Verfassung der Menschheit zu halten. Dennoch lässt sich dieses wohl tiefste, wohl ursprünglichste menschliche Verlangen nicht zum Schweigen bringen: alle Spaltungen zu überwinden und zu einer umfassenden Verbundenheit zu gelangen.

Zur Verbundenheit mit seinen Mitmenschen, mit allen Menschen im Grunde – die Treue gegenüber denen, die uns nahestehen, wird davon genauso inspiriert wie die Gastfreundschaft und das freundliche Entgegenkommen, mit dem man einander in der Fremde begegnet. Darüber hinaus aber zur Verbundenheit mit einer noch größeren Wirklichkeit, mit der Natur, mit allem, was existiert – sie findet ihren Ausdruck in der Liebe zur Natur und der Ehrfurcht vor der Schöpfung. Und schließlich auch zur Verbundenheit mit einer Wirklichkeit, die alle sinnlich erfahrbare Wirklichkeit übersteigt – zur Verbundenheit mit Gott, zu der die Religionen den Weg weisen. Die höchste Form dieser Verbundenheit ist die mystische Verschmelzung mit Gott.

Es gibt Anzeichen dafür, dass das Versprechen der Verbundenheit nach wie vor unwiderstehlich ist – auch wenn man heute in der Regel nicht mehr so hoch greift, wie ich das eben getan habe. Den banalsten, alltäglichsten, deshalb aber nicht minder aussagekräftigen Beweis dafür liefert die Digitaltechnik. Wer pausenlos mit seinem Handy oder

Smartphone zugange ist, wer Tage und Nächte freiwillig am Computer zubringt, verspricht sich davon Teilhabe an der denkbar größten Wirklichkeit und das Erlebnis allumfassender Verbundenheit. Die grassierende Computer- und Handysucht wäre so gesehen nichts anderes als der Versuch, mit den untauglichen Mitteln der Technik zu Erfahrungen zu kommen, die in der Vergangenheit nur die Religion bereithielt. All diese technischen Geräte werden mittlerweile benutzt, als wären sie angewachsen, und hören damit auf, leblose Dinge zu sein – sie verwandeln sich in etwas Lebendiges, Beseeltes und gleichen sich damit religiösen Kommunikationsformen mit dem Göttlichen an. Zwar hält die Technik ihr Versprechen nicht – sie vereinzelt, sie isoliert, sie zerstört, was sie zu schenken vorgibt –, doch die Sehnsucht nach Verbundenheit ist offensichtlich unauslöschlich.

Um diese Verbundenheit mit dem großen Ganzen geht es von Anfang an, seit Adam und Eva gewissermaßen. Die Verbundenheit und ihre Gefährdung durch den unverantwortlichen Gebrauch, den der Mensch von seiner Freiheit macht, ist das Thema des Sündenfalls, der Bibel insgesamt, auch des Mythos, im Grunde aller Hervorbringungen des menschlichen Geistes – ob sie diesen Urskandal durch Witz und Humor der Lächerlichkeit preisgeben und so erträglich machen, durch Zynismus herunterspielen und so für unerheblich erklären oder durch theologischen und philosophischen Ernst in seiner erschütternden Dramatik vor Augen führen und daraus eine fortwährende Aufgabe für die Menschheit ableiten.

Um nun abschließend noch einmal zum Bösen allgemein zurückzukehren, könnte man sagen: Jeder Angriff auf diese

Verbundenheit im weitesten Sinne ist böse. Und jeder, der sich für das Gegeneinander entscheidet, wo sich das Problem der Verbundenheit in elementarer Form stellt, verbündet sich mit dem Bösen. In dieser Form kann es sich auch in der gewöhnlichsten Alltagssituation stellen – die Bürointrige, die einer Handvoll Menschen die Arbeitsfreude vergällt, ist moralisch gesehen deshalb genauso verwerflich wie die Machenschaften der Wall Street, wenn auch deutlich ungefährlicher.

Was ich mit diesem Buch zu klären versuchte, ist das, was jeder für sich selbst ständig neu klären muss: die Frage, wann der Moment gekommen ist, in dem das Gewissen anspringen sollte. Dabei hilft sicherlich, etwas über den Ursprung und die Erscheinungsformen des Bösen zu wissen. Letztlich wird aber mehr davon abhängen, ob wir die nötige Wachheit aufbringen und die Bereitschaft, uns von den Belangen, Nöten und Hoffnungen unseres Nächsten grundsätzlich ansprechen zu lassen.

QUELLENNACHWEIS

S. 7, zu Sintflut im Alten Testament: 1. Mose 7, 1–24; 8,1–22

S. 7, zu Sintflut im griechischen Mythos: Die schönsten Sagen des klassischen Altertums, Sigbert Mohn Verlag, S. 26

S. 18, zu Vampir von Düsseldorf: Hanno Parmentier, Der Würger von Düsseldorf, Sutton Verlag 2013

S. 23, zu Rückfall des Alipius: Augustinus, Bekenntnisse, VMA-Verlag, S. 134–135

S. 43, zu Versuchung Jesu: Matthäus 4, 1–11

S. 47, zu Planungsgrad bei Verbrechen: Claudia Brockmann, Warum Menschen töten, ullstein extra 2013, S. 46

S. 48, zu Verlorener Sohn: Lukas 15, 11–32

S. 54, zu Schuld im frühen Israel: Jeremia 2, 23–24; 2, 34–35

S. 54, zu Blutbad in Sichem: 1. Mose 34, 1–31

S. 62, zu Ezechiel: Ezechiel 18, 2; 18, 19

S. 78, zu Aggression bei Kindern: Irenäus von Eibl-Eibelsfeld, Aggression, dtv Wissenschaft 1982, S. 122 ff

S. 79, zu Sündenfall: 1. Mose 2, 7–25; 3, 1–24

S. 92 (s.a. S. 183), zu Kain und Abel: 1. Mose 4, 1–12

S. 117, zu pessimistische Zukunftsvisionen: Martin Mosebach, Als das Reisen noch geholfen hat, Hanser Verlag 2011, S. 331

S. 121, zu moralischer Übereifer: Friedrich Siegburg, Robespierre, DVA 1958, S. 34

S. 121, zu moralischer Übereifer: M. Agejew, Roman mit Kokain, Manesse Verlag 2012, S. 202 ff

S. 140, zu Posthumane: Die Zeit, 8.5.2013, Hirnschrittmacher für alle! Interview mit dem Philosophen Stefan Lorenz Sorgner

S. 141, zu Posthumane: Welt am Sonntag, 16.3.2014, Ich bin ein Avatar, holt mich hier raus! Von Kolja Reichert

S. 151, zu Reichtum: Kohelet 5, 9–14

S. 152, zu Reichtum: Kohelet 10, 19

S. 153, zu Reichtum: Lukas 18, 25

S. 153, zu Habsucht im Neuen Testament: 1. Timotheus 6, 7–10

S. 154, zu Habsucht in Antwerpen: Lust und Laster – Die 7 Todsünden von Dürer bis Naumann, Kunst Museum Bern 2011, S. 201

S. 162, zu Egoismus: Frank Schirrmacher, Ego – Das Spiel des Lebens, Karl Blessing Verlag 2013

S. 167, zu Evagrius Ponticus: Evagrius Ponticus, Die große Widerrede, Vier Türme Verlag 2012

S. 181, zu Fabel vom Neidischen: Johannes von Salisbury, Policraticus, VII, 24

S. 194, zu Besitz im Kloster: Die Benediktregel, Benziger Verlag 1982, Kapitel 33

S. 213, zu Herrschsucht: Egon Friedell, Kulturgeschichte der Neuzeit, Diogenes Verlag 2009, S. 1551

S. 218, zu Hochmut: Sprüche 16, 18

S. 218, zu Fall des Königs von Babylon: Jesaja 14, 9–15

S. 221, zu Turmbau zu Babel: 1. Mose 11, 1–9

S. 241, zu kalkulierte Zornausbrüche: Baltasar Gracián, Handorakel und Kunst der Weltklugheit, Schünemann Verlag 1982, § 155

S. 243, zu Verfluchung von Simeon und Levi: 1. Mose 49, 5–7

Bibliografische Information der Deutschen Nationalbibliothek

Die Deutsche Nationalbibliothek verzeichnet diese Publikation
in der Deutschen Nationalbibliografie; detaillierte bibliografische
Daten sind im Internet über https://portal.dnb.de abrufbar.

FSC
www.fsc.org
MIX
Papier aus verantwortungsvollen Quellen
FSC® C006701

Verlagsgruppe Random House FSC® N001967
Das für dieses Buch verwendete FSC®-zertifizierte
Papier *Munken Premium Cream* liefert
Arctic Paper Munkedals AB, Schweden.

1. Auflage

Druck und Einband: CPI – Ebner & Spiegel, Ulm
Printed in Germany
ISBN 978-3-579-08512-8

www.gtvh.de